La Boîte à outils

Écrire pour le Web

Muriel Gani

DUNOD

Remerciements

Merci aux *cadors* de l'écriture pour le Web d'avoir défriché ces terrains éditoriaux digitaux et de continuer, pour nombre d'entre eux, à nourrir la pratique et la réflexion jour après jour : en particulier Jean-Marc Hardy, Isabelle Canivet, Sébastien Bailly, Joël Ronez... Loin d'être les seuls, ils se distinguent ou se sont distingués par la qualité et l'originalité de leurs écrits sur le sujet.

Merci à Robin Coulet, Cyrille Franck, Claude de Loupy, Benjamin Lupu et Élie Sloïm pour leurs interviews éclairantes.

Merci à mes relectrices qui sont beaucoup plus que cela.

Merci à l'homme qui partage ma vie, et bien plus encore, de m'avoir accordé le temps indispensable à la réalisation du petit bouquin que vous avez entre les mains.

Mise en page : Belle Page

11 rue Paul Bert, 92240 Malakoff

www.dunod.com

978-2-10-079574-1

VOUS AUSSI, AYEZ LE RÉFLEXE

Boîte à outils

Des outils classés par dossiers thématiques

Une présentation visuelle de chaque outil

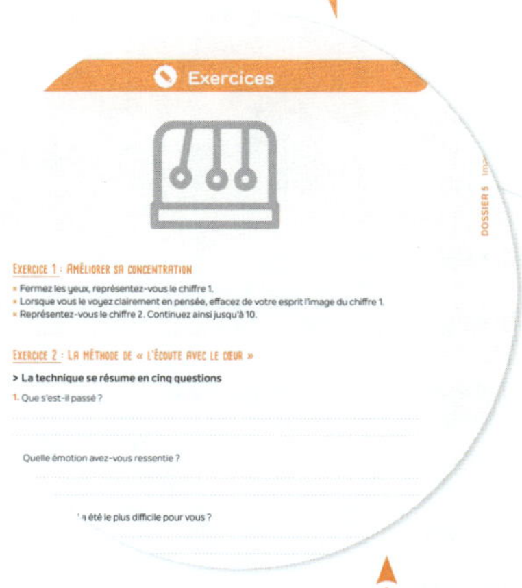

Des exemples, cas ou exercices pour approfondir

La Boîte à outils

DES OUTILS OPÉRATIONNELS TOUT DE SUITE

MEGA Boîte à Outils

Manager leader - 100 outils
Coordonnée par Pascale Bélorgey, Nathalie Van Laethem

Digital en entreprise - 100 outils
Coordonnée par Catherine Lejealle

MÉTIERS

Acheteur, *3e éd.*
Stéphane Canonne, Philippe Petit

Assistante, *2e éd.*
Christine Harache, Hélène Tellitocci

Auditeur financier, *2e éd.*
Sylvain Boccon-Gibod, Éric Vilmint

Chef de produit, *2e éd.*
Nathalie Van Laethem, Stéphanie Moran

Chef de projet, *2e éd.*
Jérôme Maes, François Debois

Chief Digital Officer
Emily Métais-Wiersch, David Autissier

Chief Happiness Officer
Amélie Motte, Saphia Larabi, Sylvain Boutet

Coach en entreprise, *2e éd.*
Belkacem Ammiar, Omid Kohneh-Chahri

Commercial, *3e éd.*
Pascale Bélorgey, Stéphane Mercier

Community Manager, *2e éd.*
Clément Pellerin

Comptabilité, *2e éd.*
Bruno Bachy

Consultant, *2e éd.*
Patrice Stern, Jean-Marc Schoettl

Contrôle de gestion
Caroline Selmer

Création d'entreprise, 2019
Catherine Léger-Jarniou, Georges Kalousis

E-commerce
Christian Delabre

Formateurs, *3e éd.*
Fabienne Bouchut, Isabelle Cauden, Frédérique Cuisiniez

Management, *2e éd.*
Patrice Stern, Jean-Marc Schoettl

Manager de managers
André Hamayon, Jacques Isoré, Jean-Pierre Testa

Micro-entrepreneur
Jacques Hellart, Caroline Selmer

Pilote des systèmes d'information, *2e éd.*
Jean-Louis Foucard

Publicité
Servanne Barre, Anne-Marie Gayrard-Carrera

Responsable communication, *3e éd.*
Bernadette Jézéquel, Philippe Gérard

Responsable financier, *3e éd.*
Caroline Selmer

Responsable marketing omnicanal, *3e éd.*
Nathalie Van Laethem, Béatrice Durand-Mégret

Responsable qualité, *3e éd.*
Florence Gillet-Goinard, Bernard Seno

Ressources humaines, *2e éd.*
Annick Haegel

Santé - Sécurité - Environnement, *3e éd.*
Florence Gillet-Goinard, Christel Monar

Speaker-conférencier
Christine Morlet, Bernard Deloupy

TPE
Guillaume Ducre

COMPÉTENCES TRANSVERSALES

Accompagnement professionnel
Marie-Luce Barthélémy, Hélène Le Pennec

Conduite du changement, *2e éd.*
David Autissier, Jean-Michel Moutot

Créativité, *3e éd.*
François Debois, Arnaud Groff, Emmanuel Chenevier

Design management
Bérangère Szostak, François Lenfant

Développement durable et RSE
Vincent Maymo, Geoffroy Murat

Écrire pour le Web
Muriel Gani

Gestion des conflits, *2e éd.*
Jacques Salzer, Arnaud Stimec

Inbound marketing et growth hacking
Stéphane Truphème, Philippe Gastaud

Innovation, *2e éd.*
Géraldine Benoit-Cervantes

Intelligence collective
Béatrice Arnaud, Sylvie Caruso-Cahn

Intelligence économique
Christophe Deschamps, Nicolas Moinet

Lean, *2e éd.*
Radu Demetrescoux

Leadership, *2e éd.*
Jean-Pierre Testa, Jérôme Lafargue, Virginie Tilhet-Coartet

Management de la relation client, *2e éd.*
Laurence Chabry, Florence Gillet-Goinard, Raphaëlle Jourdan

Management transversal, *2e éd.*
Jean-Pierre Testa, Bertrand Déroulède

Marketing digital
Stéphane Truphème, Philippe Gastaud

Mind mapping, *2e éd.*
Xavier Delengaigne, Marie-Rose Delengaigne

Mon parcours professionnel
Florence Gillet-Goinard, Bernard Seno

Négociation, *2e éd.*
Patrice Stern, Jean Mouton

Organisation, *2e éd.*
Benoît Pommeret

Prise de décision
Jean-Marc Santi, Stéphane Mercier, Olivier Arnould

Réseaux sociaux, *4e éd.*
Cyril Bladier

Sécurité économique
Nicolas Moinet

Stratégie, *3e éd.*
Bertrand Giboin

Stratégie Big Data
Romain Rissoan, Romain Jouin

Stratégie digitale omnicanale
Catherine Headley, Catherine Lejealle

Supply chain
Alain Perrot, Philippe Villemus

DÉVELOPPEMENT PERSONNEL

Bien-être au travail
Clothilde Huet, Gaëlle Rohou, Laurence Thomas

Confiance en soi
Annie Leibovitz

Développement personnel en entreprise
Laurent Lagarde

Efficacité professionnelle
Pascale Bélorgey

Gestion du stress
Gaëlle du Penhoat

Gestion du temps, *2e éd.*
Pascale Bélorgey

Intelligence émotionnelle, *2e éd.*
Céline Peres-Court, Martine-Eva Launet

Marketing de soi
Nathalie Van Laethem, Stéphanie Moran

Motivation
Sophie Micheau-Thomazeau, Laurence Thomas

Pleine conscience au travail
Sylvie Labouesse, Nathalie Van Laethem

Psychologie positive au travail
Béatrice Arnaud, Eric Mellet

Avant-propos

Profonde et incontournable, la transformation digitale met les contenus en [première] ligne. Smartphone de tous les instants, ordinateur omniprésent, tablette à portée de main... l'information sous toutes ses formes envahit notre quotidien et nos vies professionnelles. L'image fixe attire les regards mais la révolution à l'œuvre génère d'innombrables mots, qui, si digitaux soient-ils, n'en restent pas moins des mots. Jamais on n'a autant écrit ni diffusé de textes.

L'écriture Web n'est plus l'apanage des médias, loin s'en faut, à moins qu' entreprises et institutions ne soient devenues des médias. Écrire pour le Web, un blog, l'intranet ou les outils métiers s'impose à de nombreux professionnels, toujours plus nombreux, dont ce n'est pas le métier initial, voire principal.

Communicants, marketeurs, responsables de gamme e-commerce, patrons de PME ou TPE, freelances ou artisans, chefs de projets transversaux ou responsables RH... On pourrait multiplier les exemples ! Ce livre récapitule les fondamentaux pour ceux amenés à s'impliquer dans la conception et l'écriture de textes digitaux.

Volontairement centré sur la production d'écrit, il propose un tour d'horizon complet et concis du sujet, avec des regards d'experts sur des aspects transversaux, pointus ou novateurs.

Il est conçu pour être « picoré », à proximité du clavier au gré des besoins opérationnels. Avec une approche pragmatique et résolument humble.

D'abord du fait des frontières souvent floues entre ce qui est propre au canal, à la plate-forme ou au format et ce qui relève de l'univers de chaque acteur. En cas de dissension, à chacun d'arbitrer en restant fidèle à lui-même. Si omniprésent, disruptif et impactant soit-il, le digital reste un canal ou une multitude de canaux.

En second lieu, parce que ce livre apporte de nombreux repères, précieux – je l'espère - pour les novices, dont les plus avertis s'affranchiront avec brio. Tel est le propre des règles : ne demander qu'à être transgressées dès lors que l'on agit en connaissance de cause et en virtuose.

Enfin car, comme les autres professionnels du Web, rédacteurs et responsables du contenu doivent garder à l'esprit la finalité. Hiérarchie des idées, limpidité des phrases, concision des intertitres, passeront inaperçues tant qu'elles délivrent vite et aisément l'information attendue. Qu'elles viennent à faire défaut et on jugera le site mal conçu, mal structuré, mal écrit.

À l'écriture Web, donc, de se faire oublier au profit du fond et des messages pour mieux servir ces derniers.

Préface

Au début, il y avait seulement le Web, la possibilité de mettre des contenus en ligne et de les rendre accessibles depuis le monde entier : un petit logiciel de création de pages, une connexion à Internet et un logiciel FTP, et voilà, n'importe qui pouvait avoir sa page, voire son site web. Avec un niveau de technicité très faible et un ticket d'entrée nul ou quasi nul, des quantités considérables de non spécialistes ont commencé à créer et publier des pages, puis des sites web.

Je fais partie de cette génération qui a publié des tas de choses sur le Web, sans venir de l'informatique ou de l'éditorial ni avoir de formation initiale dans ces domaines. Après quelques années de ce mode de fonctionnement que je qualifierais d'amateur, sans aucune connotation péjorative, plusieurs phénomènes se sont produits quasiment sur la même période, c'est-à-dire en gros au milieu des années 2000. De cette période, je retiens trois observations :

- Tout d'abord, nous nous sommes collectivement rendu compte qu'il ne suffisait pas de publier ponctuellement des contenus sur le Web pour assurer le succès d'un site. Sous pression des utilisateurs et d'un de leurs principaux avocats les moteurs de recherche, il a fallu commencer à réfléchir non plus à des contenus mais à des programmes de publication régulière. En bref, il a fallu passer de la mise en ligne à la mise à jour des sites.
- En deuxième lieu, après une courte période d'euphorie où nous avons cru qu'il suffirait de laisser les utilisateurs générer leurs contenus, il est apparu que les contenus étaient la clef du Web, et qu'il ne suffisait pas de laisser les utilisateurs publier n'importe quoi. Cela a continué à se vérifier lors des toutes dernières années avec le phénomène des *fake news* où l'on a pu vérifier que la qualité des contenus était une des clefs fondamentales de la confiance qu'on porte à un éditeur.
- Pour finir, ces changements d'ordre organisationnel se sont accompagnés d'une évolution technique majeure, à savoir l'arrivée des systèmes de gestion de contenu. Alors que les webmasters aux multiples compétences publiaient des pages Web, ils furent remplacés par des équipes de spécialistes chargés de différentes tâches dans un processus formel de production et de mise à jour des sites.

À l'issue de cette période de transition, un vrai stade de maturité a été franchi. Nous avions enfin des vrais métiers dédiés aux contenus et à la technique, nous avions compris que la production de contenus était un métier, qu'il fallait payer pour faire vivre ou modérer les contenus et nous avions les moyens techniques de travailler.

À cette époque ont commencé à apparaître des rédacteurs et des réseaux de contributeurs Web. Certains managers aventureux allaient même jusqu'à signaler ces missions de production de contenus dans les fiches de poste. Comment ça ? Un métier ? Des compétences ? Des besoins d'estimation et de financement ? Mais oui, tout cela, absolument.

Maintenant, il est temps d'aller plus loin. Au premier abord, il est facile de penser que le succès d'un site web dépend essentiellement de sa qualité technique ou de son ergonomie. Le modèle VPTCS (Visibilité – Perception – Technique – Contenus – Services) dont je suis l'auteur et que Muriel Gani cite dans ses pages, montre que les contenus et services sont au cœur de la valeur ajoutée d'un site. Les utilisateurs viennent sur les sites pour les contenus et services et les entreprises et organisations commencent à bien s'en rendre compte.

Cette prise de conscience se passe en deux phases. La première phase déclenche l'élaboration et le déploiement d'une stratégie éditoriale. La deuxième phase, que peu d'organisations ont atteinte, consiste à se pencher sur le bloc « contenus et services ». Cette phase permet d'aborder un sujet encore beaucoup plus riche : leur stratégie digitale ou numérique.

Nous en sommes là, c'est-à-dire que nous savons l'importance des contenus, nous savons ou, au minimum, nous avons l'intuition que la transformation numérique passe en grande partie par la qualité des contenus publiés en ligne, et nous devons en tirer les conséquences. Nous devons industrialiser la production de contenus, sans perdre notre créativité et notre capacité d'innovation. Autrement dit, il nous faut franchir un nouveau niveau de maturité.

Le Web est partout et tout le monde peut être amené à produire des contenus Web. Nous avons besoin d'une culture de la production de contenus. Elle a déjà beaucoup progressé, notamment à travers les livres et références cités dans cet ouvrage. Ce n'est pas assez, il faut également renforcer cette culture par la connaissance des bonnes pratiques du Web. C'est la principale mission que je me suis assignée. Il faut également mettre à disposition un socle de connaissances de base autour de la production de contenus et faire en sorte de mettre des boîtes à outils simples et synthétiques à la disposition des contributeurs Web.

C'est l'un des principaux intérêts du livre de Muriel Gani que de regrouper et de synthétiser l'ensemble des informations que doivent connaître les gens qui produisent des contenus Web. Si ce livre a le succès que je lui souhaite, la qualité du Web ne pourra que s'améliorer et les utilisateurs seront gagnants.

Élie Sloïm
Président et fondateur de la société Opquast

Sommaire

1 DOSSIER

ÉCRIRE : POURQUOI ET POUR QUI

“

Celui qui n’a pas d’objectifs ne risque pas de les atteindre.

Sun Tzu

Omniprésents, surabondants, mouvants… les contenus digitaux constituent la matière première et/ou le véhicule d'innombrables activités. À eux, incombe la lourde tâche d'induire, construire ou nourrir la relation en ligne avec les parties prenantes sans laquelle l'entreprise n'est plus rien. Dans un univers informationnel bouillonnant – dialogues, usages, plateformes… - exister passe par un solide ancrage pour tenir le cap et donner à voir l'identité de l'entreprise. En découlent des choix déterminants en termes d'**objectifs opérationnels** - développer les ventes, convaincre d'adhérer à une cause, créer une affinité avec la marque… – déclinés en **objectifs éditoriaux** - rassurer les prospects, décrypter les enjeux et argumenter, créer des récits inspirants… Clarifier, formaliser et hiérarchiser ces buts mobilisera les parties impliquées autour du rédacteur : responsables éditorial et hiérarchique, experts à la source de l'information, partenaires…

Connaître ses lecteurs pour mieux [leur] écrire

Pour autant, les attentes de la structure ne doivent pas occulter la nécessité de servir celles des lecteurs, sous peine de ne pas être lu du tout, ce qui réduirait à néant les efforts engagés. C'est bien ce point de rencontre, cette zone de convergence entre **buts de l'émetteur et besoins du récepteur** que vise le rédacteur. D'où la nécessité d'une réflexion en amont sur les publics ciblés que la méthode des personas humanise, concrétise et dynamise. Au-delà, les scénarios lecteurs affinent la compréhension des besoins pour mieux adapter les contenus qu'il s'agisse de sujets, de fréquence, de format ou encore de ton.

Dès lors que l'on se donne les moyens de les analyser efficacement, les statistiques de fréquentation - thèmes favoris, contexte de consultation, syntaxes efficaces… - mettent le **rédacteur en empathie**. Ajoutons les enseignements de l'*Eye Tracking* sur les modes de lecture spécifiques à l'écran pour placer les informations clés aux endroits opportuns, le voici bien outillé pour rédiger utile et percutant !

Les outils

Outil 1

La ligne éditoriale

« Il n'y a de vent favorable que pour celui qui sait où il va. »

Sénèque

En quelques mots

Véritable ADN d'un site, la ligne éditoriale constitue l'identité qui transparaît à travers ses lignes et le distingue « du site d'à côté ». Écosystème autour d'un contenu, la ligne éditoriale se compose d'éléments structurants au premier rang desquels les réponses à 2 questions clés : « pourquoi on écrit ? » et « à qui on s'adresse ? ». De là, découleront les sujets abordés ou pas, les rubriques pour créer des rendez-vous, le rythme de publication, les formats éditoriaux ou encore le ton opportun à adopter.

RENCONTRE ENTRE L'ORGANISATION ET LES PUBLICS

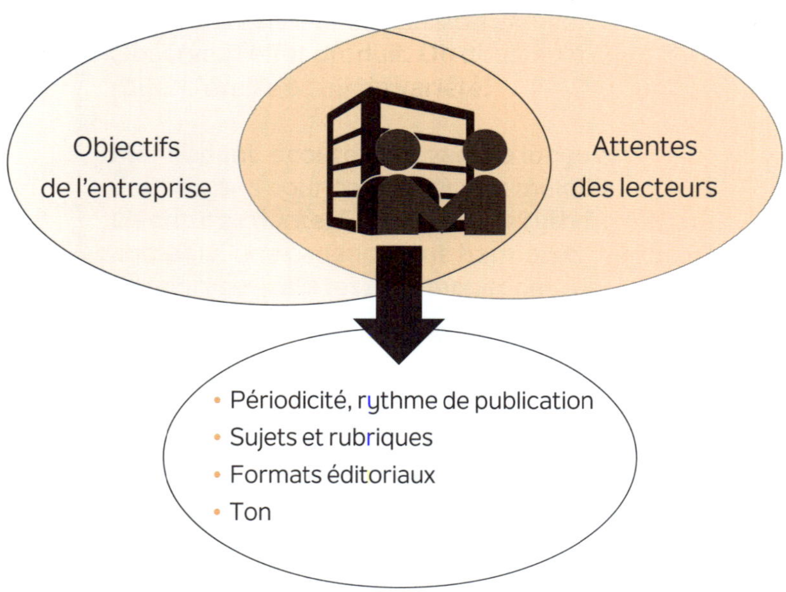

POURQUOI L'UTILISER ?

Objectif

Précieuse pour construire une identité distinctive et garantir la cohérence, une ligne éditoriale forte se révèle d'autant plus indispensable que l'internaute arrive parfois sur un site au hasard des liens, des recherches sur Google ou des partages sur les réseaux sociaux sans en connaître l'éditeur. Il est alors crucial de lui indiquer très vite où il se trouve. Avant de lui donner envie de revenir, puis de le convertir en visiteur fidèle... Autant de missions qui impliquent d'afficher très clairement ses spécificités !
Sur le long terme, une ligne éditoriale réfléchie et affirmée évitera des flottements voire des contradictions dommageables aux yeux des lecteurs ainsi que des couacs au sein de l'équipe rédactionnelle.

Contexte

Intranet, blog, newsletter, compte Facebook ou Twitter... tous les supports en ligne qui publient régulièrement des contenus ont - comme leurs homologues sur papier - une ligne éditoriale. Celle-ci peut être floue et inconsistante ou affûtée et distinctive ;-) Réfléchir en amont à quelques questions clés vous aidera à pencher vers la 2e option. Pour les très gros sites, la ligne éditoriale se décline bien entendu en rubriques, voire en sous-rubriques.

COMMENT L'UTILISER ?

Étapes

Commencez par définir et hiérarchiser :

1. **Les objectifs opérationnels ou finaux.** Développer les ventes ? Fédérer les équipes ? Créer du lien au sein d'une communauté ?...
2. **Les objectifs éditoriaux ou intermédiaires.** Renseigner sur des points pratiques, sensibiliser les novices, délivrer une information pointue à des experts...
3. **Les différents publics** décrits sous forme de personas (cf. outil N° 2) et leurs attentes par rapport à vos futurs contenus.

Ces 3 points permettront ensuite de déterminer :

- le rythme de publication ;
- les sujets et les rubriques (pour créer des rendez-vous avec le lecteur) ;
- les différents formats éditoriaux (article, dossier, brève, foire aux questions, interview...) et la place réservée aux visuels, bases pour élaborer les gabarits éditoriaux (cf. outil N° 44) ;
- le ton : ludique ou sérieux ? institutionnel ou décalé ? formel ou décontracté ?
- Si vous vous adressez aux générations Y ou Z (nés après 1980), la question du tutoiement se posera certainement.

Méthodologie et conseils

Ces questions s'abordent idéalement en amont mais y revenir par la suite s'avère toujours salutaire. Définir la ligne éditoriale de façon restrictive – publics non ciblés, sujets à ne pas traiter, formules à éviter... – clarifie bien les choses.
Si les rédacteurs sont nombreux, la ligne éditoriale sera formalisée et détaillée dans une charte (Voir outil N° 45).

Avant de vous lancer...

- ✓ La ligne éditoriale vous apportera un cadre pour dialoguer, faire valider, déléguer ou sous-traiter en garantissant la cohérence.
- ✓ Contributeur occasionnel ou pigiste, pensez à interroger votre commanditaire sur le sujet en amont.
- ✓ Contrairement à ce qui se produit parfois, c'est bien la ligne éditoriale qui doit déterminer l'identité graphique du site et non l'inverse.

Outil

2 Les personas

> « *Cibler tout le monde revient à ne toucher personne.* »

En quelques mots

Personnages fictifs mais bien ancrés dans le réel, les personas correspondent aux principaux publics d'un site. L'élaboration de ces **portraits-robots très humains** clarifie les publics visés en expliquant leurs motivations. Cette méthode va au-delà des segments marketing classiques en y insufflant une dimension humaine, vivante, concrète. Comme son nom l'indique, elle **personnifie les publics** cibles, en y associant des traits révélateurs, des détails expressifs, jusqu'à leur donner un prénom.

DES PORTRAITS ROBOTS « VIVANTS » ET CONCRETS

	Loïc 31 ans Ostéopate	Marion 37 ans Maman de 2 enfants	Philippe 48 ans Entrepreneur	Léa 19 ans Etudiante	Bernard 71 ans Retraité
Ses contenus préférés	Le saviez-vous pour les « Pro »	Les alertes « Grandir tranquille »	Les Foires aux questions pour les employeurs	Les bons plans étudiants	Tous ! Un gros consommateur
Ses attentes, ce qui le/la tracasse	Faciliter la vie de ses patients	Dents, yeux, vaccins... : ne louper aucune étape clé	Alléger les démarches administratives	Se protégeren toute autonomie	Connaitre ses droits quand sa santé devient fragile

POURQUOI L'UTILISER ?

Objectif

Comme toute action de communication, l'écriture Web implique de savoir à qui on s'adresse afin d'adapter ses textes en conséquence. L'empathie constitue bien le principal défi du rédacteur ! Plus qu'un outil, les personas l'accompagnent dans cette voix en levant flous et ambiguïtés et en humanisant les publics cibles. On n'écrira pas de la même façon selon qu'on s'adresse à un adolescent ou à un senior. En incitant à « écrire pour quelqu'un », les personas inspirent aux rédacteurs ce petit quelque chose de vivant qui fait toute la différence !

Contexte

Tout rédacteur souhaitant être lu – c'est-à-dire tout rédacteur ;-) – tirera profit de cette méthode largement utilisée bien au-delà de l'univers éditorial : marketers, ergonomes, designers et journalistes y ont fréquemment recours. Toutefois, elle s'avère particulièrement utile dans des structures importantes. En particulier celles où des équipes étoffées produisent de nombreux contenus destinés à des publics multiples et diversifiés.

COMMENT L'UTILISER ?

Étapes

1. Définir 3 à 6 personas correspondant aux principaux publics visés par le site (si le choix peut s'avérer délicat, il est recommandé de ne pas dépasser ce nombre pour se forcer à prioriser).
2. Se nourrir de toutes les sources d'information possibles : statistiques Web, enquêtes en ligne, contenus communautaires, contacts directs, anecdotes rapportées par des personnes en contact avec le public (accueil, centre d'appels, service clients, commerciaux, recruteurs…).
3. Renseigner les critères déterminants en fonction de vos objectifs. Par exemple : le métier et l'entreprise pour des contenus B to B (*business to business*) adressés à des publics professionnels ; lieu d'habitat pour la presse locale ; âge des enfants pour un site e-commerce destiné aux jeunes parents ; niveau de pratique pour une newsletter ciblant les passionnés de ski…
4. Ajouter des caractéristiques complémentaires : besoins spécifiques, parti pris, état d'esprit …
5. Partager et faire réagir les parties prenantes : rédacteurs, « valideurs », mais aussi toute personne en contact de près ou de loin avec le public visé.

Méthodologie et conseils

Pour ceux qui ont la chance d'être en contact direct avec leurs lecteurs, rien n'empêche de s'inspirer de personnes réelles pour créer vos personas. Si vous manquez d'éléments tangibles sur votre lectorat ne vous découragez pas : mieux vaut des personas façonnés avec une part de subjectivité que pas de persona du tout ! L'élaboration des personas constitue un exercice délicat, toujours riche en interrogations, parfois source de divergences appelant des compromis ou des clarifications. Pourquoi ne pas en faire une étape structurante et fédératrice en y associant toute l'équipe de rédaction ?

Avant de vous lancer…

- ✓ **Des personas affichés dans vos bureaux seront plus présents à votre esprit.**
- ✓ **Avant chaque article, demandez-vous pour quel(s) persona(s) vous l'écrirez en priorité.**
- ✓ **Les critères varient en fonction des contenus mais la connaissance que votre persona a de votre sujet et de votre sturcture constitue toujours une question judicieuse.**

Outil 3

Les scénarios de lecture

> *Dans la communication, le plus compliqué n'est ni le message, ni la technique, mais le récepteur.*
>
> Dominique Wolton

En quelques mots

Réfléchir aux scénarios de lecture signifie s'interroger sur les comportements de ses publics. Inspiré des scénarios utilisateurs prisés par les ergonomes, cet outil prend en compte les usages des lecteurs afin de mieux répondre à leurs attentes. Croisés avec les personas (cf. outil N° 2), les scénarios de lecture vont plus loin en introduisant des éléments de contexte. Quand, où et comment lira-t-on vos textes ? Autant de questions cruciales susceptibles d'affûter votre plume et de renforcer l'impact des messages !

À CHACUN SES SCÉNARIOS DE LECTURE

	Loïc 31 ans Ostéopate	Marion 37 ans Maman de 2 enfants	Philippe 48 ans Entrepreneur	Léa 19 ans Etudiante	Bernard 71 ans Retraité

Quand ?	Entre 2 consultations	En début et fin de journée	Le soir après dîner	À tout moment	Dans la journée
Où ?	À son cabinet	Dans les transports en commun	Chez lui	N'importe où	Dans son fauteuil préféré
Quel(s) outil(s) ?					

POURQUOI L'UTILISER ?

Objectif

On ne lit pas de la même manière confortablement installé dans son canapé pour un moment de détente et dans un métro bondé afin de rendre moins pesant un temps subi. Le lieu, le moment mais aussi l'interface de consultation influencent les attentes de vos publics.

S'intéresser au contexte favorise une compréhension fine des attentes, gage de contenus attentionnés donc percutants. Cette démarche met le rédacteur dans une dynamique de communication susceptible d'orienter la construction du texte, son organisation, sa longueur, son style. Selon ses ressources et ses objectifs, on pourra aussi décliner un même sujet en différents formats éditoriaux correspondant à des scénarios de lecture distincts.

Contexte

Les connexions en mobilité et la place croissante des écrans dans notre quotidien ont rendu les contenus omniprésents. « Anytime, Anywhere, Any Device » : résumé dès 2002 par Xavier Dalloz sous l'acronyme ATAWAD (marque qu'il a d'ailleurs déposée), ce phénomène a multiplié les lieux et les moments de « consommation » des contenus. Dans le même temps, terminaux et tailles d'écran – du plus petit au plus grand – prolifèrent. Une multitude de situations qui diversifient les besoins des lecteurs : charge aux rédacteurs de s'y adapter !

COMMENT L'UTILISER ?

Étapes

- Repartir des personas que vous avez définis.
- Réfléchir à leurs usages probables en s'interrogeant notamment sur les lieux, les moments et les outils ainsi que sur la récurrence ou le caractère occasionnel de leur visite.
- Conforter ou infirmer ces suppositions grâce à l'analyse des statistiques d'audience du site (cf. Outil N° 4) ou *via* toute autre source d'information : observation directe pour ceux qui ont la chance de connaître leurs lecteurs, enquête auprès d'eux, dialogue au sein d'une communauté en ligne, etc.

Méthodologie et conseils

Les statistiques d'audience de votre site représentent une mine d'informations précieuses pour réfléchir aux scénarios de lecture de vos contenus. Connaître les terminaux (ordinateurs, tablette ou smartphone) utilisés par vos lecteurs vous aidera à les optimiser en conséquence. Les horaires et les pics de connexion vous apporteront aussi des informations précieuses, complétées par le nombre de pages consultées et la durée des visites.

L'utilisation des scénarios lecteurs variera selon les besoins. Un blogueur qui manque de temps pourra juste s'interroger sur les contextes de lecture probables avant de rédiger un billet. Mais cet outil prendra tout son sens pour ceux et celles qui publient abondamment et régulièrement. Il permettra aux grosses organisations avec une stratégie éditoriale ambitieuse de traiter un même sujet sous différentes formes pour répondre à différents contextes sans craindre de lasser ses lecteurs. (cf. outil N° 47).

Avant de vous lancer...

- ✓ **Visualiser une situation probable de lecture avant de rédiger vous mettra en lien avec votre lecteur.**
- ✓ **Impossible de couvrir tous les contextes de lecture possibles ! Cet outil vise plutôt à vous fournir des pistes pour rédiger en empathie sans viser l'exhaustivité.**

Outil 4

Les statistiques de fréquentation

> “ Les hommes sont comme les chiffres : ils n’acquièrent de valeur que par leur position.
>
> Napoléon Bonaparte

En quelques mots

Avantage du digital sur le papier, la mesure de la fréquentation d’un site s’effectue aisément, notamment *via* Google Analytics, service gratuit difficilement contournable. Les indicateurs de base - **pages vues et sessions** – se complètent ou se croisent avec **d’innombrables données** (visiteurs uniques, temps passé, origine du trafic, terminaux utilisés, taux de clics…) pour **éclairer vos décisions** et vos contenus. Sans négliger les services fournis par les grands réseaux sociaux pour évaluer l’audience et l’engagement de vos publics hors de votre site.

GOOGLE ANALYTICS, GRATUIT ET PUISSANT POUR MESURER L’AUDIENCE

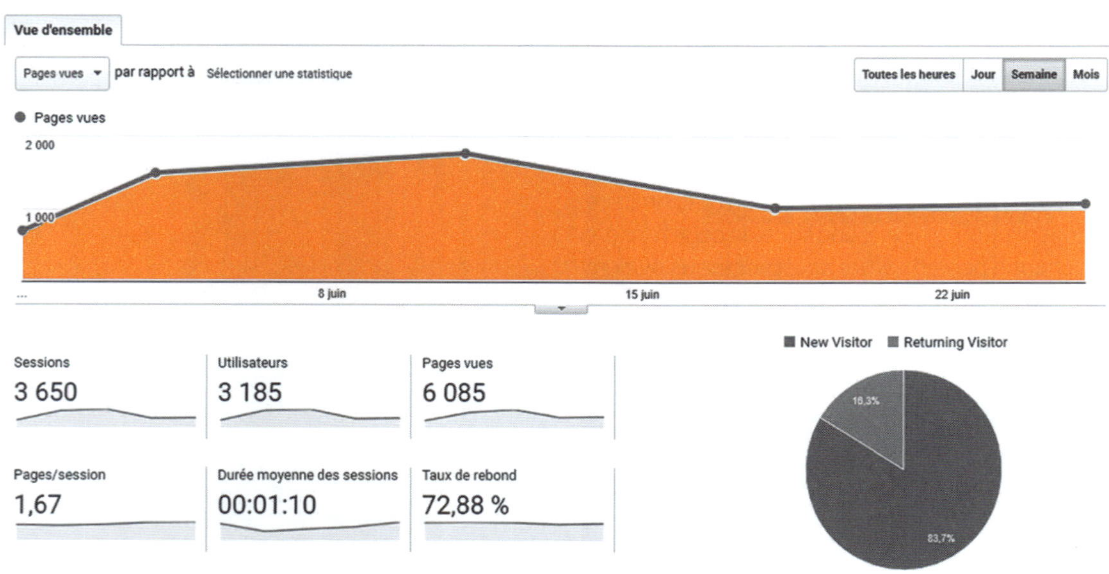

POURQUOI L'UTILISER ?

Objectif

Vérifier que les contenus rencontrent leurs publics, connaître ces derniers pour s'y adapter, optimiser efforts et ressources… l'intérêt éditorial du *Web analytics* est multiple ! Au-delà du suivi global, des analyses fines pourront vous guider sur les thèmes à développer, les formats à privilégier, les horaires auxquels publier, voire le ton à adopter ! L'analyse des taux de clics indique que l'usage du « vous » les multiplie par 3 ? Pourquoi s'en priver ! La fréquentation sur mobile connaît des pics en début de matinée et de soirée en région parisienne ? Fort à parier que vos textes sont lus dans le métro, écrivez-les en conséquence ! 10 % seulement du trafic provient des moteurs de recherche ? Mettez le paquet sur le SEO (ou *Search Engine Optimization*, cf. Dossier N° 5) pour développer votre audience.

Contexte

À l'heure du big data, quel rédacteur désireux de toucher ses lecteurs délaisserait une telle mine d'informations ? D'autant que mettre en œuvre un dispositif de suivi de l'audience n'exige qu'un effort restreint au regard du cercle vertueux de l'amélioration continue : mesure-analyse-action.

COMMENT L'UTILISER ?

Étapes

1. « Installez » Google analytics ou un outil similaire : une inscription en ligne, une ligne de code à insérer sur chaque page de votre site, processus évidemment automatisable grâce aux outils de gestion de contenus ou CMS (cf. Outil N° 44).
2. Commencez par le tableau de bord général – et notamment les sessions, ou visites et les pages vues – et déterminez la période de référence (hebdomadaire, mensuelle…) adaptée à vos exigences.
3. Sélectionnez les données à suivre régulièrement (point trop n'en faut !) quitte à explorer ponctuellement tel point précis.
4. Personnalisez vos formats de rapport en conséquence.
5. Complétez le dispositif avec les données de Twitter, Facebook, etc. importées et consolidées dans un fichier Excel ou Google Sheets pour en faciliter le suivi.

Méthodologie et conseils

- Méfiez-vous des conclusions hâtives : la croissance des pages vues signifie-t-elle un intérêt accru ou une difficulté croissante à trouver l'information ?
- Gardez en tête vos objectifs opérationnels, le trafic n'étant souvent qu'un moyen d'atteindre ces derniers.
- Comparez dans un contexte comparable (un mois avec des vacances scolaires pourra voir le trafic chuter sans traduire un désintérêt).
- Tâchez de ne modifier qu'un élément à la fois pour y voir plus clair.

Suite outil 4 →

Avant de vous lancer…

- ✓ **3 notions clés pour Google Analytics :**
- ✓ **Les pages vues : le critère de base, le nombre de fois où une page (identifiée par une URL) s'affiche dans un navigateur ; les consultations multiples d'une même page sont comptabilisées. À l'échelle d'un site, on additionne les données enregistrées pour chaque page.**
- ✓ **Les sessions : périodes durant lesquelles un utilisateur est actif, elles correspondent donc à des visites sur votre site, qui comptabilisent une ou plusieurs pages vues.**
- ✓ **Utilisateur : personne ayant initié au moins une session. Si elle revient sur votre site durant la période observée, Google Analytics ne la comptabilise qu'une fois. Cette notion se rapproche donc de celle de « Visiteur unique » employée par d'autres services de mesure d'audience.**

Suite outil 4

Les statistiques de fréquentation

COMMENT ÊTRE PLUS EFFICACE ?

Benjamin Lupu est Directeur digital au sein d'un groupe de presse. Ses équipes et lui utilisent les statistiques au quotidien pour optimiser les performances de leurs produits.

Par quoi commencer... si l'on ne devait suivre que 2 ou 3 indicateurs ?

Je dirai sans hésiter les sessions qui correspondent aux accès au site ou à l'application. Leur rythme et leur qualité montrent comment votre site est “consommé” (visites ponctuelles, revisites ou premières visites...). Ensuite, le nombre de pages vues. Observé pour telle ou telle partie du site, c'est cet indicateur qui montre que telle rubrique ne fonctionne pas et, inversement identifie, les pages qui « cartonnent ». On va chercher à refondre ou à supprimer la rubrique délaissée et on redoublera d'attention pour les pages clés.

Quels sont les points de vigilance pour quelqu'un plus habitué aux mots qu'aux chiffres ?

D'abord, avoir à l'esprit que seuls les éléments correctement tagués avec le code fourni par Google Analytics seront comptabilisés : des données étonnantes, un trafic très bas ou une campagne « d'autopromo » qui présente de piètres résultats ? Vérifiez ou faites vérifier le bon fonctionnement du système de marquage, il y a des ratés et des bugs !

Ensuite, ne jamais raisonner en valeur absolue car, à partir d'un certain volume, la version gratuite de Google Analytics ne traite qu'une partie des données et procède par échantillonnage. Ce qui importe, ce sont les ordres de grandeur, les rapports et les évolutions.

Et de façon globale, Les URL doivent identifier une page de manière distinctive et durable (en y insérant par exemple un identifiant unique). Avoir une URL pérenne et unique est également une bonne pratique SEO.

Comment des éditeurs ou rédacteurs peuvent-ils tirer le meilleur parti des statistiques d'audience ?

Il faut documenter au maximum le contexte ! Une chute ponctuelle dans la fréquentation : est-elle due à un plantage du serveur ou au relooking du site ? Ne pas compter sur sa mémoire mais tenir une sorte de journal de bord du site consignant tous les impacts potentiels dans les annotations de Google Analytics. Et ce pic de connexion : fort intérêt pour le dossier du mois, bénéfices de la campagne TV ou effets de bord d'un incident médiatique ? Vous pouvez d'ailleurs utiliser les annotations de Google Analytics pour cela.

Et bien sûr, mieux vaut se garder de tout raccourci hâtif. Une forte proportion de nouveaux utilisateurs, c'est super en phase de croissance mais en vitesse de croisière, cela peut traduire des difficultés à fidéliser son audience. Et le fameux taux de rebond, qui mesure la proportion de visites à une seule page, dépend fortement de la nature du site et des pages. Un internaute qui repart, à peine arrivé sur votre page d'accueil, ce n'est pas bon signe. En revanche, un contenu ciblé pourra apporter toute satisfaction à un utilisateur qui se contentera d'une page vue mais reviendra sur le site à la prochaine occasion.

AMÉLIORER LA QUALITÉ ÉDITORIALE EN CONTINU

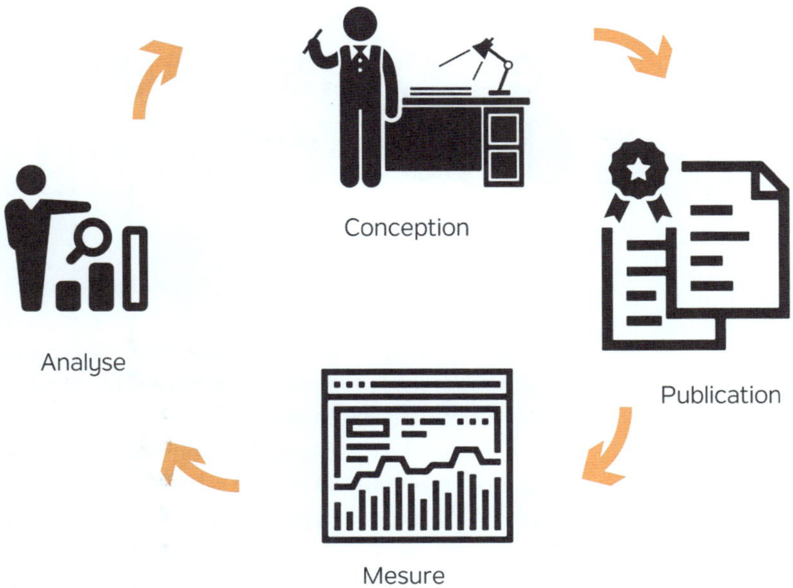

Vous utilisez les statistiques comme un outil d'optimisation éditoriale. Avez-vous des exemples en tête ?

Oui, on a mesuré que les articles relayés, ne serait-ce qu'un quart d'heure, en home du site voyaient leurs pages vues augmenter de façon significative. Du coup, on a accéléré la rotation des sujets en page d'accueil et optimisé les heures d'apparition

Autre exemple : du fait d'une organisation interne focalisée sur la version papier, les journalistes d'un mensuel B to B mettaient en ligne tous leurs articles le jeudi. On tirait toutes nos cartouches d'un coup. Les statistiques ont montré que beaucoup d'articles n'étaient pas ou peu lus. En produisant moins et en répartissant les publications tout au long de la semaine et aux heures de forte audience, on a fait grimper les pages vues. Il faut observer les données d'usage sur des périodes significatives pour bien cerner les habitudes de ses utilisateurs.

Le Web analytics est aussi précieux pour faire des choix stratégiques : un trafic provenant majoritairement de Google ou Facebook est trop risqué, il suffit que le géant en question modifie son algorithme pour faire plonger l'audience. Pour réduire cette dépendance, on a développé une newsletter dynamique et personnalisée qui apporte 45 % de l'audience, c'est nettement plus confortable !

Le mot de la fin ?

Sortir aussi la tête des statistiques pour créer des formats innovants... que l'on testera ensuite, mais innover d'abord !

Outil 5 Les zones les plus vues (Eye Tracking)

> “ *En moyenne, 20 % environ des textes d'une page Web seront lus par les utilisateurs.*
>
> Jakob Nielsen

En quelques mots

On lit différemment – et notamment plus lentement - à l'écran que sur le papier. Les ergonomes l'ont démontré avec l'*Eye Tracking* – ou oculométrie – qui capte le **mouvement des yeux** grâce à la réflexion d'une lumière infrarouge sur la pupille. Les parcours des regards sont ainsi enregistrés puis superposés. Une **carte de chaleur** met en relief les parties les plus vues (représentées dans des couleurs chaudes : rouge et dans une moindre mesure, jaune). Utiles en phase de conception de sites ou applications à fort enjeu, les tests d'*eye tracking* renseignent aussi globalement sur les **zones phares** type : haut et partie gauche de la page, titres, liens...

watch?v=DL6atm9LL3Y
goo.gl/2WCyTJ
Découvrez un exemple d'Eye Tracking sur un site ecommerce. [3:00]

UNE CARTE DE CHALEUR DES ZONES LES PLUS REGARDÉES

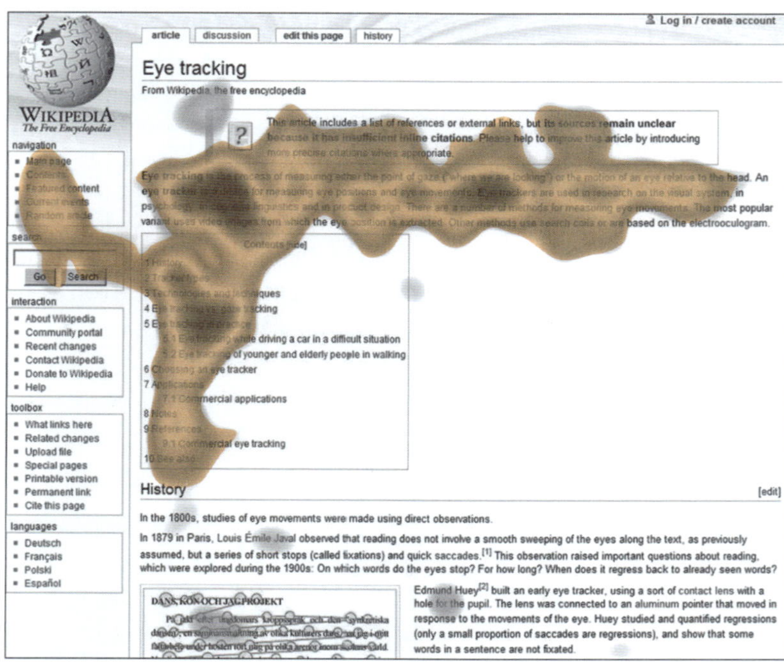

POURQUOI L'UTILISER ?

Objectif

Identifier les zones les plus vues – et surtout celles qui le sont trop peu - *via* des tests d'*Eye Tracking* permet d'optimiser le *template* éditorial (cf. outil N° 44) ou la répartition des zones de contenus sur la page.

Plus largement, les enseignements communs aux nombreuses études d'*Eye Tracking* guident le rédacteur pour soigner tout particulièrement les zones les plus vues en rédigeant leurs textes. Avec un double impact sur l'organisation des contenus - l'essentiel d'abord à tous les niveaux - et le dosage des efforts en faveur des niveaux de lecture (titre, chapô, liens, intertitres…) bien plus vus que le reste du texte.

Contexte

En phase de conception ou de refonte d'interface, les géants de l'e-commerce ou les sites à très forte audience confient la réalisation de tests d'*Eye Tracking* à des cabinets d'ergonomie afin d'évaluer puis d'optimiser leurs gabarits éditoriaux. Les recherches vont bon train pour concevoir des solutions *d'Eye Tracking* plus légères, utilisables en mobilité et moins coûteuses.

En attendant, la majorité des acteurs, qui n'ont pas encore les ressources nécessaires pour des tests spécifiques, gagnent à prendre en compte les résultats globaux de ces études.

COMMENT L'UTILISER ?

Étapes

1. Déterminez les terminaux (smartphone, ordinateur ou tablette) utilisés par vos lecteurs et les tailles d'écrans correspondantes grâce aux statistiques de fréquentation (cf. outil N° 5).
2. Affichez votre contenu ou gabarit éditorial sur le(s) terminal(aux) préféré(s) par vos lecteurs pour déterminer la partie de la page visible sans utiliser l'ascenseur de l'ordinateur ou balayer l'écran du smartphone.
3. Soignez tout particulièrement cette zone - notamment le titre et le chapô - et placez-y l'information essentielle.
4. Rédigez l'ensemble de votre texte.
5. Fignolez les éléments d'habillage complémentaires (liens, tags intertitres, exergues…).

Méthodologie et conseils

- Plus un élément est court, plus il attire. Consacrez donc à vos différents niveaux de lecture un temps inversement proportionnel à leur longueur ! Peaufinez vos titres – qui seraient cinq fois plus lus que le reste selon Guy Barrier[1] - quitte à passer moins de temps sur la rédaction du corps de texte.
- 70 % des regards se portent sur la moitié droite de la page[2]. Collez au sens de lecture en plaçant l'information essentielle à tous les niveaux : en haut de la page, au début du titre, du chapô et même de chaque paragraphe !
- Les chiffres captent l'attention : n'hésitez pas à les placer en bonne position.

1. Internet, clés pour la lisibilité, Se former aux nouvelles exigences de l'hypermédia, 4 avril 2000, Guy Barrier, ESF
2. Horizontal Attention Leans Left
JAKOB NIELSEN on April 6, 2010 https://www.nngroup.com/articles/horizontal-attention-leans-left/

Avant de vous lancer…

- ✓ **Donnez au lecteur des raisons de faire défiler la page dès le premier écran : véritable défi sur les smartphones.**
- ✓ **Ayez à l'esprit que le lecteur survolera 80 % de votre texte pour n'en lire réellement que 20 %.**
- ✓ **Gardez du temps après la rédaction pour peaufiner l'habillage (cf. le Dossier N° 4) qui sera beaucoup plus vu que le reste du texte.**

DOSSIER 2

CONCEVOIR SON TEXTE

“

Avant d’écrire, apprenez à penser [...]
ce qui se conçoit bien s’énonce clairement
et les mots pour le dire arrivent aisément.

Nicolas Boileau

Concevoir son contenu avant de l'écrire... Instinctif et rapide pour les plus avertis, ce travail en amont mettra les novices sur la bonne route, stimulera leur créativité et accélérera la phrase d'écriture. Mieux vaut connaître la superficie possible, dessiner les plans et choisir les matériaux avant de se lancer dans la fabrication, non ? Les méthodes héritées de l'écriture journalistique fluidifient et aiguisent les contenus digitaux. À commencer par le caractère structurant du format pour orienter réflexion et recherche d'information. Le choix de l'angle, point de vue adopté pour traiter un sujet, aide à trouver un **fil conducteur** et à sélectionner les éléments pertinents. Parce que l'illustration sera vue en premier, prendre en compte celle-ci avant d'entamer la rédaction favorise la **synergie entre texte et image**. La réflexion sur les mots clés visés dans le cadre d'une stratégie SEO, également à mener en amont, est abordée dans le Dossier 5 (cf. outil N° 30).

S'organiser avant d'écrire

Pour capter puis conserver l'intérêt du lecteur, mieux vaut organiser sa pensée avant de rédiger : si les idées fourmillent dans le désordre, les noter sous forme de carte mentale clarifiera les choses.
À l'heure du flux continu, la proximité s'impose pour **hiérarchiser et ordonner** les informations en concrétisant l'attention portée aux lecteurs. **Impliquer** ces derniers dans une lecture interactive – vous en voulez encore ? - signifie aussi imaginer son contenu avec des liens hypertexte.
Au-delà des technologies et des outils, le digital, c'est un **état d'esprit** : concret, direct, mais aussi humain et convivial, y compris à travers certains contenus institutionnels. Fleurissant sur les réseaux sociaux, l'humour s'immisce dans des univers inattendus tandis que le *storytelling* favorise l'identification du lecteur avec des récits proches de la vraie vie. Certes, ces approches ne conviennent pas à tous types de contexte. Mais la question mérite d'être posée tant les choses évoluent vite : la transformation digitale bouleverse tout, pourquoi la **disruption** épargnerait-elle les **contenus** ?
Autant de questions, pistes et méthodes susceptibles de **stimuler l'écriture**... parce que celle-ci commence dans la tête du rédacteur, avant que ses doigts ne frétillent sur le clavier.

Les outils

Outil 6 Le calibrage

> Studio ou palace ? Connaître la superficie et le nombre de pièces avant de dessiner les plans.

En quelques mots

Pour qui a connu la tyrannie du papier, les contraintes de place paraissent plus légères sur le Web. Néanmoins, concrétisés dans un modèle, **le format et la longueur** constituent des éléments structurants. Il importe donc de connaître ou définir le calibrage – **nombre de mots ou de signes** – au moins approximatif avant de rechercher l'information et d'effectuer d'autres choix déterminants (angle, hiérarchie...). Pendant la rédaction, garder un œil sur le compteur permettra de produire un texte ni trop long ni trop court sans perdre du temps.

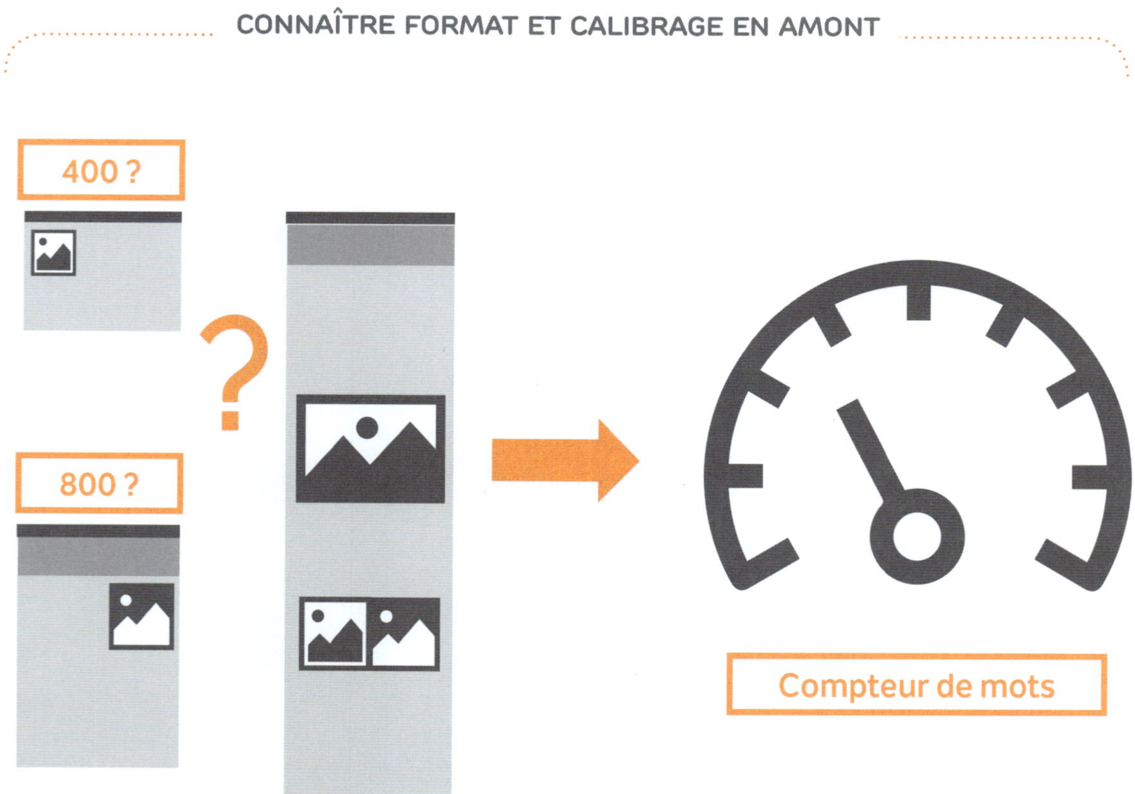

POURQUOI L'UTILISER ?

Objectif

La taille d'un contenu détermine sa substance et influence les choix à effectuer par le rédacteur. Prendre en compte le calibrage d'un texte très tôt vous épargnera fausses routes, efforts de réflexion et de rédaction inutiles mais aussi coupes délicates voire frustrantes. Ou à l'inverse, la désagréable obligation de trouver en catastrophe des choses à rajouter au risque que la qualité ne soit pas à la hauteur. Le calibrage relève du *brief* ou cahier des charges éditorial ; son respect, de la compétence du rédacteur.

Contexte

Certes, la page digitale défile : un peu plus, un peu moins... On n'est pas à quelques mots près. Pourtant, de nombreux éditeurs veillent à harmoniser la longueur de leurs contenus par souci de cohérence au sein des rubriques. Ils ont raison, tant le format induit le champ des possibles éditoriaux. Le rédacteur devra aussi connaître la longueur visée pour le chapô, l'accroche ou l'encadré en colonne latérale ou d'autres micro-contenus... Un calibrage d'autant plus important et précis que ces derniers, sont – comme leur nom l'indique - courts (cf. Dossier N° 4).

COMMENT L'UTILISER ?

Étapes

1. Renseignez-vous toujours sur la longueur globale souhaitée et celles des différents micro-contenus.
2. Vous démarrez une mission ? Regardez des contenus publiés précédemment avec le même *template* (cf. outil N° 44), s'il en existe.
3. Vous êtes novice ? Faites-vous vite une idée du volume avec n'importe quel texte de même longueur (utilisez le compteur de mots Menu Révision>Statistique de Word).
4. En rédigeant, vérifiez régulièrement où vous en êtes : beaucoup de CMS intègrent un compteur de mots (en bas à gauche dans l'éditeur de WordPress). Si ce n'est pas le cas de votre outil ou pour des parties précises, vous pouvez copier/coller dans Word ou utiliser des compteurs gratuits en ligne. [1]

Méthodologie et conseils

Habitués au *print*, prévoyez, pour le Web, plus de matière informative pour un calibrage donné. Friand d'information mais pressé, curieux mais souffrant de fatigue oculaire, l'internaute « en veut pour son temps » : d'où une écriture digitale condensée et riche en information, y compris pour les sujets de fonds et les articles fouillés (cf. outil N° 17).

Le *pure player* américain Quartz se démarque en ne publiant que des articles :

- Inférieurs à 500 mots, conçus pour être « consommés » rapidement et partagés.
- Supérieurs à 800 mots, pour apporter une information de fond et pérenne, atout en termes de SEO (cf. Dossier N° 5).

Blogueurs et experts des médias se font l'écho de ce principe. Évitez les contenus de taille moyenne : une tendance à suivre ?

1. https://www.wearethewords.com/7-outils-wordcount-gratuits/

Avant de vous lancer...

✓ **Les signes (ou caractères) se comptent toujours espaces compris.**

✓ **Signes ou mots ? Deux écoles : les signes plus communs et plus précis ; les mots, préférés par les Anglo-Saxons et plus simples à appréhender. Ce qui compte, c'est de savoir de quoi on parle. Ratio utile pour convertir rapidement, un mot compte environ 6 signes, une moyenne qui inclue les espaces. Quant au feuillet hérité du papier, si jamais quelqu'un vous en parlait, il comprend 1 500 signes.**

Outil 7

L'angle

> “ Nous ne penserons jamais tous de la même façon, nous ne verrons qu'une partie de la vérité et sous des angles différents.
>
> Gandhi

En quelques mots

Notion fondamentale en journalisme, l'angle correspond à la manière dont on va traiter un sujet. Tel un photographe qui cadre de telle façon à l'exclusion du reste de la scène, le rédacteur choisit un point de vue - financier ou humain, historique ou sociologique, politique ou pratique, pédagogique ou pointu – plutôt que de tenter en vain d'embrasser l'ensemble du sujet. Cet angle détermine quelles informations intégrer dans l'article, comment les hiérarchiser et les organiser.

L'ANGLE, POINT DE VUE DÉTERMINANT VOTRE CONTENU

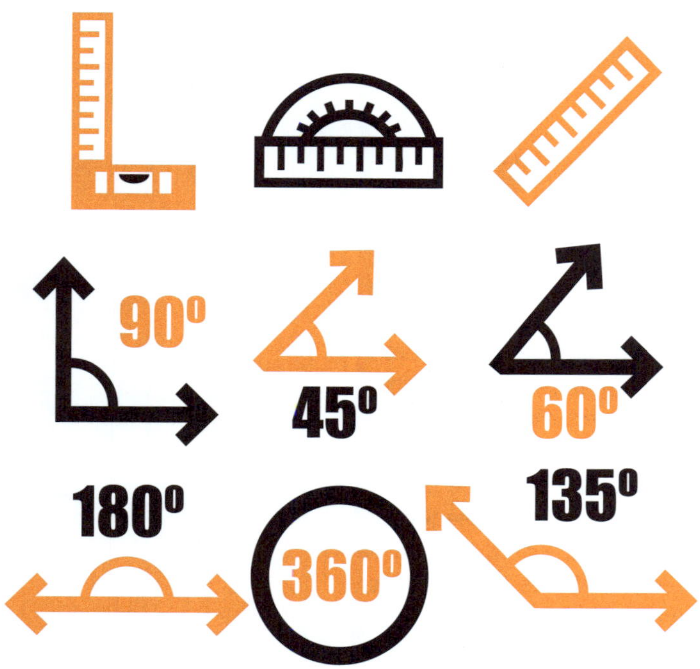

POURQUOI L'UTILISER ?

Objectif

L'angle oriente et focalise le contenu sur le prisme choisi. Il apporte le fil conducteur indispensable pour garantir la cohérence et maintenir l'attention du lecteur en l'entraînant dans une direction dynamique. Durant la rédaction, il facilite le tri des informations à intégrer.

Ne pas choisir d'angle, c'est courir le risque d'un article fourre-tout, plat et fade, patchwork dépourvu d'identité, juxtaposition d'informations sans logique explicite. À l'inverse, la créativité d'un rédacteur s'exprimera d'abord par le choix d'un angle assumé et original.

Contexte

Fondement de l'écriture journalistique, la notion d'angle a fait ses preuves dans les journaux papier bien avant le raz-de-marée digital. L'omniprésence des contenus numériques et la fragilisation de l'attention des audiences renforcent encore son utilité en ligne.

Tous les formats éditoriaux tireront parti d'un angle affirmé. Tous sauf un, multi-anglé par nature : le dossier, genre journalistique constitué de plusieurs articles consacré au même sujet, avec des angles différents.

COMMENT L'UTILISER ?

Étapes

L'angle est souvent déterminé en 2 temps : dicté, dans une certaine mesure, par la ligne éditoriale et la rubrique de destination, il orientera la recherche d'information.

Mais ce n'est qu'après s'être suffisamment documenté sur le sujet, que le rédacteur sera en mesure d'affiner l'angle de façon précise et de sélectionner les informations à faire figurer en conséquence. Cela le conduira à en éliminer d'autres : telle partie traitant des procédés techniques, n'aura pas sa place dans l'interview anglé sur l'organisation de l'équipe. Peut-être donnera-t-elle lieu à un autre article plus tard...

Méthodologie et conseils

- Adaptez l'angle au niveau de connaissance que vos lecteurs ont du sujet : large et pédagogique pour des novices ; pointu et spécifique si vous vous adressez à des experts.
- À l'heure du *fact-checking* et du story telling (cf. outil n° 14), privilégiez les angles concrets, factuels, vivants. Illustrez les principes par des exemples, étayez les promesses par des preuves, appuyez vos arguments avec des données chiffrées.
- N'hésitez pas à sabrer des informations intéressantes, si elles ne correspondent pas à l'angle choisi. Votre texte n'en sera que plus fluide.
- Si vous intervenez ponctuellement, renseignez-vous en amont sur l'angle attendu par nos commenditaires.

Avant de vous lancer...

- ✓ À l'initiative du rédacteur ou du commanditaire, l'angle pertinent comblera les objectifs éditoriaux comme les attentes du lecteur.
- ✓ Pour les sujets qui reviennent régulièrement – les fameux marronniers –, variez les angles afin d'éviter de vous répéter et de risquer de lasser le lecteur. Le traditionnel salon annuel pourra être traité alternativement sous différents prismes : **Ce qui a changé, Le salon en chiffre, Entendu sur le stand, Une journée avec un visiteur, Les moments forts, Dans les coulisses de la préparation...**
- ✓ Blogs, sites des pure players, magazines papier... repérez les angles qui fonctionnent bien à travers vos lectures personnelles pour les adapter à vos propres contenus.

Outil 8

La carte mentale

> “ La carte de votre contenu : pour savoir où aller avant de rédiger.

En quelques mots

Également appelée carte heuristique ou *mindmap*, la carte mentale consiste à noter ses **idées en étoile** sous forme de mots clés associés à des branches et des sous-branches. La **visualisation globale** qu'elle offre convient bien mieux à de nombreux cerveaux que le côté linéaire d'un fichier Word. Appliquée à l'activité éditoriale, elle permet de gagner en temps et en efficacité pour **structurer et hiérarchiser** les informations avant de se lancer dans la rédaction. On s'en sert aussi en amont pour aider à définir une arborescence.

ORGANISER SES IDÉES AVEC LE MIND MAPPING

POURQUOI L'UTILISER ?

Objectif

Le recours à la carte mentale apporte une vision globale : un atout de taille pour sélectionner, prioriser et articuler ses idées avant de se lancer dans la rédaction. Cela facilite le choix d'un angle, quitte à concentrer l'article sur une des branches en écartant d'autres aspects du sujet (qui pourront donner naissance à d'autres contenus). L'organisation dessinée *via* la carte mentale se muera en fil conducteur pour entraîner le lecteur dans une logique fluide en évitant les répétitions.

Plus en amont, on pourra recourir au *mind mapping* pour construire l'arborescence d'un site ou d'une rubrique, notamment dans une approche de cocon sémantique (cf. outil N° 37).

Contexte

La carte mentale prend tout son sens pour des contenus de fond assez conséquents quand la matière abonde et que l'organisation ne coule pas de source. Le rédacteur pourra l'utiliser dès qu'il peine à démarrer ou à structurer ses idées.

COMMENT L'UTILISER ?

Étapes

1. Notez votre sujet sous forme de mots clés au centre de la feuille (au format paysage) ou de l'écran.
2. À partir de ce cœur, représentez sous forme de branche les principales idées toujours exprimées avec des mots clés.
3. Faites de même pour chacune des branches, ce qui donnera naissance à des sous branches.
4. Vous obtiendrez une arborescence étoilée représentant l'articulation entre les idées.

Méthodologie et conseils

Limitez-vous si possible à 6 ou 7 branches par niveau (au-delà de ce chiffre notre cerveau peine à embraser l'ensemble des items comme l'a découvert l'ergonome Miller).

Plusieurs logiques sont souvent possibles : en dessinant votre carte, vous aurez opté pour l'une d'entre elle. Rien ne vous empêche de recommencer si vous vous rendez compte qu'une autre organisation serait plus pertinente. Vous pouvez aussi représenter des liens transversaux pour relier des items en dehors de l'architecture générale. Ils se concrétiseront par des références ou des liens hypertexte au sein de vos contenus.

Papier ou écran ? Il y a deux écoles : griffonner avec un crayon en phase d'idéation convient mieux à certains pour jeter leurs idées sur le papier spontanément n'importe où, n'importe quand. D'autres préféreront avoir recours à des outils comme Freemind (gratuit et souvent conseillé pour débuter), Mindmeister ou Mindmanager, avec l'avantage de pouvoir aisément modifier et partager leurs cartes.

Avant de vous lancer...

- **En dessinant vos cartes, ayez toujours en tête votre lecteur : comment regrouperait-il les idées ? Comprendra-t-il cette organisation ? Cette logique lui parlera-t-elle ? Vous n'aurez peut-être pas les réponses mais vous poser ces questions orientera déjà votre travail de conception.**
- **Le mind mapping vous séduit ? Xavier Delengaine est le spécialiste français : auteur de plusieurs ouvrages sur l'application de cette technique à différents domaines (gestion du temps, management...), il anime une formation intitulée : Rédiger plus vite et mieux avec le mind mapping.[1]**

1. https://www.samsa.fr/formation-stage-ecrire-web-mind-mapping/

Outil 9 Les liens

> « Un bon lien vaut mieux qu'un mauvais contenu.

En quelques mots

Spécificité de l'écriture digitale s'il en est, les liens hypertexte ont fait le succès du Web. Le rédacteur averti intégrera cette possibilité d'écriture en profondeur et choisira dès la conception les informations à mentionner dans le corps du contenu et celles auxquelles il se référera *via* un lien. Un lien s'apparentant généralement à un conseil, il choisira avec soin les pages de destination. Attirant le regard des internautes prêts à cliquer, le libellé ou texte d'ancrage (texte apparent clicable dans la page d'origine) devra être le plus explicite possible.

UN LIEN
= UNE URL DE DESTINATION + UN TEXTE D'ANCRAGE

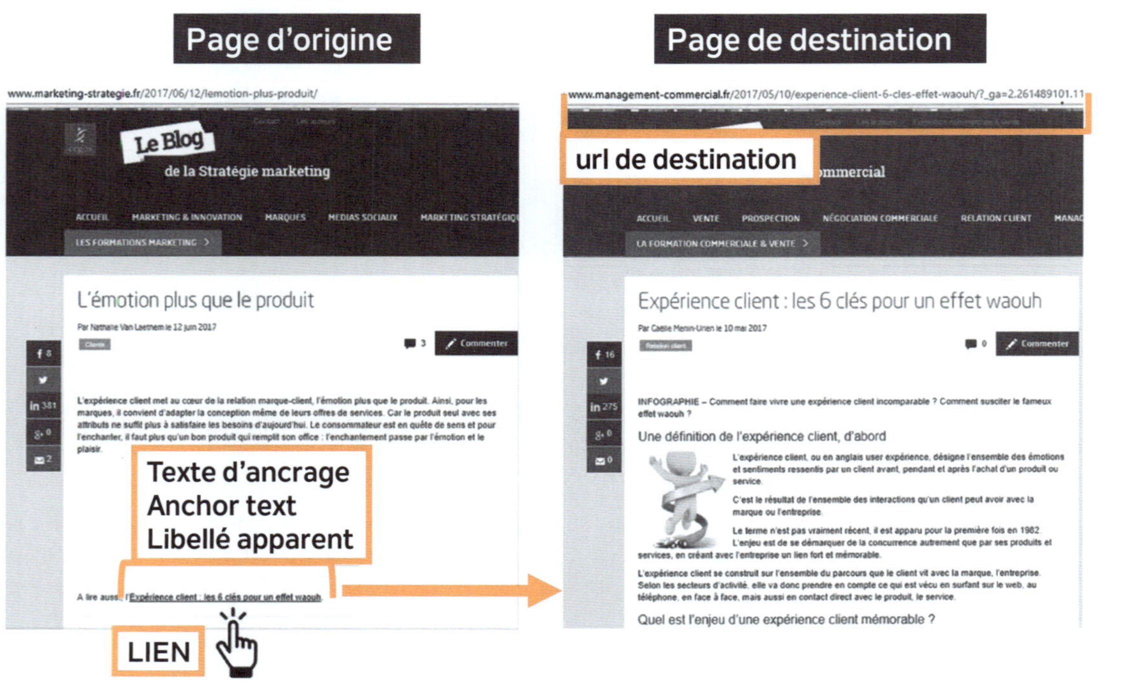

Sources : marketing.stratégie.fr et management.commercial.fr

POURQUOI L'UTILISER ?

Objectif

Les bénéfices des liens sont multiples : donner le choix au lecteur devenu décideur, lui offrir le rôle actif qu'il attend, alléger le 1er niveau d'information en proposant plus à ceux qui ont en besoin, crédibiliser le propos en l'étayant avec des ressources externes, montrer l'ouverture de l'éditeur sur l'extérieur et son ancrage dans l'écosystème... Les liens internes (vers des pages publiées précédemment sur le même site) présentent des atouts spécifiques : preuves de cohérence et de continuité, ils inscrivent le contenu dans un discours global tout en offrant une seconde vie à des contenus pérennes. Par ailleurs, l'impact des liens en termes de SEO est tel qu'il fera l'objet d'un traitement spécifique dans le dossier sur le sujet : cf. outil N° 35.

Contexte

Certaines pages spécifiques (les tunnels de conversion notamment) évitent de multiplier les liens afin de focaliser l'attention vers l'action attendue (CTA, *Call To Action*) : validation du panier, demande de renseignement... En dehors de ces cas particuliers, les pages Web sans lien font presque figure d'impasse. Mieux vaut ne pas s'imaginer qu'un contenu sans lien gardera l'internaute prisonnier sur votre page. Si celle-ci ne l'inspire pas, il la quittera sans état d'âme, même en l'absence de lien. À l'inverse, le lecteur qui découvre un contenu utile *via* un lien pertinent identifiera votre site comme pourvoyeur de ressources de qualité : avec à la clé de bonnes raisons et de bonnes chances d'y revenir !

COMMENT L'UTILISER ?

Étapes

1. Identifiez les points connexes à votre propos principal, intéressants à mentionner mais pas suffisamment au cœur de votre propos pour être développés.
2. Recherchez les pages Web existantes correspondantes (d'abord sur votre site, puis ailleurs).
3. Finalisez le texte d'ancrage ou libellé du lien (celui qui apparaîtra dans la page d'origine) au moment de la rédaction du texte en veillant à sa clarté et à sa concision.

Méthodologie et conseils

- Appuyez-vous sur l'angle que vous avez déterminé (cf. Outil N° 7) pour sélectionner les informations à faire figurer dans le texte et celles pour lesquelles intégrer un lien.
- Assurez-vous de diriger l'internaute vers la page contenant précisément l'information mentionnée (évitez-lui d'avoir à chercher ou à cliquer en l'envoyant sur une page trop générale).

La page de destination s'ouvrira soit dans une autre fenêtre ou onglet, soit dans la même, masquant alors le contenu d'origine. La plupart des sites choisissent d'ouvrir les liens internes dans le même onglet et les pages externes dans un nouvel onglet pour marquer le changement et favoriser le retour.

Suite outil 9 →

Avant de vous lancer...

✓ **Le réflexe de l'hypertexte ne viendra pas forcément immédiatement pour les néophytes du digital : forcez-vous dans un premier temps à vous demander quels pourraient être les liens utiles.**

✓ **Pour autant, pas d'automatisme : les liens dont on traite ici, relatifs à un texte, sont appelés contextuels. C'est bien le contexte éditorial – et donc en premier lieu l'intérêt du lecteur – qui déterminera l'ajout ou non d'un lien.**

Suite outil 9

Les liens

COMMENT ÊTRE PLUS EFFICACE ?

Les bons liens aux bons endroits

On peut prévoir dans les *templates* (cf. outils N° 44) un encadré en colonne latérale ou sous le texte pour insérer les liens : une bonne pratique qui permettra d'alléger le texte en réduisant les liens qu'on y intègre sans pour autant les interdire si cela s'y prête mieux.

« Combien de liens par texte, par phrase ? » se demandent souvent les néophytes. Il est très délicat de répondre à ces questions. Certes les liens à outrance brouillent la lecture et semblent inciter à la dispersion. Wikipédia mis à part, aucun éditeur n'a intérêt à multiplier les liens vers les sujets les plus variés dans une même phrase, comme c'est le cas sur la célèbre encyclopédie collaborative (pour laquelle chaque mot ayant donné lieu à un article prend automatiquement la forme d'un lien vers celui-ci). Cependant une phrase qui énumère différents exemples ou cas pourra regrouper différents liens justifiés. De même, si l'on évite généralement les liens dès le début du texte, une première phrase allant droit au but justifiera un lien si le sujet l'exige.

Des liens utiles pour le lecteur

C'est le fond qui détermine la pertinence ou non du lien. C'est aussi et surtout l'intérêt pour le lecteur, donc le contexte : telle page de destination lui apporte-t-elle un éclairage utile ? Ce n'est pas parce que l'on cite une grande entreprise qu'il faudra forcément un lien vers sa page d'accueil mais on le fera probablement pour une start-up ou une PME moins connue. Au sujet d'une personne, on pourra envoyer vers sa page Wikipédia si elle en a une, son compte Twitter s'il est actif, ou encore son profil sur le réseau social d'entreprise pour un contenu publié sur l'intranet.

Un libellé court et explicite

C'est aussi en pensant aux lecteurs - y compris aux personnes non voyantes qui utilisent des lecteurs d'écran - que l'on déterminera un libellé ou texte d'ancrage le plus explicite possible. Tel un panneau indicateur, celui-ci doit indiquer le contenu de destination de façon limpide et concise. D'autant que, pour faciliter leur identification, les feuilles de styles performantes affichent les liens dans un format distinct, qui se détache du reste du texte. Mieux vaudra donc ancrer le lien à partir de quelques mots seulement sous peine de noyer le poisson et la visibilité, quitte à intégrer le lien dans une phrase comme le fait le texte ci-contre. Si la langue de la page de destination diffère de celle d'origine mieux vaut le signaler aussi. Enfin, pour les liens vers les fichiers à télécharger, il est d'usage d'indiquer l'extension, le poids et éventuellement le nombre de pages : Téléchargez notre guide pour **choisir un logiciel de paye** [pdf, 4,2 M°, 48p].

Les formats spécifiques

Nous avons traité ici les liens dits « contextuels », relatifs à un texte en particulier. Il en existe d'autres :

- Les liens structurels, présents sur toutes les pages du site *via* les menus, reflètent l'arborescence (cf. outil N° 36).
- Les liens-titre-accroches s'affichent en pages d'accueil ou têtes de rubriques et renvoient vers les contenus développés (cf. outil N° 26).
- Les tags (cf. outil N°28), qualifient un contenu avec une autre logique que l'arborescence.
- Les hashtags, tags précédés du signe #, sont très utilisés sur les réseaux sociaux, notamment Twitter et Instagram (cf. outil N° 40).

UNE GRANDE DIVERSITÉ DE LIENS

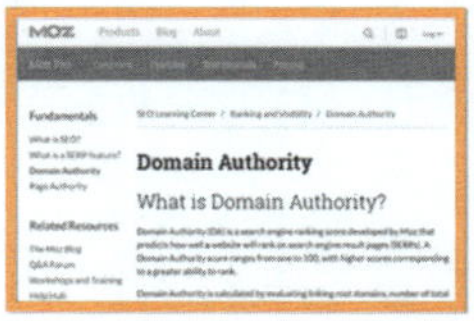

Qu'est-ce que le contenu collaboratif ?

Le contenu collaboratif implique la création de contenu avec d'autres individus influents. Il peut s'agir d'un article co-écrit ou d'un contenu qui intègre des citations, des interviews, des vidéos d'experts.

Le but étant de collaborer avec des personnes de votre domaine d'activité ayant des communautés sociales développées et engagées, ou des entreprises propriétaires de blogs ou d'un site ayant un important Domain Authority. La collaboration créera une relation gagnant-gagnant : vous aurez de la matière d'expert à partager, en échange le co-auteur partagera le contenu avec son audience remplie de potentiels prospects.

Avec cette approche de marketing de contenu, il a été constaté que le ranking des mots clés et l'exposition sur les réseaux sociaux sont positivement impactés.

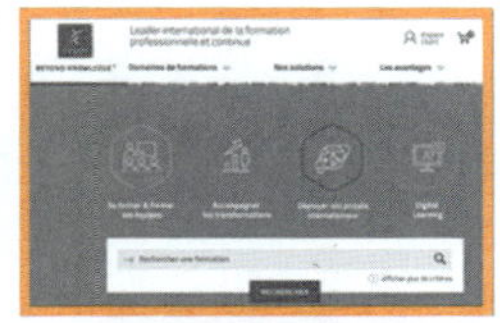

Si vous souhaitez développer votre stratégie de contenu, je vous recommande la formation Digital Brand Content pour permettre à votre marque de diffuser du contenu sur vos valeurs, vos technicités, votre organisation ou management sans être intrusive auprès de vos communautés.

Alors pourquoi le contenu collaboratif est-il si important pour votre PME ?

Il assoit votre propre expertise

Parlez de ce que vous connaissez, c'est ce qui appuiera votre discours. Les contenus que vous produisez peuvent aussi devenir collaboratifs. Chez Cegos, nous sommes avant tout des experts de la formation professionnelle. Notre experte, Mathilde Bourdat, prend la parole sur ce sujet. A travers son expertise et ses billets de blog, elle touche les professionnels de son secteur. Elle est reconnue et est un exemple inspirant pour d'autres créateurs de contenu dans le domaine de la formation.

Cet extrait du post intitulé « PME, et si vous passiez au contenu collaboratif »[1] intègre une grande diversité de liens, internes et externes.

Domain authority pointe vers une page pédagogique sur ce critère du SEO par Moz.com, une des références mondiales en la matière ; **ranking des mots clés** vers la définition du concept sur Définitions Marketing, l'encyclopédie illustrée du marketing. Dans une approche d'autopromo adoptée par de nombreux acteurs, l'auteur recommande ensuite la **Formation Digital Brand Content** de Cegos en pointant vers la fiche produit qui présente la formation. Le « Blog de la communication digitale » est en effet publié par Cegos pour montrer son expertise en la matière et promouvoir ses formations. Pour parler du contenu collaboratif, **Cegos** est pris comme exemple avec un lien vers la page d'accueil de l'organisme. Les deux derniers liens illustrent le propos en pointant vers un autre blog déployé par le groupe : **Mathide Bourdat** envoie vers la mini-bio de l'experte du sujet qui co-rédige le blog ; **Billets de blog** vers les posts publiés eux-mêmes. Avec un ancrage à partir des mots nécessaires et signifiants, les liens complètent la lecture sans l'entraver.

1. http://www.communication-web.net/2017/07/17/contenu-collaboratif-pour-strategie-de-contenu/

Outil 10

L'impact de l'image

> Le poids des mots, le choc des photos : rédacteur, faites de l'image votre allié !

En quelques mots

Parce qu'elle capte le regard en premier, l'image donne le *La*, émettant des signaux forts destinés au visiteur, avant même qu'il ne devienne lecteur. Certes, cet ouvrage se concentre résolument sur le texte ; mais ce dernier n'atteindra son but et son public que s'il fonctionne de concert avec le visuel qui l'illustre. Mieux vaut donc choisir ou prendre en compte l'iconographie dès le stade de la conception. Sous les yeux du rédacteur, celle-ci sera source d'inspiration et influencera son texte pour éviter dissonances ou fausses notes et favoriser l'harmonie.

L'IMAGE ATTIRE LE REGARD ET INFLUENCE LE TEXTE

POURQUOI L'UTILISER ?

Objectif

Les études *d'Eye Tracking* (cf. outil N° 5) le montrent, l'image est très souvent vue avant le texte. Avec un fort pouvoir évocateur, celle-ci plante le décor et influence l'internaute avant qu'il ne débute sa lecture. Elle doit correspondre à l'angle choisi mais contribue aussi à préciser ce dernier et à déterminer le ton « *qui va bien* ».

Pour ne pas voir leurs efforts sabotés par un visuel déphasé ou inopportun, ceux qui écrivent ont tout à gagner à considérer l'iconographie : la choisir avec soin (quand cette tâche leur incombe), la prendre en compte (si d'autres s'en chargent) et en tout cas l'avoir sous les yeux lorsqu'ils rédigent. Ils mettront ainsi toutes les chances de leur côté que la mayonnaise entre image(s) et mots prenne.

Contexte

Choisir l'image avant de finaliser le texte est recommandé chaque fois qu'elle occupe une place importante. C'est le cas pour de nombreux *templates* Web et tant mieux ! Quelle que soit sa source - prise de vue lors de l'enquête, photothèque maison, recherche sur les banques d'images payantes ou gratuites... - l'image ne sera jamais neutre.

Sa prise en compte en amont s'avère d'autant plus judicieuse que celle-ci porte un message fort - photo « parlante », graphique explicite, carte marquante... - afin d'écarter les risques de contradictions ou de redondances. Charge alors au rédacteur de s'y référer, d'apporter des précisions ou des éléments de contexte, bref d'écrire en synergie avec cet imposant compagnon.

COMMENT L'UTILISER ?

Étapes

1. Intéressez-vous à l'image le plus tôt possible :
- dès le brief le cas échéant, en interrogeant votre donneur d'ordre ;
- en préparant interviews ou reportages ;
- pendant la conception de votre contenu dans tous les cas.

2. Effectuez la recherche ou réalisez les prises de vue.
3. Recadrez et retouchez l'image.
4. Optimisez sa résolution, sa taille, son poids.
5. Téléchargez-la dans votre outil de gestion de contenu et intégrez-la dans le *template* éditorial selon le format prévu pour avoir très tôt une idée du rendu final.
6. Choisissez le nom du fichier image et l'attribut Alt pour renforcer l'accessibilité et le SEO.

Les étapes 2 à 4 sont abordées en page suivante, la 6ᵉ à l'outil N° 34.

Méthodologie et conseils

Testez ou faites valider les illustrations - qui peuvent parfois susciter des réactions fortes – en même temps que le texte. Certaines associations de couleurs criardes ou de visuels très différents risquent de mal cohabiter : considérez la page dans son ensemble, non comme des éléments séparés.

Les images attirent le regard et le font rebondir sur les textes à proximité : les études d'*Eye Tracking* soulignent l'importance des légendes. Rédigez avec soin ce micro-contenu très en vue : cohérence et complémentarité avec le corps du texte.

Suite outil 10 →

Avant de vous lancer...

- ✓ **Même si votre rôle se limite théoriquement au texte, vous ne pouvez pas ignorer l'image !**
- ✓ **Communiquez et collaborez avec ceux qui les réalisent ou les choisissent : les photographes, iconographes, documentalistes ou graphistes.**
- ✓ **Sans remplacer ces « pro » de l'image, quelques conseils en pages suivantes vous aideront si vous manquez de pratique pour trouver, réaliser ou intégrer vos visuels.**

10 L'impact de l'image

COMMENT ÊTRE PLUS EFFICACE ?

Respecter la loi

Copier une image est si facile qu'on en oublierait presque de demander l'autorisation à son auteur avant de l'utiliser. Indispensable pourtant sauf si celui-ci l'a accordée par le biais des Creative Commons qui permettent de partager des œuvres de façon moins restrictive *via* l'une des 7 licences :

1. BY : Paternité.
2. BY ND : Paternité/Pas de modification.
3. BY NC ND : Paternité/Pas d'utilisation commerciale/Pas de modification.
4. BY NC : Paternité/Pas d'utilisation commerciale.
5. BY NC SA : Paternité/Pas d'utilisation commerciale/Partage dans les mêmes conditions.
6. BY SA : Paternité/Partage dans les mêmes conditions.
7. CC0 : Pas de paternité (se rapproche du domaine public).

Chercher efficacement

Vous pouvez notamment chercher des images partagées en Creative Commons sur :

- Google Images (bouton « Outils » filtre « Droit d'usage »).
- Flickr (Filtre « Any licence »).
- commons.wikimedia.org.
- pixabay.com.

Des banques d'image comme Stock Adobe, Shutterstock ou Istockphoto proposent des images libres de droits : payantes, contrairement à ce que l'expression laisse penser, mais peu onéreuses. Toutes ne sont pas aussi éculées que la sempiternelle poignée de main ou le cadre en cravate qui saute de joie...

La recherche s'avère parfois laborieuse : multipliez les mots clés et saisissez-les en anglais. Vous pouvez aussi à utiliser des images symboles. Pensez aussi à diversifier les formes et traitements : cartes, illustrations, schémas, pictos...

Optimiser vos prises de vue

Si vous prenez des photos, pensez au droit à l'image, celui des modèles : mieux vaut leur faire signer des autorisations avant la publication. Multipliez les prises de vue, surtout pour les groupes : vous savez celui qui ferme les yeux alors que tous les autres rayonnent ;-) Attention aux arrières plans gênants, en particulier le contre-jour, difficile à rattraper. Si la source lumineuse est derrière votre sujet, forcez le flash pour un meilleur rendu.

LES TIERS POUR CONSTRUIRE VOS IMAGES

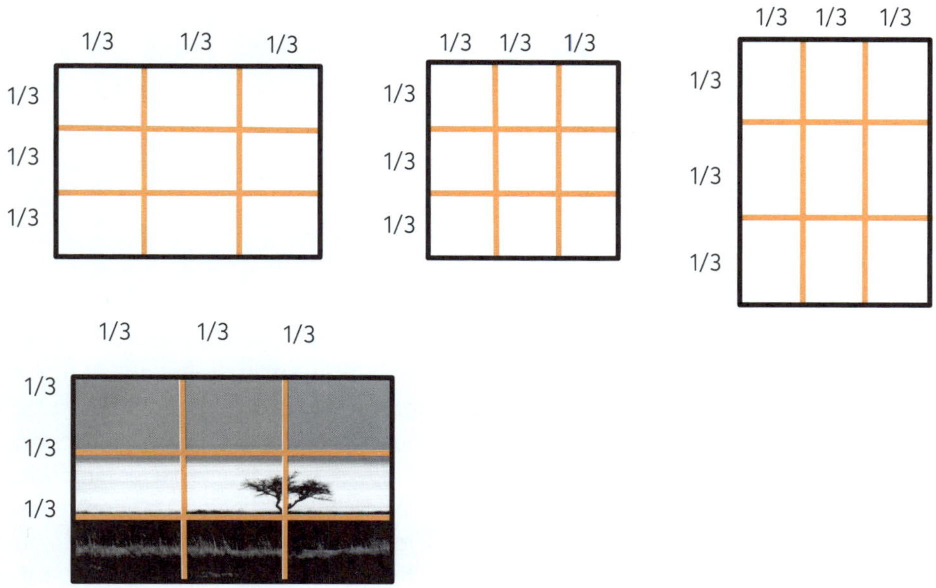

Pour donner de la force à vos images, pensez à les diviser en tiers horizontaux et verticaux puis à placer vos éléments forts ou structurants (visage, ligne d'horizon...) sur une de ces lignes ou, mieux encore, à leur intersection.

Valable pour tous les formats - portrait, paysage ou carré – cette règle, comme beaucoup d'autres, est transgressée avec bonheur par certains : moult chefs-d'œuvre ne la respectent pas et c'est tant mieux. En revanche, elle dynamisera les images des néophytes en évitant le côté plat des compositions trop symétriques.

Recadrer et retoucher

Vous pouvez appliquer cette règle au moment de la prise de vue mais aussi lors du recadrage. En la conjuguant avec un autre principe clé : comme à l'écrit, éliminez tout détail superflu. Telle la concision pour le texte, cadrer serré met en valeur le sujet principal et renforce sa visibilité comme sa lisibilité. Pensez aussi à faire pivoter votre image pour remettre l'horizon d'aplomb si besoin.

De nombreux filtres ou effets vous permettent de retoucher une image, des plus simples présents sur les smartphones aux plus sophistiqués *via* le logiciel Photoshop ou le service gratuit Pixlr.com : utilisés avec sobriété, ils renforcent la personnalité de votre visuel.

Choisir la résolution, re-dimensionner, compresser

Il faut chercher le meilleur compromis entre 3 éléments caractéristiques d'une image :

- sa taille exprimée en pixels (largeur x hauteur) ;
- son poids (ou taille du fichier) exprimé en Ko qui impacte la rapidité d'affichage de la page ;
- sa résolution en DPI (*Dot Per Inch* ou Point Par Pouce) qui détermine sa netteté.

Pour le Web, on choisira une résolution de 72 dpi : celle-ci suffit pour une image nette tout en réduisant son poids, donc sa vitesse d'affichage. Un bon point pour les internautes toujours pressés également pris en compte par Google. Pour limiter son poids, il faut aussi réduire l'image à la taille d'affichage souhaitée avant de l'importer dans le CMS : inutile d'alourdir la page avec des pixels inutiles et de laisser le navigateur redimensionner. Enfin, vous pouvez optimiser le poids d'une image *via* Enregistrer pour le Web dans Photoshop ou en utilisant les outils gratuits TinyJPG ou TinyPNG qui compressent jusqu'à 20 images à la fois.

Le format .jpg convient pour les photos alors que le .png est préférable pour les visuels avec des aplats de couleur ou des incrustations de texte comme les logos, schémas ou infographies.

Outil 11

La proximité

> “ Loin des yeux, loin du cœur... loin du lecteur, point d'attention !

En quelques mots

Tous centrés sur nous ? En tout cas, d'abord intéressés par ce qui nous concerne de près. Les journalistes ont en fait une loi, celle de la proximité, qui se décline sur 4 axes : géographique bien sûr, mais aussi temporel, social et affectif. Si l'on remplace les 2 derniers, plutôt réservés à la presse grand public ou people par les dimensions professionnelle et pratique, la proximité peut aider de nombreux rédacteurs à sélectionner et organiser les informations au sein du texte, en commençant par celles qui touchent de près les lecteurs. Un principe à avoir en tête pour tous ceux qui se soucient de leurs publics !

LES AXES DE PROXIMITÉ POUR LES CONTENUS PROFESSIONNELS

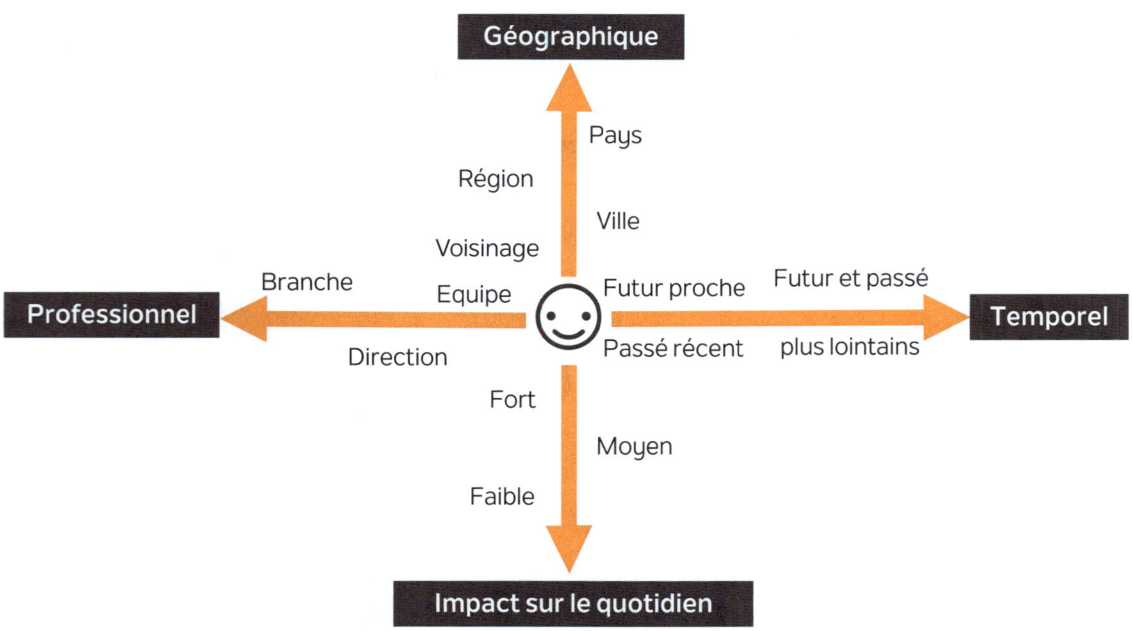

? POURQUOI L'UTILISER ?

Objectif

L'objectif est bien sûr de capter l'attention du lecteur grâce à des contenus qui l'interpellent parce qu'ils parlent de lui, de son quotidien, de ses préoccupations. Le critère de proximité orientera autant le choix des sujets et le moment de leur publication que leur hiérarchie et l'ordre des informations dans un article. Une fois l'intérêt suscité, sans doute pourra-t-on replacer dans un cadre plus large, apporter des éléments de contexte, retracer l'historique ou faire passer au lecteur des messages importants à nos yeux.

Contexte

La proximité est une notion clé pour les journalistes qui parlent cyniquement de loi du mort-kilomètre, se référant au fait que plus un évènement est loin, moins il suscitera d'émoi, même s'il est à l'origine d'un grand nombre de disparitions. Le principe s'applique – heureusement de façon moins dramatique – à de très nombreux publics, désireux d'entendre parler d'eux ou de leurs proches. C'est particulièrement le cas en interne, où l'on se rue sur les contenus qui mettent en avant notre service, nos collègues, notre branche... alors qu'intranets et réseaux sociaux d'entreprise visent justement à fédérer au sein d'une structure globale.

COMMENT L'UTILISER ?

Étapes

Commencez par :

- Le fait le plus récent, qui vient d'arriver ou va se produire demain ; complétez ensuite avec l'historique.
- L'évènement à caractère local ; resituez ensuite dans un contexte plus global.
- Les conséquences concrètes ; développez ensuite la politique et les principes qui en sont à l'origine.

Méthodologie et conseils

Pour publier au bon moment en toute proximité, les marronniers sont vos alliés ! En jargon journalistique, il s'agit des événements qui concernent périodiquement un grand nombre de gens ou une communauté.
Salon annuel, forum trimestriel, bouclage des budgets, entretiens d'évaluation... les événements incontournables au cœur de votre activité seront à l'origine de publications phares en phase avec l'actualité. Avec l'avantage de la visibilité et de l'anticipation au sein de votre planning éditorial. Variez bien les angles de traitement pour ne pas refaire chaque fois le même article !
Gardez un œil sur l'actualité et les marronniers « grand public » (Rentrée, Saint-Valentin, changement d'heure, Tour de France, Noël...) : certains sujets se prêtent forcément à des rapprochements avec vos thématiques. Ils pourront vous inspirer et donner lieu à des clins d'œil pour ancrer vos contenus dans l'air du temps.

Suite outil 11 →

Avant de vous lancer...

- ✓ **Pour écrire des textes proches des lecteurs, encore faut-il les Connaître ! Dialoguez avec eux (Outil N° 49), menez une veille active (Outil N° 50), analysez les statistiques d'audience (Outil N° 4), représentez-les sous forme de personas (Outil N° 2), réfléchissez à leurs scénarios de lecture (Outil N° 3)...**
- ✓ **Les différents types de proximité ne s'excluent pas : l'installation de nouveaux mobiliers dans l'établissement la semaine prochaine ? Voilà une info qui cumule les proximités géographiques, temporelles et pratiques !**

Suite outil

11 La proximité

COMMENT ÊTRE PLUS EFFICACE ?

Les besoins des humains

Dans les années cinquante, Abraham Maslow a élaboré une théorie qui explique les motivations humaines selon une hiérarchie des besoins : des plus élémentaires et impératifs – physiologiques – aux plus élaborés et « superflus ». Selon le psychologue, la satisfaction de chaque niveau de besoin est un prérequis pour s'intéresser au niveau supérieur. À garder à l'esprit pour hiérarchiser vos idées en fonction de leur proximité par rapport aux préoccupations des lecteurs.

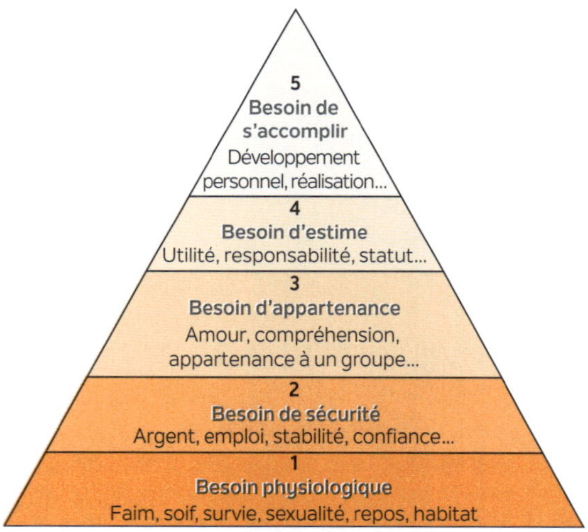

Les « journées ou semaines marronniers »

De nombreuses occasions peuvent faire écho à vos thématiques : fêtes traditionnelles et plus récentes, grands événements sportifs ou culturels, festivals et fêtes locales ou encore les journées nationales et mondiales. Au sein de la liste ci-dessous, identifiez 3 événements susceptibles de vous inspirer ou que vous pourriez évoquer dans vos contenus.

- Journée mondiale de la protection des données
- Journée mondiale sans téléphone mobile
- Journée internationale des droits de la femme
- Journée nationale du sommeil
- Journée mondiale de l'eau
- Journée nationale de l'innovation
- Journée internationale des musées
- Journée internationale de la biodiversité
- Journée mondiale sans tabac
- Journée mondiale des parents
- Journée mondiale de l'environnement
- Semaine du développement durable
- Journée mondiale du bien-être
- Journée mondiale des donneurs de sang
- Journée mondiale du blog
- Journée internationale sans voiture
- Journées du patrimoine
- Journée mondiale du handicap
- Journée mondiale de l'alimentation
- Semaine de la qualité de vie au travail
- Journée mondiale de la gentillesse
- Semaine mondiale de l'entrepreneur
- Journée mondiale du climat

Un peu d'exercice

> Le court terme, le local, le pratique, le terrain ! Bien sûr vous aborderez des thèmes plus globaux et plus stratégiques mais l'idéal est de les relier à quelque chose proche de votre lecteur au moins pour entrer en matière. La proximité c'est un état d'esprit : entraînez-vous !

Cas N° 1

> Classez ces 4 titres du plus proche au moins proche :

- Nouveau mode de calcul des bonus : les principes expliqués
- Nouveau mode de calcul des bonus : enjeux et objectifs
- Nouveau mode de calcul des bonus : l'impact pour chaque statut
- Nouveau mode de calcul des bonus : allez-vous gagner ou perdre ?

> Voire notre classement en page 184.

Cas N° 2

Transformation digitale : une étape de plus est franchie

Depuis 2016, le groupe a entrepris un programme ambitieux pour mener à bien la transformation digitale et simplifier ses procédures. Pour l'interne, ce programme s'est concrétisé en 2017 par le lancement de la plateforme collaborative d'*e-learning* Formaplace. Depuis le mois dernier, la plateforme s'est enrichie d'une nouvelle fonctionnalité offrant à tous les collaborateurs la possibilité de se former en ligne durant le temps de travail en suivant l'un des 5 Moocs (Massive Online Open Course) spécialement conçus pour le groupe par le prestataire Learnov. D'une durée d'environ 20 h 00, chacun de ces cours en ligne porte sur un sujet relatif à la mutation numérique : travailler sur le cloud, collaborer efficacement, maîtriser les outils digitaux, comprendre la méthode agile, découvrir le lean management.

> Réécrire le texte avec les éléments de proximité en premier.

> Voir nos commentaires et proposition en page 184.

Cas N° 3

Poursuite de l'opération « Vie ma vie »

Afin de développer la proximité et de mieux cerner les problématiques des équipes, les membres du Board ont entamé, depuis un peu plus de 2 mois, l'opération « Vie ma vie » qui les emmène à travers toute l'Europe ½ journée par semaine. Le fameux codir a en effet lieu dans un des établissements et est suivi d'un déjeuner-buffet puis de quelques heures d'immersion auprès de 3 équipes représentant différentes fonctions. Cette opération est l'occasion de beaucoup d'échanges et de découvertes. Elle a déjà rencontré un vif succès à Bruxelles, Anvers, Pessac, Nantes, Strasbourg, Nancy, Villeurbanne, Sophia-Antipolis et Toulouse. L'ensemble du périple sera relaté dans un Yearbook en ligne « Vie ma vie » qui sortira en décembre. C'est maintenant au tour de Clermont-Ferrand d'accueillir ce Codir délocalisé qui aura lieu lundi prochain. Après leur traditionnelle réunion matinale, l'équipe de direction déjeunera avec l'ensemble des équipes puis se répartira entre le pôle centre d'appels, la plateforme de chat et le centre de traitement des mails entrants.

> Réécrire ce texte paru sur l'intranet d'un établissement clermontois en mettant en avant la proximité.

> Voir nos commentaires et proposition en page 185.

Outil 12

Les faits

> “
> *Le concret, c’est de l’abstrait rendu familier par l’usage.*
>
> Paul Langevin

En quelques mots

Qui a envie de lire des propos ronflants à l’écran, de tenter de comprendre ce que signifient concrètement des tournures élégantes mais vagues ou trop théoriques ? Bien sûr, on pourra souhaiter donner à voir ses réflexions, ses décisions stratégiques, ses analyses de fond ou ses valeurs. Mais **exemples, faits ou chiffres à l’appui.** Et doucement sur la couche de vernis ! Ancrer son discours dans la **réalité**, l’étayer avec des **données vérifiées**, l’illustrer de façon tangible… Autant de saines pratiques aujourd’hui indispensables pour être lu, compris et cru.

DU CONCRET, D’ABORD DU CONCRET !

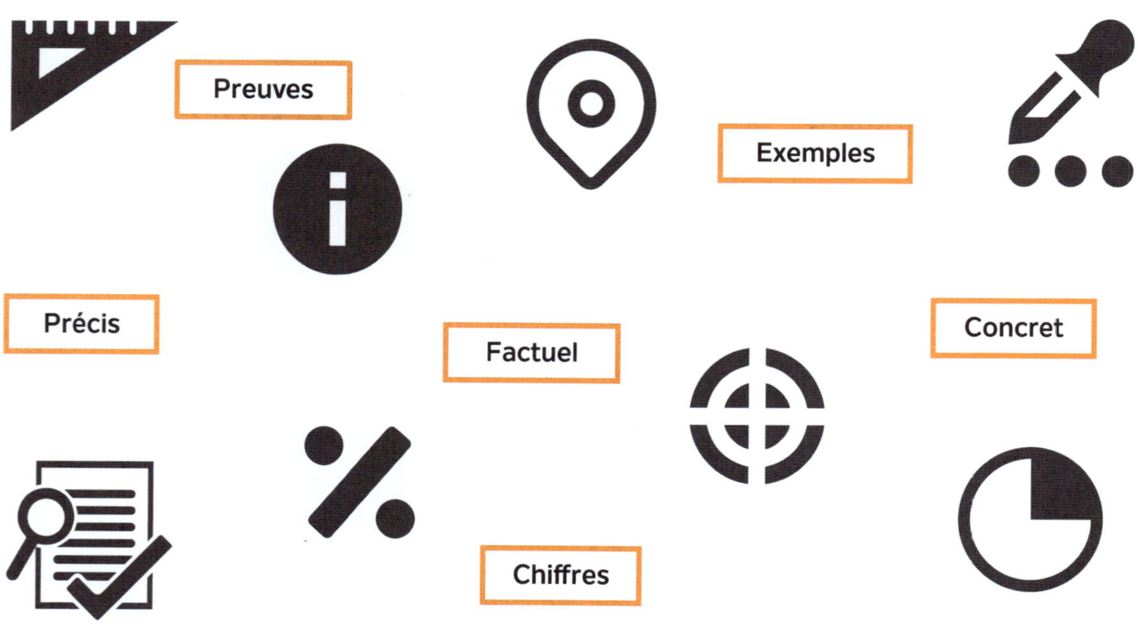

POURQUOI L'UTILISER ?

Objectif

À l'heure du Big Data et du *fact-checking*, la langue de bois n'impressionne plus. Pire : elle décrédibilise et risque de vous faire passer pour un acteur du siècle dernier. Les chiffres attirent le regard, les caractéristiques précises soutiennent les promesses, les exemples clarifient le propos. Déclamer ne suffit plus, il faut illustrer de façon pédagogue, étayer par des faits, fournir des éléments de preuve.

Contexte

Bien sûr, certains domaines scientifiques sont par nature plus conceptuels que d'autres. Pourtant, dans la majorité des cas, ce sont surtout l'habitude et/ou des prudences excessives qui empêchent d'avancer des éléments tangibles. Ce fameux politiquement correct, qui, à outrance, finit par conduire à écrire pour ne rien dire. Certes, tout n'est pas bon à écrire, mais s'ils souhaitent devenir engageants, les contenus doivent s'engager... à bon escient et avec discernement. Charge aux responsables éditoriaux d'évangéliser leurs interlocuteurs et de « tirer » vers le factuel, le tangible, chaque fois que les contraintes politiques ou juridiques le permettent.

COMMENT L'UTILISER ?

Étapes

Privilégier le côté factuel commence dès la phase de recueil d'information :

1. Maîtrisez suffisamment votre sujet pour être en mesure de poser des questions précises : vous multiplierez vos chances de récolter des réponses précises.
2. Vérifiez la fiabilité des informations en croisant vos sources avec une exigence proche de la démarche journalistique.
3. Tentez de traduire chaque principe ou promesse avancé par vos interlocuteurs en un élément concret (exemple, caractéristique précise, preuve...).
4. Mettez-vous en quête de chiffres explicites et cohérents.

Méthodologie et conseils

La priorité au factuel guidera la sélection des informations à mentionner. Votre service est formidable ? Ne l'écrivez pas : démontrez-le ! Oubliez les adjectifs dithyrambiques au profit d'avantages concrets qui vous singularisent : **« Plébiscité par les consommateurs avec 97 % de très satisfaits (Avis Vérifiés) », « Une complémentaire santé entièrement en ligne : 30 % d'économie pour les mêmes garanties », « Votre service de manucure bio 7 jours sur 7 à domicile (Paris, 78 et 92) »...**
Avancez des chiffres chaque fois que c'est possible : citez les **« 330 brevets déposés en 2017, soit le record du secteur »** plutôt que **« la politique ambitieuse et dynamique en matière d'innovation »** ; **« La multiplication par 3 des magazines à disposition du public »** plutôt que **« l'accroissement notable de l'offre en matière de collections périodiques »**. Les chiffres attirent le regard en se différenciant du texte. Leur caractère tangible et précis aide à convaincre.
Si vos interlocuteurs rechignent à diffuser des chiffres, proposez-leur de communiquer sur des proportions, des ordres de grandeur, moins risqués politiquement mais tout aussi frappantes pour le lecteur : **« Deux fois plus de clients satisfaits que l'an passé », « 35 % de CA en plus en 2 mois », « Autant d'artistes que les plus grands festivals »...**

Avant de vous lancer...

- ✓ Intéressez-vous aux chiffres, apprenez à manipuler les rapports et les ordres de grandeur pour être en mesure de poser les bonnes questions, voire de faire les bonnes propositions.
- ✓ Interviews, citations, propos rapportés ou témoignages (cf. outil N° 13) apporteront aussi à vos contenus une dimension concrète.

Outil 13 La dimension humaine

> “
> *Mon plus proche parent, c'est moi-même.*
> Terence

En quelques mots

Sans y prendre garde, ou pour se donner de l'importance, les institutions et les entreprises se sont forgées un langage impersonnel et ronflant dépourvu d'humanité. Mais ça, c'était avant ! Ou presque... Dès 2006, le New York Times célébrait le **You** en tant que personnalité de l'année. Il est grand temps que les organisations abandonnent leur piédestal éditorial trop formel pour une approche **à hauteur d'individu**. Interview, témoignages, citations, anecdotes ou ton incitatif... Oui, il est possible d'aborder des sujets sérieux et complexes de façon humaine, donc percutante et efficace.

LES FEMMES ET LES HOMMES AVANT L'ORGANISATION

POURQUOI L'UTILISER ?

Objectif

Pourquoi renforcer la dimension humaine des textes ? D'abord parce, qu'ils soient prospects, clients, étudiants, actionnaires, influenceurs ou journalistes, nos lecteurs ont ceci en commun : leur humanité. La dernière décennie - celle du *Selfie* - a placé l'humain au centre de la transformation digitale et désacralisé les entreprises qui ne pourront plus longtemps se retrancher derrière un langage institutionnel raide et distant. Quoi de mieux que le vécu, le réel, le petit bout de la lorgnette pour vivifier les contenus, interpeller les publics et incarner une relation sur de nouvelles bases dans cet univers si virtuel ?

Contexte

Certes, tous les types de contenu ne gagneront pas à adopter la mise en scène personnelle, les apartés clins d'œil et le ton connivent qui font le succès des blogs. L'approche humaine et vivante s'appliquera mieux aux reportages au long cours et aux portraits qu'aux brèves calibrées au signe près et centrées sur les faits au nom de la concision. Mais après tout tous les contenus ne sont-ils pas destinés à des humains ? Certains argueront que la *com' corporate* est par essence impersonnelle et désincarnée. « Pour combien de temps encore ? » est-on tenté de leur répondre alors que l'on cherche de plus en plus à « dé-institutionnaliser » la communication pour la mettre à portée de lecteur.

COMMENT L'UTILISER ?

Étapes

Pour insuffler de l'humain dans vos textes, il vous faut d'abord recueillir de la matière :

1. Multipliez interviews et discussions informelles en alliant écoute active, questions ouvertes, reformulations pour inciter votre interlocuteur à en dire plus.
2. Notez bien les formules imagées, les expressions originales à citer quitte à les adapter ensuite si elles s'avèrent trop familières pour le ton de votre support.
3. Reformulez les points importants ou précis en cas de doute pour vérifier que vous avez bien compris.
4. Relisez et complétez vos notes très vite pour ne rien oublier sans remettre au lendemain, sans peine de vous demander ce que vous avez bien pu vouloir écrire ou ce que votre interlocuteur voulait dire.

Méthodologie et conseils

La matière vive récoltée pourra constituer l'intégralité d'un contenu - témoignage, interview alternant questions et réponses - ou encore se distiller sous forme de courtes citations qui ponctueront un article (cf. outil N° 23). Des petites touches humaines bénéficieront aussi à des contenus plus ardus : émailler une enquête sérieuse d'exemples vivants implique le destinataire ; attaquer un sujet complexe par une anecdote vécue lui permet de s'identifier avant d'élargir le champ ; compléter un article d'analyse par un encadré « **Trois questions à…** » varie les points de vue et donne au contenu une dimension de dossier (cf. outil N° 55) riche et dynamique…

Suite outil 13 →

Avant de vous lancer…

- ✓ **Ne négligez aucune occasion : la machine à café, la queue avant un évènement, le cocktail après une conférence…**
- ✓ **Ouvrez grand vos yeux pour observer et restituer les attitudes révélatrices : un candidat dont la main tremble avant l'entretien, un entrepreneur qui ne tient pas en place, une psychologue qui plonge son regard dans celui de son interlocutrice…**

Suite outil 13

La dimension humaine

COMMENT ÊTRE PLUS EFFICACE ?

Un climat de confiance pour recueillir l'information

Si internet ouvre des champs d'investigation précieux, rien ne remplace l'interview pour recueillir une information précise, originale et vivante. Encore faut-il respecter quelques bonnes pratiques.

Une interview fructueuse se prépare : documentez-vous sur le sujet pour être en mesure de poser les bonnes questions, communiquez à l'interviewé le support de parution, le format de contenu et l'angle envisagé (même si ce dernier est susceptible d'être affiné ensuite).

Assurez-vous qu'aucun souci matériel ne viendra entraver les échanges. Des conditions confortables et quelques échanges anodins pour établir le contact créeront un climat favorable. Ouvrez grand vos oreilles, déployez toutes vos antennes, n'oubliez pas de regarder... Selon le moment de l'interview et la personnalité de l'interviewé, alternez questions ouvertes et fermées. Reformulez pour valider ou relancer. Et surtout notez. Si vous le souhaitez et avec l'accord de l'interviewé, vous pouvez enregistrer en *back-up*. Mais savoir noter l'important vous fera gagner un temps précieux. Avant de prendre congé, annoncez à l'interviewé les prochaines étapes et précisez-lui qu'il pourra relire ses propos cités avant publication.

Le reportage : place aux sens et à l'humain

Réaliser un reportage implique de se rendre sur les lieux et de s'étonner, un peu comme si l'on visitait un pays inconnu. Les journalistes considèrent ce genre comme subjectif car on attend de l'auteur qu'il exprime ses perceptions, ses impressions, ses sensations. « *Show, don't tell* » préconisent les Anglo-Saxons : « les piles de dossier qui manquent de s'écrouler », « le bureau sans une seule feuille de papier », « les poufs orange de la salle de réunion » en diront long au lecteur. Les autres sens seront de la partie : « l'odeur légèrement sucrée dégagée par la résine de l'imprimante 3D », « le silence qui règne sur la nouvelle chaine de montage », ou « la température polaire dans l'atelier de ce glacier réputé ». Et bien sûr, on mettra en avant les hommes et les femmes, notamment à travers des citations introduites de façons riches et variées (cf. Outil N° 23).

Le portrait : reportage sur quelqu'un

Les journalistes classent le portrait dans les genres subjectifs et recommandent de l'aborder comme un reportage dont le sujet serait une personne. L'auteur présentera celle-ci selon l'angle qu'il aura choisi, entrecoupant sa narration de propos caractéristiques, cités entre guillemets. Un genre à ne pas confondre avec l'interview, donc, entièrement constituée des propos de l'interviewé, mais dont les sujets peuvent être multiples et éloignés de sa personnalité. Un portrait n'est pas non plus une biographie : en fonction de l'angle adopté, on évoquera peut-être certaines périodes marquantes – pourquoi pas sous forme d'une mini-bio en encadré avec les dates clés - mais on fuira l'ordre chronologique. Approche humaine par excellence, le portrait réussi donne corps à son sujet, à travers ces expressions bien à lui, cette allure qui n'appartient qu'à elle, ce comportement révélateur.

INTERVIEWER POUR HUMANISER

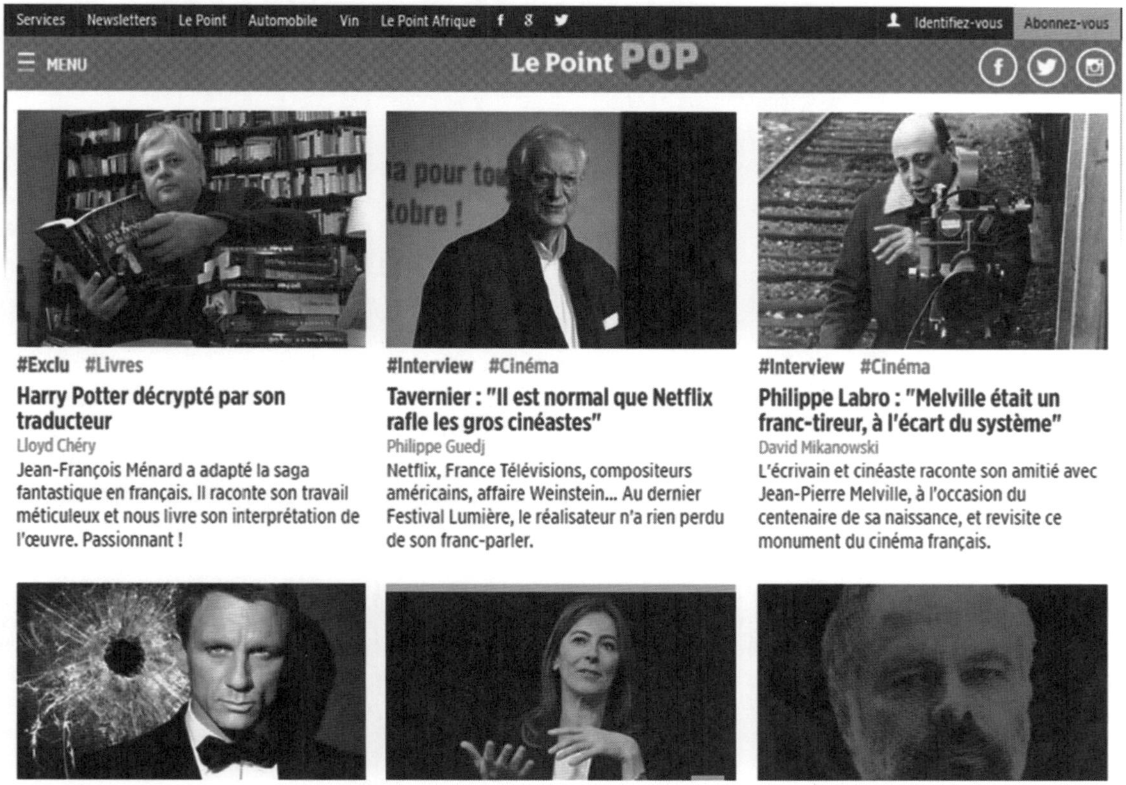

Source : lepoint.fr, 2017.

L'interview n'est pas seulement une technique incontournable pour recueillir de l'information. C'est aussi un genre journalistique à part entière, un format de contenu vivant parce que centré sur l'humain, alternant questions et réponses.

Comme pour n'importe quel autre contenu, une interview percutante impliquera un angle précis qui vous amènera à sélectionner : vous ne retranscrirez pas tous les propos recueillis ou notés ! N'hésitez pas à réorganiser les informations pour commencer par la plus attractive et suivre un fil conducteur pertinent pour le lecteur. Imaginez des questions pour couper un paragraphe trop long. Le fait que celles-ci soient généralement en gras leur confère une importance particulière : soignez leur rédaction. Une interview aura souvent pour titre une citation marquante entre guillemets et sera illustrée par un portrait de l'interviewé.

Une courte introduction apporte généralement des éléments de contexte : indiquer à quel titre cette personne est interviewée, présenter son expertise sur le sujet, éclairer son parcours par quelques dates clés...

Outil 14

Le storytelling

“ *La vie ressemble à un conte.*

Sénèque

En quelques mots

Le *storytelling* a tellement le vent en poupe qu'il est mis à toutes les sauces. Attention à sa traduction ! il ne s'agit surtout pas de « raconter des histoires » avec la suspicion de tromperie qui s'y rattache. On préférera les termes de « **mise en récit** » pour raconter, non pas des, mais **UNE histoire, unique, vraie** : la vôtre, celle de votre client, de votre produit... En s'inspirant de la structure des contes et des mythes fondateurs pour entraîner le lecteur dans une « quête » avec des problèmes à résoudre, vents contraires, embûches surmontées... bref un univers empli d'émotions mais loin de celui des bisounours, même si le récit finit bien.

RACONTEZ UNE HISTOIRE VRAIE

POURQUOI L'UTILISER ?

Objectif

Qu'on ne s'y trompe pas, le point fort du *storytelling*, c'est son ancrage dans le réel et sa dimension humaine ! Mettre en scène des hommes et des femmes avec leurs soucis, leurs interrogations, leurs satisfactions crédibilise le discours et suscite l'empathie du lecteur tenu ensuite en haleine par le ressort narratif. Enrichis d'une dimension émotionnelle, vos récits rebondissent et se distinguent parmi la multitude de textes aseptisés qui ne s'adressent qu'à la raison.

Contexte

Le *storytelling* convient à merveille pour raconter l'histoire de votre entreprise : éléments déclencheurs, anecdotes amusantes, événements fondateurs. Maîtres en la matière, Michel et Augustin commencent par leur photo de classe de 4e et relatent leur aventure par le menu avec beaucoup d'humour.[1] D'autres sujets s'y prêtent : « envers du décor » pour des événements ou « *making of* » de grands projets tout comme les cas ou témoignages clients, auxquels les prospects s'identifieront volontiers.

COMMENT L'UTILISER ?

Étapes

1. La situation de départ qui permet de planter décor.

Philippe jette un œil sur son tableau de bord en buvant son café… Le soleil inonde l'*open space* de l'unité de maintenance, tous les indicateurs sont au vert, la journée commence bien, il va pouvoir réfléchir au budget…

2. Le perturbateur : fait irritant ou problématique qui rompt l'équilibre de départ.

Soudain, une alerte l'interpelle, suivie de près par un appel : le Directeur de projet du gros compte est à cran : l'application qui gère la facturation est « plantée », le manque à gagner déjà significatif.

3. Les difficultés : les péripéties auxquelles le « héros » en quête d'une solution fait face.

Arg… L'application a été mal documentée. Le développeur en congé sur un voilier, toute l'équipe est sur la brèche sans trouver la solution, le temps presse, les pénalités s'enclenchent…

4. La résolution : solution, dénouement, *happy end*.

15 h 00 : la situation n'a pas avancé. Philippe poste un message sur le réseau social d'entreprise. Quelques secondes plus tard… un ingénieur répond depuis Budapest : il connaît bien le langage utilisé. Philippe lui donne les accès, il indique à chacun quoi faire, le problème est résolu en 2 heures. Ouf ! Tout le monde respire. Peu après, un mail chaleureux du client remercie toute l'équipe pour sa mobilisation.

Méthodologie et conseils

Donnez de l'épaisseur à votre récit : décrivez le décor avec des détails pour créer une atmosphère, évoquez les sentiments ou émotions de votre héros, mettez en scène ses alliés. Adoptez une écriture dynamique, séquencée, avec une succession de courtes propositions pour donner du rythme au récit.

En introduction ou en encadré, une anecdote sur le mode *storytelling* apportera un peu de piquant au sein d'un dossier plus classique.

1. http://www.micheletaugustin.com/laventure/peripeties.php

Avant de vous lancer…

- ✓ **Inspirez-vous des contes de votre enfance pour raconter l'histoire de votre entreprise ou la genèse d'un grand projet comme si vous vous adressiez à un enfant de 8 ans.**
- ✓ **Si le sujet vous inspire, Lionel Clément est l'expert français en la matière : consultez son blog ou participez à l'une de ses formations.[2]**

2. https://www.storytelling.fr/

Outil 15 L'humour

> “ *On peut rire de tout mais pas avec n'importe qui.*
>
> Pierre Desproges
>
> *On peut rire de tout mais pas n'importe comment.*
>
> Patrick Timsit

En quelques mots

Pourquoi un contenu intéressant devrait-il être austère ? Une pointe d'autodérision, un jeu de mots à propos ou un regard amusé sur des situations qui parlent à votre public apporteront **du piquant** à vos textes. **Faire sourire** son lecteur, c'est attirer son attention et créer un **lien précieux** pour la conserver. Certes, le genre n'est pas des plus aisés. Fuir la facilité, ne pas exagérer, se montrer amusant mais pas impertinent… écrire avec humour est une question de dosage, de finesse et de connaissance du public.

OSEZ L'HUMOUR POUR PIMENTER VOS CONTENUS

POURQUOI L'UTILISER ?

Objectif

L'ironie s'avère très efficace pour capter l'attention. Elle crée aussi une complicité de nature à placer le lecteur dans un état d'esprit ouvert et positif.
Introduire de l'humour dans vos contenus signifie montrer qu'il y a des femmes et des hommes à l'autre bout du réseau, donner un côté convivial, jouer sur le registre de la connivence. Un bon moyen pour surprendre et se démarquer parmi une multitude de contenus formatés et aseptisés.

Contexte

Les messages décalés ou ludiques sont omniprésents sur les réseaux sociaux où les acteurs les plus sérieux peuvent s'autoriser un ton moins formel que via d'autres canaux. De par leur côté personnifié, les blogs se prêtent bien aux mots d'esprit d'auteurs qui laissent libre cours à leur créativité. Utilisé à bon escient, une touche d'humour pourra faire mouche dans un article sérieux. L'ironie se glisse aussi dans les micro-contenus : la marque Innocent vous propose de « Vivre d'amour et de newsletters fraîches » pour vous inscrire aux leurs, la Fnac promeut son « SAV, à votre écoute, sauf la nuit ». Avant de rediriger les visiteurs comme il se doit, les pages d'erreur 404 sont souvent l'occasion de clins d'œil : Mademoizelle.com ose le « Oups… Y'a rien à voir ici… ». Carrefour, la page qui n'est « plus en rayon ».
Sans oublier les assistants sur smartphone (Siri, Cortana…) ou enceintes connectées (Google Assistant, Alexia) rejoints par les *chatbots* des messageries instantanées (cf. outil N° 42), dont les blagues agrémentent le dialogue pour amuser leurs interlocuteurs et humaniser la relation.

COMMENT L'UTILISER ?

Étapes

1. Notez les formules que vous pourriez adapter à votre contexte.
2. Surfez sur les marronniers : si l'idée vous déconcerte, faites un petit tour par l'outil N° 11.
3. Inspirez-vous de Monoprix, maître pour mettre en scène ses packagings : « Faites du Briiiiiie » sur un emballage de fromage le jour de la fête de la musique, « Couvez votre papa poule » sur une boîte d'œufs au moment de la fête des pères.
4. Testez ! Si votre super blague laisse vos collègues de marbre – Comment dire… - les chances qu'elle amuse vos lecteurs sont rares.

Méthodologie et conseils

Pas besoin d'avoir déjà rempli l'Olympia avec un *one man show* pour tenter quelques pointes d'humour dans vos textes. Mais attention :

- Aux messages gratuits : le lien avec votre identité, activité ou message doit apparaître clairement.
- À la raillerie : réfléchissez à deux dix fois avant d'ironiser aux dépens d'autrui : c'est mal ! Et risqué.
- À l'humour noir : gardez votre cynisme pour des cercles plus restreints.

L'autodérision peut se révéler efficace pour reconnaître ses erreurs ou montrer comment on a surmonté des difficultés avec humilité : ça, c'est fait ;-) Mais gare à ne pas en faire trop !

Avant de vous lancer…

✓ **Inquiet à l'idée que vos traits d'esprit décalés soient pris au premier degré ? Indiquez clairement que « C'EST DE L'HUMOUR » à l'aide d'un émoji ;-) ;-) ;-) Euh… un seul suffit, merci !**

✓ **Tenté par l'humour mais un tantinet intimidé ? Sébastien Bailly a conçu et anime une formation dédiée à l'humour sur les réseaux sociaux.[1] Il est l'auteur de nombreux ouvrages autour de l'humour et du premier livre dédié à la rédaction pour le Web paru en France.**

1. http://www.samsa.fr/humour-reseaux_sociaux-facebook-twitter-troll-communaute-moderation/ http://www.sebastien-bailly.com/

3 DOSSIER

ÉCRIRE : RACCOURCIR, SIMPLIFIER, DYNAMISER

“

La simplicité est la sophistication suprême.

Léonard de Vinci

Nous voilà au cœur du sujet. La stratégie éditoriale est claire, le contenu imaginé, les mots clés définis (cf. outil N° 30), « il ne reste qu'à écrire ! » Vieux principe journalistique, « l'essentiel d'abord » voit son utilité renforcée par la verticalité des pages Web et l'explosion des consultations via mobile. Inutile de tourner autour du pot, le plus direct sera le mieux.

Paradoxe pour un espace d'expression infini comme le Web, l'écrit digital est **compté, condensé, élagué,** et élagué encore. Sans y perdre en sens, bien au contraire ! Pour le bonheur du lecteur, victime consentante d'infobésité, pressé mais lisant plus lentement à l'écran. Les listes lui offrent une information dense et digeste, **facile à balayer** et à appréhender.

Une langue dense et fluide

Comme le développe Jeanne Bordeau dans son livre *Le langage, l'entreprise et le digital*[1], **la langue se libère** des carcans stylistiques du papier et se fait plus fluide sans sacrifier sa consistance. Contrairement à ce que l'on entend parfois, l'écriture pour le Web n'est pas forcément triste, ni tirée vers le bas. La concision exige précision et pertinence. La **recherche du mot juste** oblige et stimule le rédacteur autant qu'elle satisfait le lecteur : gain de temps, supplément de sens, richesse linguistique… Une telle quête s'oppose souvent à la recherche de termes courts, moins précis mais plus lisibles : c'est – une fois de plus – en fonction du public que l'on choisira le type de vocabulaire adéquat.

Lisibles, intenses, vives… les phrases courtes s'imposent pour tous. Alliées du rédacteur, dès lors qu'il sait aussi varier, elles affûtent sa plume. Et vont de pair avec une syntaxe simple, efficace, délestée des négations, voix passives, participes présents ou subordonnées excepté pour **servir le propos**. Car c'est bien de lui, qu'il s'agit ! Lui qui justifie - ou pas - le choix d'une tournure moins directe que l'on s'autorise sans en abuser. Questions, énumérations, incitations sur le mode impératif, exclamations avec parcimonie… tant d'autres formes existent pour varier les plaisirs, faire pétiller le ton, afficher sa patte et mieux se démarquer. Sans oublier les citations, au service d'une langue **expressive et crédible, pétillante et vivante**.

1. Nuvis, 2016.

Les outils

Outil 16

L'essentiel d'abord

> “
> *Pas la peine d'avoir du talent à la 5e ligne si le lecteur ne dépasse pas la 3e.*
>
> Françoise Giroud

En quelques mots

Que regardent les lecteurs pressés, sélectifs ? Forcément la partie affichée-immergée de la page-iceberg : le titre, le chapô s'il existe, les premières phrases ou paragraphes… et surtout la partie gauche de la page. Ils s'attachent aussi aux premiers mots des titres, des paragraphes, des phrases… car le principe se répète à différents niveaux : celui de l'ensemble d'un article mais aussi de chaque micro-contenu qui le constitue. Il s'agit donc d'organiser ses textes en phase avec cette implacable hiérarchie pour capter le regard du lecteur intéressé… quitte à détourner celui qui ne l'est pas sans lui faire perdre du temps !

L'ESSENTIEL D'ABORD À CHAQUE NIVEAU

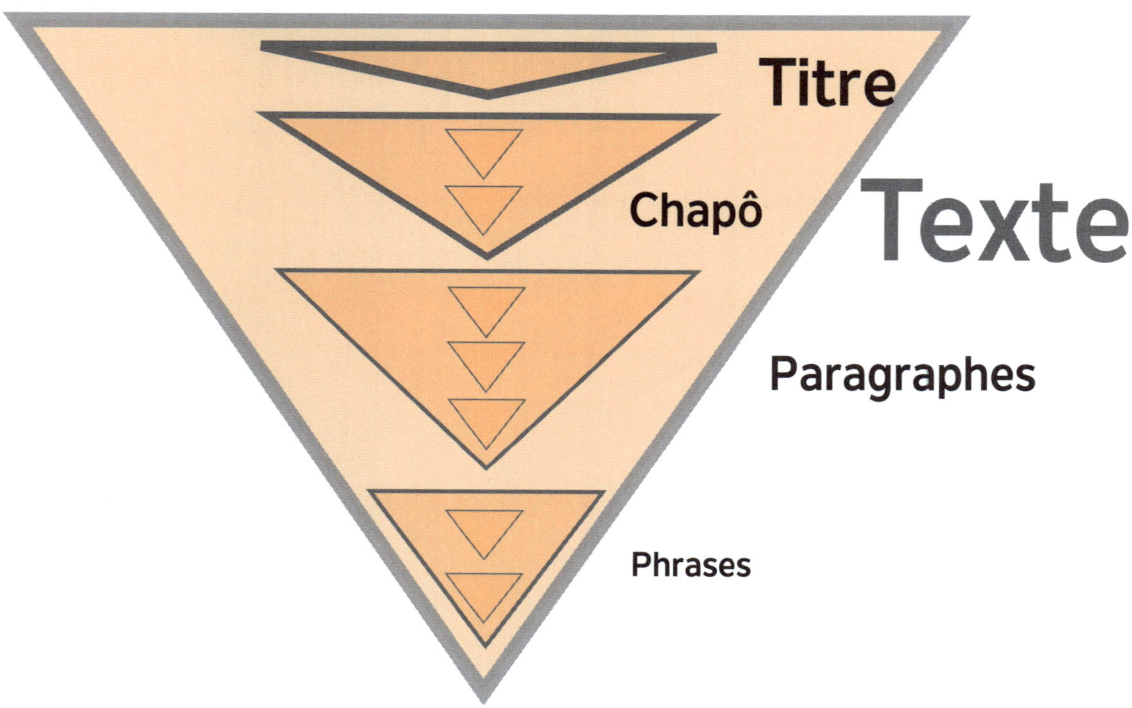

POURQUOI L'UTILISER ?

Objectif

On s'en doutait et les tests d'*Eye Tracking* (cf. Outil N° 5) le démontrent sans ambiguïté : le haut de la page, et le début de chaque micro-contenu (titre, chapô, paragraphe...) sont nettement plus vus que le reste. Selon une étude réalisée par Jakob Nielsen[1], quand 8 lecteurs sur 10 posent leur regard sur le 1er paragraphe, seuls 3 d'entre eux atteignent le 4e. Et les regards portent à 80 % sur la moitié gauche des pages. Espérer être lu implique donc de hiérarchiser sans se tromper.

Contexte

Des procédés narratifs comme le *teasing* - qui attise l'attention *via* un message mystérieux - ou le *storytelling* – qui entraîne le lecteur dans un récit avec une dose de suspens - relèguent par nature l'information importante plus tard ou à la fin. En dehors de ces techniques et bien entendu des écritures à vocation littéraire ou artistique, l'essentiel d'abord musclera l'immense majorité des contenus numériques.

COMMENT L'UTILISER ?

Étapes

1. Avant d'écrire, identifiez l'information essentielle : celle qui, plus importante que les autres, débutera et structurera votre contenu.
2. Ordonnez vos paragraphes selon un ordre logique et/ou thématique mais aussi par importance décroissante.
3. Démarrez si possible chaque paragraphe par l'élément fort car l'œil du lecteur qui balaye un contenu saute fréquemment de début de paragraphe en début de paragraphe.
4. Exprimez l'information essentielle dans le titre (cf. outil N° 25) autant que faire se peut et veillez à placer les mots les plus importants au début de celui-ci.

1. https://www.nngroup.com/articles/website-reading/

Méthodologie et conseils

Comme pour les professionnels du marketing à la recherche de l'USP (*Unique Selling Proposition* ou promesse principale), déterminer l'information essentielle ne coule pas toujours de source. Parlez de votre projet peut vous y aider : « Je vais écrire un article sur... » Si vous cafouillez, peut-être faut-il clarifier la cible principale, l'angle opportun (cf. Outil N° 7) ou écrire plusieurs articles. La méthode 5W2H exposée en page suivante vous sera également utile.

Pour livrer l'information essentielle au plus vite, abandonnez le réflexe daté qui consiste à « en garder un peu pour la route ». On pourra forcément enrichir un début de texte très informatif avec des compléments ou si ce n'est pas le cas, s'en tenir à un texte court. Si aucune de ces deux possibilités n'est envisageable, pensez-vous vraiment que le texte en question vaille vraiment la peine d'être publié ?

Suite outil 16 →

Avant de vous lancer...

✓ **Oubliez vos acquis de lycéen ou d'étudiant :**
- L'introduction large qui amène doucement le sujet avec des généralités.
- L'ordre chronologique.
- La démonstration logique qui poursuit le raisonnement jusqu'à la conclusion.
- Le fameux plan : thèse-antithèse-synthèse.

✓ **Bousculez vos habitudes pour tenter de commencer par ce que vous auriez spontanément placé à la fin... la conclusion, le résultat, l'aboutissement... Dans la majorité des cas – particulièrement dans les univers juridiques, administratifs ou techniques – il s'agit de l'information essentielle !**

Suite outil

16 L'essentiel d'abord

COMMENT ÊTRE PLUS EFFICACE ?

5W2H ou CQQCOQP

Peut-être avez-vous déjà entendu parler du CQQCOQP ou 5W2H en anglais : *What, Who, Where, When, Why, How, How many/much.*

Appliquée à vos textes cette grille de questions basiques peut vous faire gagner du temps pour placer l'information essentielle au début et accorder à chaque point la place qui lui convient. Il s'agit d'une check-list pour porter un autre regard sur votre contenu, hiérarchiser rapidement vos idées. Elle aide aussi ceux qui écrivent beaucoup en flux tendu à vérifier qu'ils ne passent pas à côté de l'essentiel… ce qui risque d'arriver quand on a trop « le nez dans le clavier ».

Simple à mémoriser, rapide à mettre en œuvre, la méthode servira en amont de la rédaction pour identifier la question primordiale en fonction du type de contenu et amorcer le texte en y répondant. Au moment de la relecture, on vérifiera que l'on aborde assez tôt et suffisamment les questions les plus attendues par les lecteurs.

L'ordre du lecteur

Si pour des raisons mnémotechniques on adopte souvent l'ordre CQQCOQP pour nommer cette technique en français, le public veut généralement d'abord savoir de quoi il s'agit. Commencer par le Quoi constitue souvent la garantie de répondre aux attentes dans l'ordre adéquat. Parfois le Quoi se décline, on choisira alors l'information la plus porteuse de sens : un résultat frappant plutôt que l'étude elle-même ; la mesure phare envisagée plutôt que le projet de loi ; le résultat des élections plutôt que leur organisation.

En dehors de cet incontournable Quoi, la hiérarchie varie en fonction des types de contenus. On s'assurera que le Où figure en bonne place dans les articles de la rubrique internationale et que les dates sautent aux yeux dans l'Agenda. Les contenus à vocation pratique type mode d'emploi privilégieront le Comment alors qu'un dossier sur la stratégie traitera d'abord du Pourquoi, au sens des objectifs. Répondant également à la question Pourquoi, les causes n'ont que rarement leur place en début de contenu : il vaudra sans doute mieux commencer par les faits, pour expliquer ensuite comment on en est arrivé là.

La question du Combien a été ajoutée aux 6 autres récemment. À l'heure du big data et du factuel, elle mérite bien d'être posée : on n'y trouvera pas toujours une réponse mais quand ce sera le cas, il y a fort à parier que les chiffres seront vus et appréciés par ces internautes tellement en quête de faits et de concret (cf. Outil N° 12).

Entraînez-vous

Cas N° 1

> Appliquez la méthode 5W2H pour identifier rapidement quel type d'information fait défaut.

Les 19 et 20 janvier prochains, la Fédération professionnelle organise sa rencontre annuelle avec des débats ouverts aux acteurs du secteur et aux parties prenantes. Objectif : échanger sur les enjeux économiques, environnementaux et technologiques. Inscrivez-vous !

> Voir nos commentaires en p. 185.

Cas N° 2

> Grâce à la méthode 5W2H, repérez quel type d'information manque et quels éléments auraient dû être placés en tête.

Lors du dernier conseil municipal, la municipalité et la communauté de communes ont pris une décision majeure en concertation avec la commission consultative des habitants afin de fluidifier les déplacements aux heures de pointe et de favoriser les modes de déplacement non polluants : les usagers vont pouvoir utiliser les vélos en libre-service gratuitement pendant 1 heure consécutive (au lieu de seulement une demi-heure aujourd'hui).

> Voir nos commentaires en p. 186.

Cas N° 3

> Repérer à quelles questions correspondent ces phrases. L'ordre est-il opportun ? Quelle autre construction pourrait-on envisager ?

1. Pour faire face à la forte croissance de la demande, la direction des opérations de la branche Traitement des déchets a décidé, en concertation avec le Comité d'entreprise, d'ouvrir dès l'an prochain un nouveau site à proximité de Rennes.
2. Mardi 4 avril à 16 h, dans la salle plénière du Palais des congrès, le prix Innov'ose créé à l'initiative du pôle de compétitivité a récompensé 3 start-up innovantes implantées sur le territoire : chacune se voit dotée de 8 000 € pour accélérer son développement.
3. Afin de répondre aux exigences de souplesse d'un marché soumis à de fortes variations saisonnières, la DRH et les instances représentatives du personnel ont organisé hier un vote à bulletin secret dans l'usine de Pau. L'aménagement flexible du temps de travail a été approuvé par 80 % des salariés.

> Voir nos commentaires en p. 186-187.

> Pour en savoir plus sur cette organisation avec l'essentiel d'abord, consultez le dossier La pyramide inversée de l'agence Yellow Dophins[1]

1. https://yellowdolphins.com/publications/dossier-la-pyramide-inversee/

Outil 17

La concision

> “
> *Je sais que j'ai achevé mon texte quand je n'ai plus rien à retrancher.*
>
> Antoine de Saint-Exupéry

En quelques mots

« *Right to the point* », le **maximum d'idées** pertinentes en **minimum de mots** : n'en rajoutez pas, au contraire ! Le bla-bla déçoit, agace, fait fuir les internautes impatients. Un texte **condensé et riche** sera plus incisif qu'un contenu qui n'en finit plus et se dilue. Atteindre cette efficacité inversement proportionnelle à la longueur implique souvent de procéder par **soustraction** : des techniques vous aideront à supprimer les phrases, les expressions, les mots superflus. Faites l'effort de la concision, votre lecteur vous le rendra !

ÉLAGUEZ ET ÉLAGUEZ ENCORE

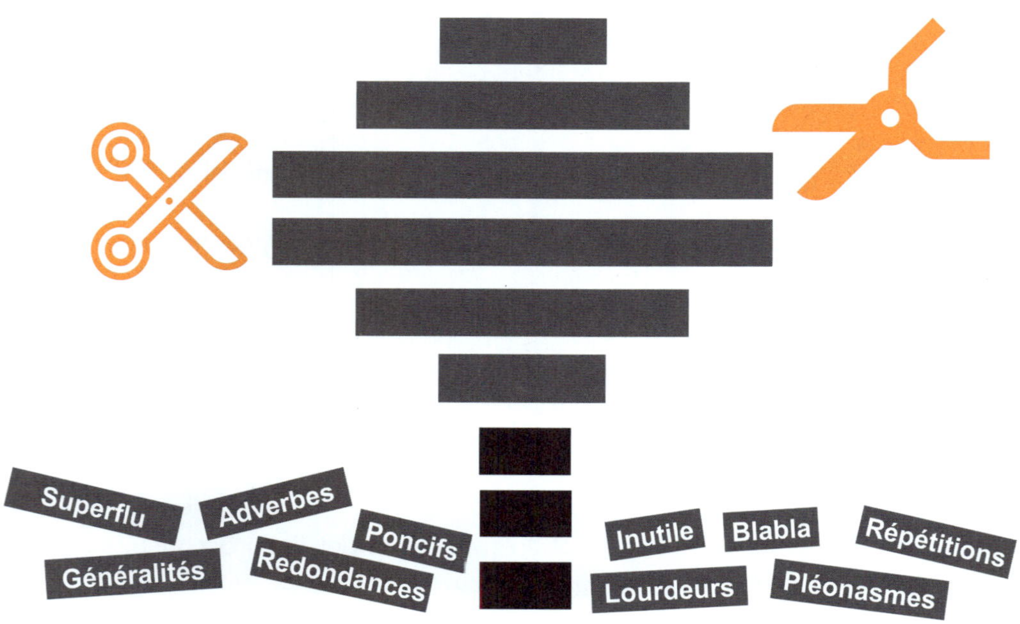

POURQUOI L'UTILISER ?

Objectif

Le verbiage passe mal, et pour cause ! Submergés sous le flux continu, les yeux rougis par nos écrans, « accros » à l'info, avec toujours moins de temps à y consacrer. D'où la nécessité de contenus à haute valeur ajoutée lisibles le plus rapidement possible. Dépouillé de l'inutile, le texte fusera pour accrocher et fidéliser l'internaute. Concentré sur l'essentiel, il inclura une forte proportion de termes signifiants de nature à favoriser le SEO (cf. Dossier N° 5).

Contexte

Sur les écrans, la concision n'est pas l'apanage des brèves, loin s'en faut ! Qualifiant un rapport élevé entre l'information délivrée et le nombre de mots, elle s'impose à moult contenus factuels indépendamment de leur longueur globale. En revanche, les textes à forte dimension humaine – *storytelling*, reportage, portrait... se verront forcément allongés par les détails révélateurs, les citations imagées, les impressions vécues...
Mais globalement, la concision figure dans l'ADN digital : à tel point que nombre d'acteurs délaissent la traditionnelle facturation au nombre de signes, au profit de modèles forfaitaires plus proches de la réalité et des enjeux.

COMMENT L'UTILISER ?

Étapes

Si vous avez du mal à rédiger de façon concise :

1. Écrivez un premier jet.
2. Passez quelques heures sur autre chose.
3. Reprenez votre texte avec un œil neuf pour supprimer tout ce qui peut l'être sans appauvrir le sens.

En procédant ainsi par étapes, vous gagnerez en temps total ET en pertinence.
Si possible, fonctionnez à plusieurs : « sabrer » un texte que l'on n'a pas écrit s'avère souvent plus facile.

Méthodologie et conseils

Éliminez ce qui peut l'être sans nuire au propos :

- les idées qui ne collent pas avec l'angle que vous avez défini (cf. outil N° 7) ;
- les poncifs ou généralités ;
« Nous sommes votre partenaire de confiance », « L'engagement auprès de nos clients est une priorité »
- les tournures introductives qui n'apportent rien ;
« Il est à noter que... », « Il convient de préciser que... » « Force est de constater que... »
- les adverbes et adjectifs superflus.

... bref, tout ce qui n'est pas indispensable. Les noms et les verbes étant par nature les termes les plus porteurs de sens.
Découvrez d'autres pistes pour raccourcir vos textes et entraînez-vous page suivante.

Suite outil 17 →

Avant de vous lancer...

✓ **Abandonnez vos réflexes d'étudiants, quand vous en rajoutiez pour... avoir l'air intéressant ou atteindre le nombre de pages demandé par les professeurs : l'éloquence ne vient pas en délayant, au contraire !**

✓ **Prenez le temps d'écrire court : la concision nécessite des efforts et prend du temps, sachez-le et faites le savoir.**

✓ **Attention à ne pas vider le texte de sa substance ! Idées, exemples, explications, il faut laisser suffisamment de matière : une histoire de compromis...**

17 La concision

COMMENT ÊTRE PLUS EFFICACE ?

La concision vient en élaguant. Ces cas vous entraîneront à trancher dans les textes en gardant leur substantifique moelle, c'est-à-dire le maximum d'information. Voir nos propositions en p. 187-188.

Raccourcir de moitié

Selon une enquête que l'Insee a réalisée il y a quelque temps, 90 % des personnes qui ont été interrogées jugent que le quartier où elles habitent est tout à fait agréable ou plutôt agréable à vivre.

Raccourcir de moitié

Sa grande richesse sur les plans tant historique que culturel, ses paysages fortement contrastés qui ne manquent pas d'étonner et le rayonnement de son patrimoine vinicole y compris dans de nombreux pays étrangers permettent de renforcer l'attractivité de la ville dont on pourra noter qu'elle attire chaque année un flux touristique de plus de deux millions de visiteurs.

Raccourcir d'un 1/3 en supprimant les expressions superflues

Cette exposition a pour ambition de proposer un autre regard sur la photographie humaniste. Elle est l'occasion de présenter des œuvres inédites de Boubat, Brassaï, Doisneau, Ronis et d'autres... Elle vient conforter la politique menée depuis plusieurs années par le musée qui se donne pour mission de faire découvrir le patrimoine photographique français au plus grand nombre.

Pourquoi employer plusieurs mots quand un seul suffit ?

Remplacer l'expression par le terme équivalent :

1. Prendre une décision. ....
2. Rendre plus clair. ....
3. Apporter des modifications. ....
4. Exercer une influence. ....
5. Formuler une recommandation. ....
6. Dire plusieurs fois. ....
7. Procéder à la numérisation. ....
8. Mener une enquête. ....
9. Mettre de l'argent de côté. ....
10. Réaliser une interview. ....
11. Assurer la promotion. ....
12. Opérer la concrétisation. ....
13. Effectuer la rénovation. ....

Permettre de raccourcir et de simplifier

Parmi les tics de langage les plus fréquents, permettre revient à tout bout de... phrase. Réservez son usage aux cas où il soit vraiment indispensable. Souvent, il ne l'est pas, jugez-en plutôt :

- Ce dispositif permet d'offrir de la flexibilité.
- Ce manuel permet de retracer l'évolution.
- Ce moteur permet d'éliminer le bruit.
- Le système permet de repérer les intrus.
- Le mécanisme permet d'alerter en cas de danger.
- La coque permet de protéger le moteur.
- Ce facteur permet d'expliquer la croissance.
- Ces mesures permettent de renforcer la sécurité.
- Cet outil permet d'alléger la charge de travail.

Éviter les verbes Être et Avoir pour aller droit au but

- Une opération qui a pour but de rassembler petits et grands.
- Cette rubrique a pour vocation de proposer des informations sur le tourisme dans la région.
- Les conditions ne sont pas identiques.
- Seuls cinq diplômés sont toujours en recherche d'un emploi
- Le monde du travail est soumis à de fortes mutations.
- Le Canada est un pays qui attire de nombreux étrangers.

Vous en voulez encore ? Consultez la Clinique des phrases de Benoît Melançon[1] : ce professeur, écrivain et éditeur québécois y simplifie et dynamise des phrases lourdes ou redondantes.

Halte aux pléonasmes redondants ;-)

Un consensus commun
Tous unanimes
Une illusion trompeuse
Au grand maximum
L'apanage exclusif
La panacée universelle
Un hasard imprévu
La marche à pied
Un tollé général
Un cadeau gratuit
Le tri sélectif
Une poubelle de couleur verte
Actuellement en cours
Au jour d'aujourd'hui
La conjoncture actuelle
Des perspectives d'avenir
Prévoir à l'avance
Une période de temps

Faut-il vraiment enfoncer autant le clou ?

En une heure de temps
Différer à plus tard
Monter en haut
Sortir dehors
Surprendre à l'improviste
Rédiger par écrit
Disperser çà et là
Optimiser au mieux
Répéter plusieurs fois
Insinuer par allusion
Réciter de mémoire
S'avérer vrai
Exporter à l'étranger
Collaborer ensemble
Se cotiser à plusieurs
S'entraider mutuellement
Etc....

Une liste partiellement issue du blog des correcteurs du Monde, Langue sauce piquante.[2]

1. http://oreilletendue.com/author/benoit-melancon/

2. http://correcteurs.blog.lemonde.fr/2015/10/13/les-pleonasmes-les-plus-en-vogue-dans-la-presse/

Outil 18 Le mot précis

> Le mot juste aiguise la pensée.
>
> Michel Bouthot

En quelques mots

LE bon mot, celui qui exprime beaucoup en quelques signes, qui fait tilt aux yeux du lecteur. Pas forcément naturel pour toutes les plumes – fussent-elles digitales – le terme pertinent fuse et se distingue exactement comme il faut, remplaçant avantageusement la périphrase ou l'approximation. Un atout de taille pour maintenir l'intérêt des publics, avec des contenus où richesse rime avec concision. Une compétence éditoriale à travailler si « l'enjeu en vaut la chandelle ». Cet outil traite du vocabulaire en général ; le choix des mots clés visés dans le cadre d'une stratégie SEO fait l'objet d'un outil distinct dans le Dossier N° 5.

TROUVER LE MOT QUI EN DIT LONG

POURQUOI L'UTILISER ?

Objectif

L'emploi de termes précis remplacera avantageusement les périphrases, les subordonnées relatives, les participes présents... Autant d'occasions d'alléger la syntaxe au profit d'une écriture plus agile. Judicieusement choisis, les mots puissants enrichissent le texte d'un supplément de sens tout en le raccourcissant : doublement appréciable ! Utilisé à bon escient, un vocabulaire imagé et varié contribuera à vous distinguer avec force et brio, au milieu des contenus verbeux, aseptisés, éculés qui polluent le Web.

Contexte

Trouver le mot précis et riche implique une aisance éditoriale pas forcément à la portée de tous les contributeurs occasionnels. Même pour les plus avertis, la quête du terme « parfait » prend du temps. Un effort souvent réservé, donc, aux contenus qualitatifs à fort enjeu. Mais qui vaut souvent le coup pour les titres, intertitres tant leur concision conditionne leur impact lequel influence largement le succès d'un article.

Par ailleurs, diversifier son vocabulaire implique évidemment que celui-ci soit compris par ses lecteurs. Si vous vous adressez à des enfants ou à des personnes qui maîtrisent mal la langue, mieux vaut expliquer le vocabulaire soutenu par des périphrases, illustrer avec des exemples... bref, passez à l'outil suivant !

COMMENT L'UTILISER ?

Étapes

Identifiez vos tics d'écriture, ou demandez à des collègues - bienveillants mais francs - de le faire. On en a tous des mots qui reviennent trop souvent, au risque d'appauvrir nos textes ou de lasser le lecteur fidèle.

Repérez les participes présents et les subordonnées relatives : ils introduisent souvent des périphrases qui peuvent être remplacées par un terme bien plus percutant.

Faites la chasse aux mots valises - avoir, faire, mettre, dire, optimiser... - faibles et employés trop souvent. Préférez-leur un verbe spécifique, adapté au contexte, qui signifie et évoque beaucoup plus.

Méthodologie et conseils

Les dictionnaires sont vos alliés : pour saisir le sens précis et les nuances, pour trouver le terme opportun parmi les synonymes.

- Un clic droit dans Word ou PowerPoint vous en propose déjà quelques-uns.
- Élaboré par le CNRS, le CNRTL est un dictionnaire en ligne très performant avec un volet sur les synonymes http://www.cnrtl.fr/synonymie/. Il est aussi disponible sous forme d'extension pour Chrome ou Firefox.
- Ceux qui sont équipés du correcteur grammatical et orthographique Antidote 9 (cf. outil N° 48) peuvent utiliser ses nombreux et puissants dictionnaires, dont celui des synonymes.
- Distincte et sans fonction de correcteur, l'applicaton i-OS Antidote Mobile donne accès – sans nécessiter de connexion – à tous les dictionnaires et guides linguistiques de cet outil.

Le tout pour moins de 15 € : un investissement que les rédacteurs en ballade ne regretteront pas !

Suite outil 18 →

Avant de vous lancer...

✓ **Soyez attentifs aux mots, en toutes circonstances : lors de vos lectures, en écoutant la radio, à l'occasion de conférences ou de discussions informelles...**

✓ **Notez ceux que vous ne connaissez pas ou pour lesquels vous avez un doute afin de vérifier leur signification. Repérez aussi ceux qui font mouche auxquels vous n'auriez pas pensé.**

Suite outil 18

Le mot précis

COMMENT ÊTRE PLUS EFFICACE ?

Des verbes valises, tellement employés qu'ils perdent en signification, des subordonnées relatives et des participes présents omniprésents qui alourdissent le style... Entraînez-vous à les remplacer par des termes précis : vous aurez différentes possibilités mais tâchez de n'employer chaque mot qu'une seule fois. Voir nos propositions en pages 188 à 190.

Il n'y a pas qu'avoir ! Remplacez ce verbe par un autre (sauf quand il est auxiliaire et sert à former le passé composé).
Ex : Cette entreprise a **eu** le prix Best IT >>> Cette entreprise a **gagné/remporté** le prix Best IT.

1. Léa a cru à ses histoires, il l'a **eue** !
2. L'usine **avait** alors plus de 300 ouvriers.
3. Les juges **ont** de lourdes responsabilités.
4. J'ai **eu** un traitement de faveur.
5. Rémi a **eu** une bourse pour ses études.
6. Fred **aura** un petit rôle dans son prochain film.
7. Ce coiffeur **a** une excellente réputation.
8. **J'aurai** ce papier coûte que coûte.
9. Quel plaisir peut-on **avoir** en regardant un animal en cage ?
10. J'ai **eu** de violentes douleurs.
11. Il **a** des projets ambitieux.
12. Cette plante **a** un fort parfum.
13. Ce cadre **a** un gros salaire.
14. Pour la soirée, **j'aurai** une robe longue.
15. Il **a** des rhumatismes.

Faire ne fait pas toujours l'affaire ! Trouvez un verbe plus précis.
Ex : Paul a **fait** un ragout >>> Paul a **cuisiné** un ragoût.

1. L'huissier a **fait** un procès-verbal.
2. Les enfants ont **fait** un trou dans le sable.
3. Vous avez **fait** un travail d'une qualité remarquable.
4. Nous avons **fait** cette recherche pour vous faciliter la tâche.
5. Les opposants ont **fait** un pacte de non-agression.
6. Il a **fait** d'innombrables métiers.
7. Cette mesure a **fait** des dégâts.
8. Il lui a **fait** ses excuses.
9. Il va **faire** un procès à son employeur.
10. Je reconnais avoir **fait** une erreur.
11. Marie a **fait** ses champignons avec de l'huile d'olive.
12. Il **fait** différents sports.
13. Lorsque vous aurez **fait** vos devoirs, vous pourrez jouer.
14. L'artiste a **fait** cette statue en 2002.
15. Les ouvriers vont **faire** l'escalier en une semaine.
16. Les élèves doivent d'abord **faire** un cercle puis **faire** un trait.
17. Il a **fait** cette dissertation en un temps record.
18. Il a **fait** 6 km pour venir nous voir.
19. Je ne peux pas me **faire** à cette idée !

Optimiser est mis à toutes les « sauces » : trouvez un verbe plus précis en fonction du contexte.

1. Les processus sont trop rigides ; ils doivent être **optimisés** pour gagner en réactivité.
2. Les risques accrus nous obligent à **optimiser** le transfert des données sensibles.
3. La crise induit des efforts à tous les niveaux pour **optimiser** les coûts.
4. Les entreprises doivent **optimiser** leur compétitivité.
5. Il faut **optimiser** le temps de traitement des demandes.
6. Cette procédure est trop lourde : les tâches à effectuer doivent être **optimisées**.

CES VERBES VALISES QUI REVIENNENT TROP SOUVENT

Substituez un mot précis aux subordonnées relatives pour alléger les phrases.

Ex : Un film qui vient de sortir >>> Un film récent.

1. Une consigne qui n'est pas exprimée
2. Une gloire qui passe très vite
3. Des personnes qui ne font pas partie de l'entreprise
4. J'apprécie le fait qu'il arrive toujours à l'heure
5. Sa nomination, qui n'est pas encore officielle...
6. Un scénario qui est peu probable
7. Vous avez reconnu que vous avez été imprudent
8. Les incidents qui se sont produits auparavant
9. Les clients qui achètent régulièrement

Des participes présents trop présents alourdissent le style : remplacez-les par un terme concis.

Ex : Un traitement protégeant contre la rouille >>> Un traitement antirouille.

1. Des prétentions dépassant toute mesure
2. Une affection n'admettant aucun partage
3. Un esprit n'approfondissant rien
4. Une réponse offrant deux sens
5. Les faits ayant engendré cette situation
6. Une méthode ayant fait ses preuves
7. Les produits pouvant être exportés
8. La mesure visant à alléger la charge de travail
9. Les personnes appréciant beaucoup le jazz

Outil 19 Les listes à puces

> “
> *Lui mettre la puce à l’œil, pour qu’il balaye la liste.*

En quelques mots

Lorsque l’on énumère des éléments, la présentation sous forme de liste à puces présente bien des avantages. Utilisé avec parcimonie, ce format vertical apporte variété, concision et se détache du reste pour valoriser les éléments abordés. Dans la mesure où elles respectent les bonnes pratiques développées ci-contre, les listes à puces ou numérotées sont rapides à parcourir et faciles à appréhender : des bénéfices appréciés par les lecteurs comme par les moteurs de recherche.

LES LISTES ATTIRENT LE REGARD

POURQUOI L'UTILISER ?

Objectif

Composées d'une phrase ou de quelques mots mutualisés – les matheux diront factorisés - pour introduire différentes idées, les listes renforcent la concision. Le contraste créé par une liste verticale - à puces ou numérotée – au sein d'un texte rédigé attire le regard. Les listes facilitent aussi le balayage et la lecture rapide en guidant efficacement l'œil du lecteur. Une facilité qui semble également appréciée par Google, parmi ses centaines de critères utilisés pour classer les résultats (cf. Dossier N° 5).

Contexte

En dehors des brèves et des chapôs où elles n'ont pas leur place, les listes s'insèrent avec efficacité dans des contenus très variés, particulièrement ceux avec une connotation pratique ou professionnelle. On en trouvera moins dans le corps des reportages, portraits ou articles sur le mode *storytelling*, mais elles pourront figurer en encadré latéral et porter sur un aspect précis.

COMMENT L'UTILISER ?

Étapes

Pour construire des listes efficaces :

1. Identifiez les éléments à lister, 3 à 7 idéalement.
2. Rédigez le dénominateur commun ou la phrase introductive...
3. Harmonisez la nature des premiers mots de chaque élément.
4. Différenciez les premiers mots de chaque élément...
5. Essayer de supprimer les articles inutiles en début d'élément.
6. Homogénéisez la longueur des éléments si possible.
7. Oubliez les points virgules à la fin de chaque élément.

Cette liste de bonnes pratiques pour les listes s'inspire de celle du Nielsen Normam Group[1].

1. 7 Tips for Presenting Bulleted Lists in Digital Content, https://www.nngroup.com/articles/presenting-bulleted-lists/

Méthodologie et conseils

7 correspond à la capacité de notre mémoire à court terme selon l'ergonome Miller[2]. Si votre liste contient 9 ou 10 éléments, pas de souci ; au-delà de 12, vous risquez de complexifier la lecture.

Verbes à l'infinitif ou à l'impératif, noms ou adjectifs... l'important c'est de commencer chaque ligne par des mots de même nature mais différents : les répétitions sont à proscrire !

Votre liste concerne des étapes, des éléments séquentiels ou en nombre précis ? Prérérez les numéros aux puces pour guider encore plus le lecteur.

Si le sujet s'y prête, et avec parcimonie, structurez votre contenu entier sous la forme d'une liste d'intertitres numérotée : « 5 astuces pour booster votre pitch », « 6 bonnes raisons de choisir Nantes », « 8 idées de week-ends insolites » : ce type d'articles souvent racoleurs abondent au point que les anglo-saxons leur ont donné un nom : le *listicle*, contraction de *list* et *article*.

2. *The Magical Number Seven, Plus or Minus Two Some Limits on Our Capacity for Processing Information, Psychological Review*, George A. Miller, 1955.

Avant de vous lancer...

✓ **Ne surchargez pas votre contenu en listes : elles perdraient leur attrait et donneraient à l'ensemble un côté saccadé. Point trop n'en faut !**

✓ **Vérifiez les feuilles de styles prévoient des puces et numéros en harmonie avec le reste de l'identité visuelle et repérables facilement (le retrait par rapport au reste du texte renforcera la visibilité).**

Outil 20 Des phrases courtes

> Oublions les phrases longues, sinon nos lecteurs le feront !

En quelques mots

Unités de base de la langue, **les phrases structurent** le texte. Avec une fâcheuse tendance à s'étirer en longueur et le risque d'émousser l'attention du lecteur. De très nombreux rédacteurs gagneront à **raccourcir** leurs phrases, parfois leurs mots. Organisé en **unités de sens** plus courtes, le texte se lit plus facilement, l'information passe mieux, la mémorisation augmente. Sans parler du style ! Prêtez-y attention : un ton **dynamique**, des propos qui pétillent, un texte percutant ? Fort à parier que les phrases soient courtes !

ON ENREGISTRE MIEUX LES PHRASES COURTES[1]

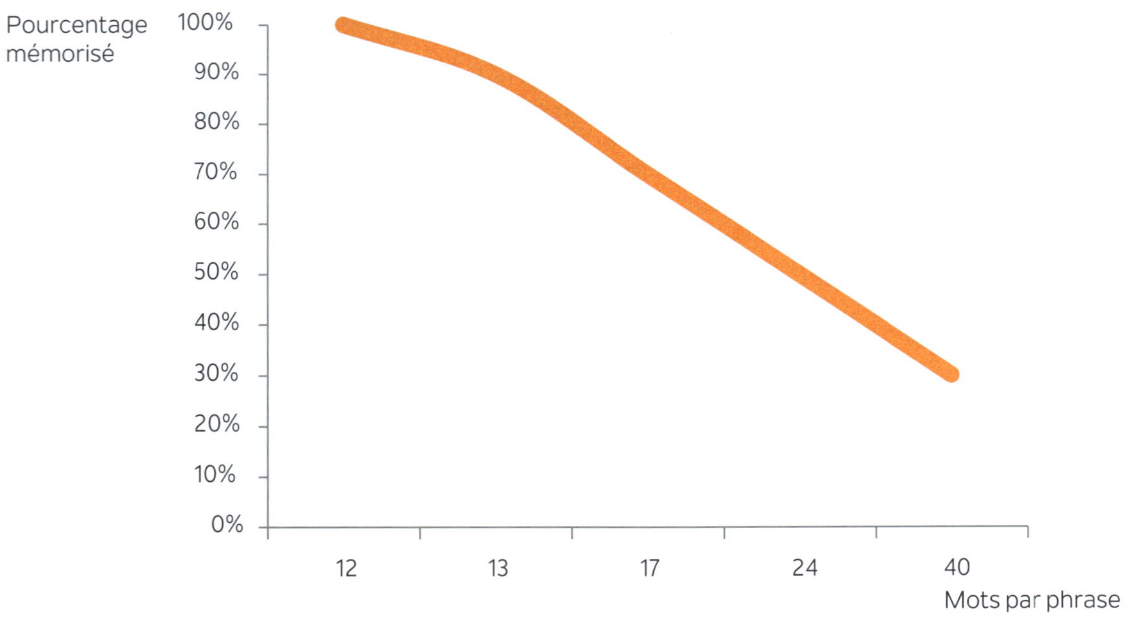

1. *La lisibilité*, F. Richaudeau, Retz, 1976.

POURQUOI L'UTILISER ?

Objectif

Attention et mémorisation s'avèrent inversement proportionnelles à la longueur des phrases : on enregistre intégralement d'une phrase de 12 mots, la moitié d'une phrase de 24 mots et seulement le tiers d'une phrase de 40 mots. Raccourcir les phrases facilite la lecture. Et dynamise l'écriture : avec une syntaxe plus simple, un style plus nerveux, un rythme plus cadencé de nature à tenir le lecteur en alerte.

Contexte

Les phrases courtes facilitent l'adhésion du grand public. Elles doivent être d'autant plus brèves que l'on s'adresse à des lecteurs avec une maîtrise de la langue limitée. Quant aux publics experts, capables d'appréhender des phrases longues, ils apprécieront certainement aussi un découpage rythmé. Avec à la clé un propos plus limpide, un raisonnement plus fluide, une appropriation plus rapide. D'autant que la longueur des termes utilisés pour les contenus pointus constitue un handicap pour leur lisibilité (cf. Indice Gunning Fog page suivante).

Si importante soit-elle, la brièveté des phrases ne saurait être totale : elle tolère, et mérite des exceptions : pour rompre la monotonie, éviter l'ennui, impulser du rythme au récit. Riche de sens, étayée par des compléments circonstanciels éloquents, soutenue par une subordonnée relative pertinente, une phrase longue fera d'autant plus d'effet qu'elle est entourée de phrases courtes.

COMMENT L'UTILISER ?

Étapes

1. Adoptez le principe d'une idée forte par phrase.
2. Relisez-vous à haute voix pour détecter les moments où le souffle vous manque : signe infaillible !
3. Utilisez l'outil textalyser.net pour Connaître le nombre de moyen de mots par phrase et identifier rapidement la plus longue.

Méthodologie et conseils

Pour des contenus grand public, visez une moyenne de 12/15 mots par phrase. Quant à la limite maximum, ne dépassez 20 mots que pour de rares exceptions.

Raccourcir les phrases ne signifie pas forcément supprimer des mots. Il suffit parfois de couper la phrase en deux :

- Lors de cet évènement majeur, bénéficiez de retours d'expérience concrets de vos homologues qui s'exprimeront sur leurs stratégies nationales et internationales dans le cadre de 10 conférences débats.

Préférez simplement :

- Lors de cet évènement majeur, bénéficiez de retours d'expérience concrets. Vos homologues s'exprimeront sur leurs stratégies nationales et internationales dans le cadre de 10 conférences débats.

Suite outil 20 →

Avant de vous lancer…

✓ **Facile à mettre en œuvre, cette bonne pratique aux résultats probants peut se targuer d'un excellent rapport entre l'efficacité et les efforts consentis : commencez par là et ne vous en privez pas !**

Suite outil **20**

Des phrases courtes

COMMENT ÊTRE PLUS EFFICACE ?

L'indice Gunning Fog

Différents experts de la langue se sont penchés sur des méthodes pour mesurer sa lisibilité. L'indice Gunning Fog compte parmi les plus consensuels. Il se base sur la longueur des phrases et la longueur des mots pour cerner le brouillard (Fog) dans lequel on plonge le lecteur. Le terme Gunning se rapporte quant à lui au nom de l'inventeur. Plus l'indice est élevé, moins le texte sera lisible et mieux vaut rester autour de 10/12 pour un contenu destiné au grand public. Le calcul équivaut à 0,4 fois la somme du pourcentage de mots supérieurs à 3 syllabes et du nombre de mots moyen par phrase. Si la formule vous rebute, le site Textalyser.net calcule l'indice pour vous et l'affiche parmi d'autres données en 4e ligne, face à *Readability (Gunning-Fog Index).*

La méthode a bien sûr ses limites. Des listes à puces ou des intertitres sans ponctuation – plutôt une bonne pratique en soi – induiront le site textalyser en erreur et gonfleront l'indice. Certes, un texte avec un bon/faible indice Fog pourra s'avérer mal écrit… Toutefois, un indice de 20 pour un texte adressé à des pré-ados doit vous interpeller !

Des mots courts

« Entre deux mots, il faut choisir le moindre » : suivez le conseil de Paul Valéry. Évitez bien sûr les néologismes jargonneux du style : délivrabilité, opérabilité, mobilisabilité… ça ne s'invente pas ;-) Employez « chaque jour, semaine, mois » plutôt que « quotidiennement, hebdomadairement, mensuellement ». Si possible, préférez les verbes d'action – intégrer, stimuler, remplacer… – aux noms à rallonge correspondants : intégration, stimulation, remplacement… Et, quand vous le pouvez, remplacez les mots longs par des synonymes plus courts :

Approximativement	→ Environ
Acquisition	→ Achat
Antérieurement	→ Avant
Onéreux	→ Cher
Également	→ Aussi
Excessivement	→ Trop
Rapidement	→ Vite
Assistance	→ Aide
Substantif	→ Nom
Achèvement	→ Fin
Superfétatoire	→ Superflu
Circonscrire	→ Limiter
Dénomination	→ Nom

Cette liste en témoigne, les mots courts s'avèrent plus directs, plus concrets, plus simples et plus faciles à mémoriser[1]: à privilégier, donc des pour textes pédagogiques et simples.

À mots longs, phrases courtes ?

Les mots courts présentent cependant des limites : ils sont moins précis, moins porteurs de sens[2]. En fonction du contexte, de l'objectif, du public, leur emploi ne se justifie pas toujours. Parfois, il est carrément exclu : les domaines scientifiques, techniques, juridiques, réglementaires… regorgent de termes longs, consacrés, propres au métier : impossibles à remplacer ! Dans ces cas-là, rester lisible signifiera… raccourcir les phrases. Bonne pratique incontournable, qui le sera d'autant plus que le sujet est ardu.

1. Les mots, les phrases et la mémoire, F. Richaudeau, 1971http://www.persee.fr/doc/colan_0336-1500_1971_num_9_1_3849
2. Les mots, les phrases et la mémoire, F. Richaudeau, 1971http://www.persee.fr/doc/colan_0336-1500_1971_num_9_1_3849

INDICE GUNNING FOG ÉLEVÉ = FAIBLE LISIBILITÉ

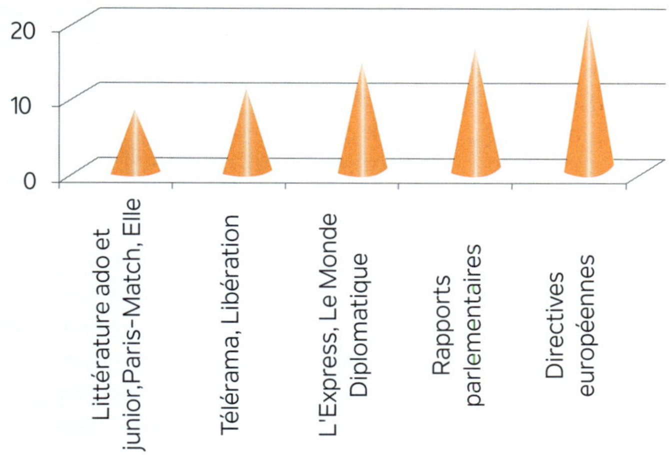

Selon les chiffres de Sébastien Billard, 2006.
http://s.billard.free.fr/referencement/?2006/09/21/287-tester-la-lisibilite-des-textes

Améliorer l'indice Fog et la lisibilité

Avec une phrase record de 46 mots et un indice Fog de 23, le texte ci-dessous risque d'être fort difficile à lire. Jugez donc par vous-même :

Poursuivant sa politique ambitieuse d'accompagnement vers la transformation digitale, Nordon a annoncé que la totalité de ses 400 salariés participeraient à un forum interne en janvier prochain afin d'explorer ensemble des solutions destinées à améliorer la qualité de service apportée au client et l'organisation en interne. L'évènement se déroulera sur une journée entière, durant laquelle les participants travailleront en petits groupes et seront coachés par une équipe externe de facilitateurs pour imaginer des projets novateurs.

Quelques phrases scindées, quelques mots inutiles supprimés et l'indice descend à 12 : tout à fait correct pour le grand public. La lecture est plus aisée, le style plus dynamique.

Nordon poursuit sa politique ambitieuse pour accompagner la transformation digitale. Ses 400 salariés participeront à un forum en janvier prochain. L'objectif ? Explorer des solutions pour améliorer la qualité de service au client et l'organisation interne. L'évènement se déroulera sur une journée. Les participants travailleront en petits groupes, coachés par des facilitateurs externes pour imaginer des projets novateurs.

Outil 21

Une syntaxe simple

> “ *Faire simple est probablement l'objectif le plus sophistiqué du monde.*
>
> Steve Jobs

En quelques mots

Les phrases à tiroir et les langages alambiqués ne font plus illusion. Au contraire ! Loin d'appauvrir le style, les **formules directes** attirent parce qu'elles vont **droit au but**, brillent par leur évidence, séduisent par leur épure. Aucun sujet ne justifie des subordonnées relatives imbriquées, des tournures passives ou négatives excessives, des phrases à rallonge dont on peine à cerner le sens... Car, c'est bien la syntaxe, non le propos, qu'il s'agit de **simplifier**. Au service de la **lisibilité** des idées et du bonheur du lecteur.

SIMPLIFIER LES PHRASES POUR LE CONFORT DU LECTEUR

POURQUOI L'UTILISER ?

Objectif

Agréable à parcourir, facile à lire, rapide à comprendre... une syntaxe simple présente bien des avantages pour le lecteur. On lui doit bien, non ? L'absence de fioritures et de tournures complexes constitue aussi un atout pour le SEO (cf. Dossier N° 5). Délesté de ses lourdeurs, libéré des carcans institutionnels du siècle dernier, dépoussiéré, le style devient vif et évident pour garder l'attention du lecteur. En toute simplicité... et efficacité !

Contexte

Tout comme écrire court est long, la simplicité n'est pas si simple à atteindre et demande un peu d'efforts.

Mais quel lecteur ne l'apprécierait pas ? À moins que votre client ou manager ne soit un fervent défenseur des tournures tarabiscotées et du style ampoulé ? Dans ce cas, à part lui suggérer la lecture de cet ouvrage, on va avoir du mal à vous aider ;-)

COMMENT L'UTILISER ?

Étapes

Parmi les tournures simples à privilégier :

1. le présent, plus dynamique y compris pour certaines actions futures ou passées.
Ex. : Nos experts vous accompagnent... plutôt que vous accompagneront...
Ex. : Il rejoint le groupe en 2012 puis prend la direction de...
2. La voix active par opposition à la voix passive.
Le responsable détermine les sujets à traiter plutôt que Les sujets à traiter sont déterminés par le responsable.
3. Les affirmations, plus directes et explicites que les négations.
Celles-ci entraînent le lecteur sur un terrain pour lui signifier qu'il ne faut pas y aller : un peu tordu, non ? Osez investir le marché et innover plutôt que N'ayez pas peur d'investir le marché et n'hésitez pas à innover.
4. Les phrases resserrées autour du trio Sujet-Verbe-Complément.
Learnup, qui est un organisme de formation, a le plaisir de vous inviter à l'Agora de Toulouse, le 6 octobre afin de participer à un serious game en live se lit difficilement. Préférez : L'organisme de formation Learnup vous invite à un serious game en live le 6 octobre à l'Agora de Toulouse.[1]
5. Les termes exacts plutôt que les subordonnées relatives ou les participes présents (cf. outil N° 18).
Des champignons comestibles plutôt que des champignons pouvant être mangés ou que l'on peut manger.

Méthodologie et conseils

Si les premières étapes consistent bien à traquer les formules qui alourdissent, éviter ne signifie pas interdire. Par exemple, on choisira la voie passive pour mettre en avant un évènement plutôt que ses organisateurs : « Le salon des start-up nantaises est organisé par la chambre de commerce, la métropole et le conseil régional ».

Trop fréquente et gênante quand elle est utilisée sans raison, la négation peut s'avérer utile pour enfoncer le clou « *No way* ! N'y pensez pas ! » ou au contraire pour mettre les formes et adoucir votre propos « Cette action ne sera sans doute pas inefficace mais... ».

Toute bonne pratique implique des exceptions, bienvenues si elles restent limitées et justifiées.

1. Exemple inspiré par celui de Sébastien Bailly http://www.sebastien-bailly.com/snowball/formation-ecriture-web-phrase

Avant de vous lancer...

- ✓ **Faites-vous une check-list, des tournures complexes qui doivent vous alerter.**
- ✓ **Ayez le réflexe dictionnaire, notamment celui des antonymes (ou contraires) pour éviter les négations. Riche et efficace http://www.cnrtl.fr/antonymie/ existe aussi sous forme d'extension pour Chrome et Firefox.**

Outil 22 La variété

> "Rien n'est si doux que la diversité ; le changement de fers tient lieu de liberté.
>
> Gilles Ménage

En quelques mots

Vos propos méritent certainement mieux qu'un style plat et répétitif. Un ton fade et insipide aura peu de chance d'accrocher le nouveau venu et lassera le lecteur assidu. Pourquoi reproduire toujours la même structure quand énumérations, questions, exclamations, citations ou incitations peuvent **pimenter le phrasé** pour stimuler l'attention ? Oui, il importe de préférer la simplicité et de limiter la longueur globale de vos phrases. Mais **alterner** leur forme et leur taille mettra **du relief** dans vos textes. Jugez-en plutôt :

RYTHMER EN ALTERNANT LA TAILLE DES PHRASES[1]

Cette phrase comporte cinq mots. Et voici cinq autres mots. Les phrases courtes, c'est efficace ! Mais leur succession ennuie. Observez l'effet produit. On dirait un disque rayé. L'oreille a soif de variété.

Maintenant, écoutez ! Je varie la longueur des phrases pour composer une mélodie. **L'écriture chante.** Elle adopte un rythme agréable, une cadence, une harmonie. J'écris des phrases courtes, des moyennes, des longues…

Et parfois, je m'autorise une phrase qui n'en finit pas et qui s'enflamme d'énergie pour, dans un élan crescendo, clamer à l'oreille du lecteur : « Ecoute, je t'emmène avec moi ! ».

1. Librement traduit et adapté à partir d'une idée originale de Gary Provost, Garyprovost.com

POURQUOI L'UTILISER ?

Objectif

Le fond ne peut pas tout, l'internaute est volage, distrait, exigeant ! Vos idées les plus riches seront desservies par l'ennui suscité par des phrases sans surprise, assoupies dans leur monotonie. Relancer l'attention, réveiller le lecteur, le surprendre avec éloquence et énergie… voilà qui mérite bien de sortir de ses habitudes pour varier les formats.

Contexte

Introduire de la variété dans la forme se révèle d'autant plus pertinent que le texte est conséquent. Sans doute cela exige-t-il une certaine pratique de la part du rédacteur : mieux vaut s'y atteler une fois que l'on a intégré les fondamentaux : hiérarchisation, concision, phrases courtes, mots justes…

COMMENT L'UTILISER ?

Étapes

Les formules pour insuffler de la diversité dans vos textes :

1. **Les énumérations**
Ruptures de rythme, diversité des formats, richesse du vocabulaire… des leviers efficaces pour stimuler l'intérêt.

2. **Les interrogations**
Les questions impliquent le lecteur, pourquoi s'en priver ?

3. **Les exclamations**
Et pour cause ! La monotonie ennuie. Des exclamations à bon escient ponctueront votre récit.

4. **Les citations** (cf. outil N° 23)
« Ce qui me fatigue ? Les phrases interminables que je ne comprends pas du premier coup ! » soupire l'internaute.

5. **Les incitations** (à l'impératif)
Interpellez le lecteur. Adressez-vous directement à lui, comme je le fais ici avec vous.

Méthodologie et conseils

Utilisées avec parcimonie, ces différentes formules donnent du « peps » au récit. Ce qui importe, c'est de mélanger, alterner et diversifier. Idem pour la longueur : des phrases brèves pour condenser le propos avec vigueur et des phrases plus complexes qui confèrent au raisonnement profondeur et subtilité. Osez aussi les phrases très courtes qui interrompent le rythme. L'objectif ? Créer une rupture. Avec à la clé, une attention renforcée.

L'énumération en début de phrase concrétise le discours, en citant des exemples. Elle fonctionne d'autant mieux que les éléments sont au nombre de 3 (question de rythme) ; mais si vous en avez 4, c'est le fond qui prime. Réservez les exclamations aux propos qui le méritent : point trop n'en faut ! En revanche, usez, à loisir de l'impératif, mode mal nommé, qui joue plutôt un rôle « incitatif » direct et apprécié par le lecteur.

La phrase se construit aussi à la voix pronominale, repérable au « se » avant le verbe : une forme utile, car plus dynamique, pour remplacer la voix passive (« la phrase est construite… »).

Bien entendu, la variété s'exprime aussi à travers les mots : ceux considérés comme « clés », auxquels on réfléchira en amont de la rédaction avec des objectifs de référencement naturel (cf. outil N° 30). Et la recherche plus globale du terme précis qui remplace avantageusement une périphrase ou une expression plus vague (cf. outil N° 18).

Avant de vous lancer…

- ✓ Repérez comment sont construits vos textes, notamment les types de phrase qui reviennent [trop] souvent.
- ✓ Écoutez vos écrits en vous relisant à voix haute : l'oreille repère aisément la monotonie.

Outil 23 Les citations

> “ *Un petit particulier humain m'intéresse plus que l'humain général.*
>
> Jules Renard

En quelques mots

Citer des propos pertinents dans votre récit, c'est y insuffler de la vie. Ces mots entre guillemets et en italique attirent le regard du lecteur autant que le nom de leurs auteurs. Ils attestent aussi du sérieux de votre enquête et étayent le propos. Cette mise en scène de l'information sera d'autant plus efficace que les citations sont courtes, introduites de façon variée pour rythmer le récit tout en conservant sa fluidité.

CITER POUR RENDRE LE TEXTE VIVANT

POURQUOI L'UTILISER ?

Objectif

Les citations cadencent votre texte en lui donnant un côté vivant, incarné, concret. Elles apportent une diversité formelle de nature à raviver l'attention du lecteur. La mention des sources crédibilise et renforce le message. Le caractère nominatif valorise aussi les personnes qui vous ont accordé du temps en rendant à César ce qui lui appartient.

Contexte

Rapporter des propos prend de la place, et demande un minimum de temps : les formats resserrés comme les brèves ou les traitements dans l'urgence ne permettront pas ce type de pratique. Dès lors que leur longueur et les délais l'autorisent, de nombreux contenus seront dynamisés par une citation bien placée alors que les témoignages les multiplieront. L'alternance de récit et de discours rapportés conviendra particulièrement aux genres plus longs et subjectifs – où le rédacteur est censé exprimer son ressenti - comme le portrait et le reportage. Et quand seules quelques questions interrompent les citations ? Il s'agit d'une interview, genre journalistique à part entière (outil n° 13).

COMMENT L'UTILISER ?

Étapes

1. Organisez-vous pour recueillir de la matière à dimension humaine (cf. outil N° 13).
2. Identifiez les propos les plus marquants, originaux, caractéristiques... qui correspondent à l'angle que vous avez défini (cf. outil N° 7).
3. Introduisez-les dans votre récit sous forme de courtes citations.
4. Faites valider les citations par leur auteur.

Méthodologie et conseils

Les propos rapportés au sein d'un article relèvent d'un statut hybride : ils rapportent des propos exprimés à l'oral tout en étant bel et bien écrits. Plus ils paraîtront spontanés et dans un langage « parlé », plus ils feront mouche. Cependant, il est généralement impossible de reprendre littéralement les mots de vos interlocuteurs tels que celui-ci les a prononcés tant la forme verbale est émaillée de petits mots ou formules impropres à l'écrit. Comme pour une interview, l'art de la citation consiste donc à retranscrire les déclarations dans une forme correcte à l'écrit sans perdre la vivacité de l'oral. L'idéal est que vos interlocuteurs se reconnaissent tout en pensant qu'ils s'expriment bien à la relecture de votre texte.

Le lecteur déteste les répétitions : les citations agrémenteront d'autant plus votre texte qu'elles sont variées et riches : par la teneur de leur propos mais aussi *via* les verbes et les tournures qui les introduisent (voir moult possibilités en page suivante).

Suite outil 23 →

Avant de vous lancer...

- ✓ **Les citations attirent le regard : réservez-les aux propos. les plus interessants, originaux ou vivants sous peine de décevoir les lecteurs et de dévaloriser leur auteurs. En absence de matière « digne de guillemets », mieux vaut s'abstenir.**
- ✓ **Soyez attentifs aux différentes façons d'introduire des citations dans des articles que vous trouvez dynamiques ; notez les formules qui fonctionnent bien.**

Suite outil 23

Les citations

COMMENT ÊTRE PLUS EFFICACE ?

Varier les verbes introductifs

Pour introduire les citations, rien n'est plus triste que le mot dire, trop souvent utilisé à toutes les sauces. De multiples possibilités sont à portée de plume pour en exprimer beaucoup plus et enrichir votre récit. Jugez-en plutôt.

La déclaration : affirmer, déclarer, annoncer, raconter, noter, conclure, révéler, dévoiler, expliquer, confier, relater, rapporter, remarquer, noter…

La poursuite, le développement ou la conclusion : ajouter, poursuivre, continuer, reprendre, répéter, insister, préciser, détailler, confirmer, renchérir conclure, résumer…

Le point de vue : juger, estimer, considérer, trouver…

L'engagement : promettre, jurer, assurer, affirmer, garantir, certifier…

L'interrogation : demander, questionner, interroger, s'enquérir, s'informer, se renseigner…

La réponse : répondre, répliquer, rétorquer, riposter…

Le désaccord plus ou moins virulent : critiquer, reprocher, désapprouver, rectifier, regretter, se plaindre, déplorer, contester, opposer, objecter, accuser, protester, réfuter, démentir, s'indigner, corriger, condamner, blâmer, dénoncer, s'indigner…

L'accord (plus ou moins réservé) : accepter, approuver, acquiescer, tolérer, admettre, concéder…

Les aveux : avouer, reconnaître, confesser…

La satisfaction : se féliciter, se réjouir, s'extasier, louer, s'enthousiasmer…

La proposition : proposer, offrir, suggérer, tenter…

L'injonction : ordonner, exiger, intimer…

L'incitation : inciter, encourager, exhorter, recommander, conseiller

L'avertissement : signaler, prévenir, avertir, mettre en garde, s'inquiéter…

La plaisanterie : plaisanter, railler, s'amuser, se moquer, ironiser…

D'autres verbes portent sur la façon dont le locuteur prononce les mots ce qui traduit un état d'esprit : marmonner, bougonner, grommeler, pleurnicher, bredouiller, soupirer, lancer, murmurer, s'exclamer, déclamer, s'écrier, soupirer, chuchoter, vociférer, tonner, rugir, gronder, mugir, susurrer, souffler, lâcher…

Avec tous ces verbes, vous n'avez que l'embarras du choix pour renforcer la portée des citations avec un vocabulaire varié. D'autant que la liste ci-dessous n'est pas exhaustive.

S'étonner, clarifier, constater, commenter, nuancer, réclamer… il y en a d'autres et vous trouverez les vôtres.

À noter que quand la citation est introduite par deux points, les possibilités se multiplient :

Christophe ne lâche pas l'affaire : « *Il est indispensable de modifier la situation* »
Le responsable de la sécurité n'en démord pas : « Il s'agit d'une défaillance mécanique, pas humaine ».
La cheffe de projet jubile : « La méthode agile diminue les délais de moitié ! »

UN VERBE ADAPTÉ À CHAQUE CITATION

Varier les formats de citation

Il existe différentes tournures syntaxiques pour introduire une citation dans un texte. En voici 4 que vous gagnerez à utiliser alternativement tout en diversifiant les verbes pour donner du *peps* à vos textes.

- Citation introduite par deux points.

Valérie Celmon annonce : « 3 nouveaux sites ouvriront d'ici la fin de l'année, avec 120 nouvelles recrues en CDI ».

- Citation en tête de la phrase suivi du verbe puis du sujet.

« 3 nouveaux sites ouvriront d'ici la fin de l'année avec 120 nouvelles recrues en CDI » précise Valérie Celmon.

- Le verbe et le sujet se glissent au milieu de la citation entre deux virgules : ils forment une incise. À noter qu'il n'est pas nécessaire de fermer puis de réouvrir les guillemets avant et après l'incise.

« 3 nouveaux sites ouvriront d'ici la fin de l'année, précise Valérie Celmon, avec 120 nouvelles recrues en CDI ».

- Citation partielle dans la phrase.

Valérie Celmon annonce que 3 nouveaux sites ouvriront d'ici la fin de l'année avec « 120 nouvelles recrues en CDI ».

Outil

24 Et l'écriture inclusive ?

« *Le langage structure tout de la relation interhumaine.*

Jacques Lacan

Mais un point ce n'est pas tout ![1]

En quelques mots

Pour faire progresser **l'égalité des sexes**, l'écriture inclusive remet en cause certaines **règles grammaticales ou linguistiques** qui rendent les femmes invisibles : noms de fonction exclusivement masculins, masculin qui l'emporte sur le féminin pour les accords, masculin pour désigner des groupes mixtes [à commencer par ce livre où les termes rédacteurs ou contributeurs désignent des femmes et des hommes]. Les **évolutions** préconisées par les partisans de l'écriture inclusive pour y remédier suscitent de très **vifs débats**. Sans position tranchée ni dogmatisme, il s'agit ici d'apporter des éléments de décryptage pour y voir plus clair.

PROMOUVOIR L'ÉGALITÉ FEMMES/HOMMES PAR L'ÉCRITURE

1. Inspiré par le titre d'une émission de France Culture https://www.franceculture.fr/emissions/le-magazine-de-la-redaction/ecriture-inclusive-un-point-ce-nest-pas-tout

POURQUOI L'UTILISER ?

Objectif

Combattre le sexisme *via* une représentation égale des deux sexes : tel est l'objectif de l'écriture inclusive. Car la langue exprime une vision du monde et influence nos perceptions. Les mots induisent des images : masculins, ils impliquent que l'on pense moins spontanément aux femmes. Afin de renforcer la mixité, le Cnam a intégré le très controversé point médian dans la signature associée à son logo : École d'ingénieur·e·s. Pour d'autres, il s'agit de rejoindre les pionniers au service d'une cause indiscutable.

Contexte

C'est le premier manuel scolaire en écriture inclusive qui déchaîne les passions en 2017. L'Académie Française dénonce un « péril mortel » pour la langue française – excusez du peu ! - avant de rouvrir le débat sur sa féminisation, notamment celle des fonctions, quelques semaines plus tard.

Plus de 300 enseignants appellent à ne plus apprendre que « le masculin l'emporte sur le féminin » suivis par la rédaction de Slate alors que le Monde ou l'AFP indiquent y réfléchir et entamer des tests. Le Premier ministre demande aux agents de renoncer à l'écriture inclusive dans les textes officiels tandis que la Mairie de Paris annonce qu'elle continuera à l'utiliser, de même que d'autre collectivités territoriales ou certains partis politiques et syndicats.

Bref, à l'heure où nous écrivons ces lignes, le débat fait rage entre partisans et adversaires de cette écriture non sexiste.

COMMENT L'UTILISER ?

Étapes

Voici les principales recommandations promues par l'écriture inclusive.

1. Éviter de parler de l'Homme pour désigner les hommes et les femmes : droits humains plutôt que droits de l'Homme.
2. Féminiser les noms de fonctions, grades, métiers et titres : Cheffe de projet, Madame La Ministre...
3. Appliquer l'accord de proximité : Des villes et des pays lointains, Des pays et des villes lointaines
4. Pour les groupes mixtes, renoncer au masculin générique au profit de 3 options :

- Les termes ou expressions épicènes (neutre) Le corps enseignant.
- Le féminin et le masculin (doublon) par ordre alphabétique Les enseignantes et les enseignants.
- L'usage du point médian Les enseignant·e·s.

Méthodologie et conseils

Consultez les principaux arguments des deux camps ainsi que les impacts en matière de lisibilité et d'accessibilité en page suivante pour vous faire une opinion.

Une position tranchée et monolithique semble prématurée, on pencherait plutôt pour :

- Féminiser les noms de fonctions.
- Utiliser les termes épicènes et les doublons quand c'est possible.
- Envisager l'accord de proximité.
- S'abstenir dans l'immédiat pour le point médian.

Quelques soient les pratiques que vous adoptez, indiquez-le et expliquez pourquoi si elles risquent de dérouter vos lecteurs.

Suite outil 24 →

Avant de vous lancer...

- ✓ **Interrogez-vous sur le poids des mots et rendez-vous attentif aux signes discriminants.**
- ✓ **Renseignez-vous sur les pratiques en vigueur au sein de votre structure : le débat fait rage, entraînant un nombre croissant d'organisations à réfléchir et prendre position.**
- ✓ **Consultez le guide pratique du HCE[1] et le Manuel d'écriture inclusive[2] de l'agence de communication éditoriale Mots-Clés.**

1. Haut Conseil à l'Egalité entre les femmes et les hommes http://www.haut-conseil-egalite.gouv.fr/IMG/pdf/guide_pour_une_communication_publique_sans_stereotype_de_sexe_vf_2016_11_02.compressed.pdf
2. http://www.motscles.net/ecriture-inclusive/

Et l'écriture inclusive ?

COMMENT ÊTRE PLUS EFFICACE ?

Pour rassembler féminin et masculin en un seul mot quand on désigne des groupes mixtes, l'écriture inclusive intercale un point médian entre le mot masculin et le suffixe féminin puis entre ce dernier et la marque du pluriel. Un peu plus haut que le point « normal », ce signe est préféré aux parenthèses qui amenuisent, aux barres obliques qui opposent et aux tirets qui fragmentent (Voir exemples plus bas).

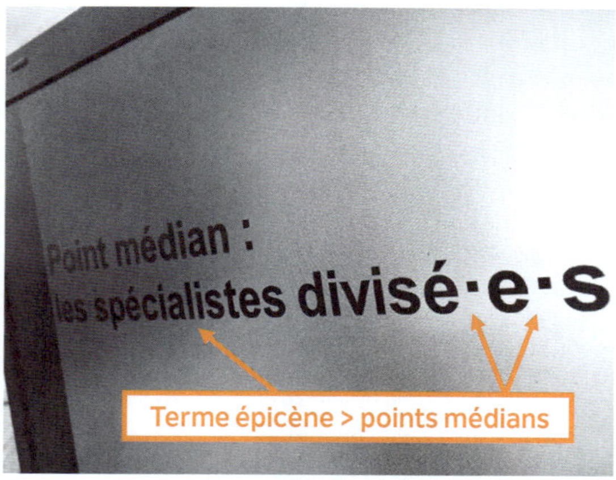

En attendant les claviers adaptés annoncés par l'Afnor, il vous faut taper ⌥ `Alt` + ⇧ + `F` sur Mac, `Alt+0183` sous Windows, si vous disposez d'un pavé numérique. Pour les PC portables et les smartphones, mieux vaut compter sur le copier/coller ou le code HTML : &middot.

Des points de vue divergents

« Imprononçable ! » s'insurgent ses détracteurs ! Ce à quoi ses partisans rétorquent qu'il s'agit, comme le M. pour Monsieur, d'une abréviation réservée à l'écrit : Rédacteur·rice.s se lit Rédacteurs et rédactrices. On l'accuse aussi d'être illisible et de complexifier une langue que nombre d'enfants et d'adultes peinent déjà à maîtriser. Considérant le point milieu comme un point normal, Textalyser (cf. outil N° 20) comptabilise de multiples phrases et devient inopérant pour mesurer la lisibilité : juste un paramètre de l'outil à modifier ou le reflet d'une confusion probable entre deux signes trop proches ? Sans parler du manque d'accessibilité pour les personnes dyslexiques et non-voyantes. La fédération des Aveugles de France évoque une langue « *indéchiffrable par nos lecteurs d'écrans* »[1]. Des hackatons s'organisent pour faire évoluer les outils, mais l'ampleur de la tâche reste difficile à évaluer...

Google au point ?

Petit test empirique : «rédacteur·rice» n'est pas suffisamment cherché pour figurer sur Google Trends ou Yooda Insight (cf. outil N° 30). En revanche, il génère 170 000 résultats sur Google dont de nombreuses variantes : rédacteur(rice), rédacteur/rice, rédacteur-rice, ou rédacteur.rice (très peu de rédacteur et de rédactrice). Contre 12 M de résultats si l'on cherche rédacteur, 3 M pour rédactrice ! On observe des proportions similaires pour d'autres mots. Pour l'instant, il semble que le moteur identifie l'intention d'inclusion sous différentes formes et la différencie du masculin - pourtant souvent employé au sens de neutre -, comme du féminin. Une conception plus distinctive qu'englobante de l'écriture inclusive ?

1. https://www.aveuglesdefrance.org/sites/default/files/press/attachments/cp_non_au_melange_des_genres_ecriture_inclusive_aveugles_de_france.pdf

Mots et expressions épicènes si possible

D'autres options moins osées permettent un neutre distinct du masculin : privilégier les mots épicènes, dont la forme ne varie pas - journaliste, élève, membre... - ou les expressions englobantes - le public, l'équipe de rédaction, la population...- chaque fois qu'elles[1] sont possibles... c'est-à-dire pas toujours.

Doubler les noms masculin et féminin : au cas par cas

S'ils ponctuent depuis longtemps les discours politiques – « Français, Françaises », « Celles et ceux », « Chacun et chacune » - difficile de généraliser les doublons dans un écrit digital en quête de légèreté. Possibles dans certains cas – Rédacteurs et rédactrices le confirment – ils paraissent parfois délicats à utiliser sous peine d'alourdir une phrase déjà longue. Surtout quand masculin et féminin se prononcent de la même façon : « Rédacteurs, rédactrices, mais aussi plus largement professionnels et professionnelles de l'écrit s'interrogent par rapport à l'adoption de l'écriture inclusive. » Ouch !

Noms de fonctions et accord de proximité

En revanche, il semblerait logique que la féminisation des noms de fonctions se généralise, malgré les résistances. Selon les cas, l'accord de proximité résonne plus - Des hommes et des femmes bienveillantes – ou moins – Les hommes et les femmes sont bienveillantes - naturellement. Sans préjuger de l'avenir, on peut espérer s'y habituer pour l'adopter à court ou moyen terme. Et conseiller à ceux qui décident de l'expérimenter dès maintenant la communication et la pédagogie nécessaires auprès de leurs publics.

Jusqu'au XVIIe siècle, les noms de métiers étaient féminisés, l'accord de proximité en vigueur. La langue évolue en permanence : la nôtre n'a plus grand-chose à voir avec celle de Molière. À l'heure des innombrables néologismes ou anglicismes - certains abusifs, d'autres indispensables - rien n'est figé : au-delà des prises de position de spécialistes et personnalités, les usages seront déterminants pour l'adoption de ces pratiques. À moins qu'ils n'inventent d'autres pistes pour promouvoir l'égalité femme-hommes *via* l'écriture.

1. Emploi du féminin selon l'accord de proximité.

DOSSIER 4

HABILLER POUR ACCROCHER

“

On juge qu’un homme est capable de grandes choses par l’attention qu’il apporte aux plus petites.

Tacite

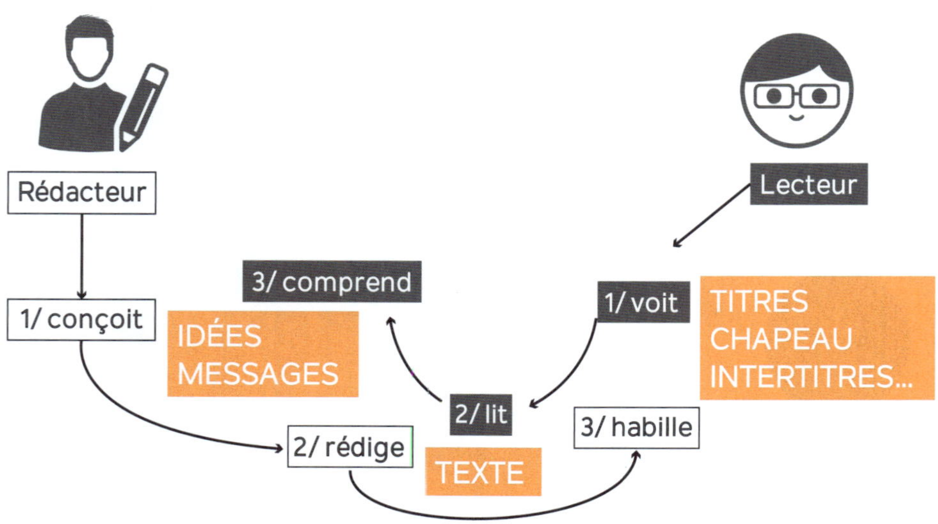

Si l'habit ne fait pas le moine, l'habillage sert bien le contenu. Énormément. Ou pas. Avant de lire le texte, le lecteur verra. Les titres et les intertitres, le chapô, les tags, peut-être quelques mots en gras ou en exergue. Et ce n'est que si l'un d'eux accroche son regard qu'il lira vraiment. Pour finir par saisir le message si la clarté du propos le permet.

Créer des niveaux de lecture

Les internautes passent les 4/5e[1] de leur temps à **scanner les pages** à la recherche de ce qui les intéresse ; ils ne lisent mot à mot que les rares textes qu'ils jugent réellement pertinents. Encore faut-il qu'ils aient pu les identifier grâce à un titre significatif, des intertitres parlants, des tags explicites ou des mots en gras signifiants. Sans des micro-contenus conçus pour **parcourir facilement** un texte, ce dernier risque bien de ne jamais être lu, quel que soit son intérêt. Google ne s'y trompe pas, qui leur accorde plus de poids, voire une importance considérable pour ce qui est du titre.

1. https://www.nngroup.com/articles/how-users-read-on-the-web/, Jakob Nielsen, 1997.

Tendre des perches à l'internaute

Le rédacteur sera plus efficace en se penchant sur l'habillage après avoir rédigé, si tant est qu'il lui reste du temps pour peaufiner ces éléments déterminants. On ne parle ici que des mots, non des illustrations qu'il est préférable de choisir en amont (cf. outil N° 10). La **rédaction des micro-contenus** figure en bonne place parmi les compétences éditoriales.

Parce qu'elle implique des choix, la tâche n'est pas toujours aisée, surtout quand il s'agit de choisir l'élément le plus vu : le titre. Quelques **mots décisifs** ! « *Simplifier autant que faire se peut mais pas plus* » disait Albert Einstein. Il s'agit souvent d'un **compromis** entre le focus sur un aspect primordial et les tentations [vaines] d'exhaustivité, entre l'impact et la précision. À ce dilemme, s'ajoute la nécessité de placer les mots clés à ces endroits clés pour favoriser le référencement naturel.

Une mission d'autant plus délicate que les micro-contenus sont – par définition – très courts.

Une mission indispensable pour qui souhaite que ses textes soient lus.

Les outils

Outil 25 Le titre

> En moyenne, 5 fois plus de gens lisent le titre que le reste du texte.
>
> David Ogilvy

En quelques mots

À tout seigneur tout honneur : micro-contenu roi, le titre focalise tous les regards ! Imposant, car la feuille de style l'affiche dans un corps nettement plus important que le reste du texte. Vu en premier, déterminant, il constitue une porte d'entrée – que le lecteur franchira ou pas – vers le contenu. Quelques mots à choisir avec attention et parcimonie, sans oublier d'y inclure les termes cherchés par votre public : le titre, c'est aussi la balise h1, fondamentale pour le référencement naturel (cf. outil N° 31).

LE MAXIMUM D'INFORMATION EN UN MINIMUM DE MOTS

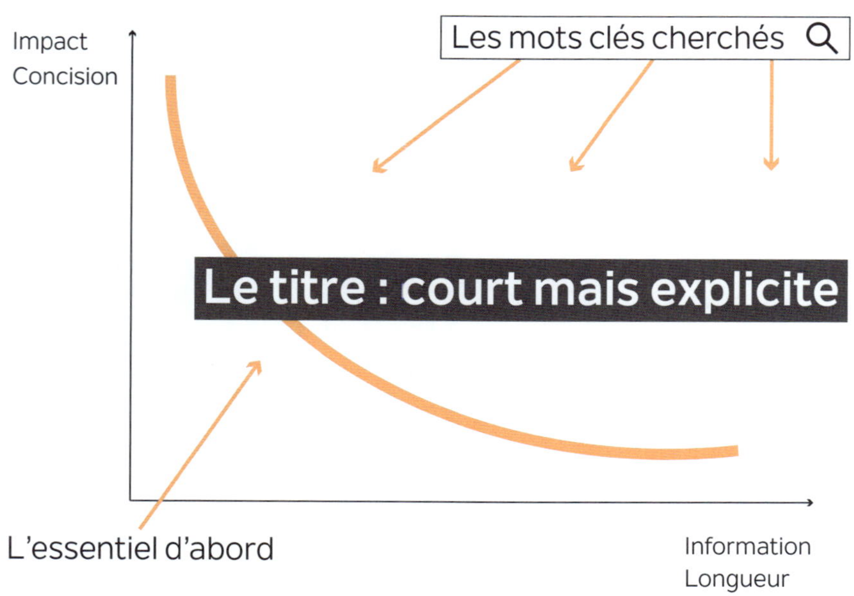

POURQUOI L'UTILISER ?

Objectif

Le rôle clé du titre ? Inciter le lecteur à lire la suite, voire à cliquer car le titre se retrouvera en page d'accueil ou de tête de rubrique, sur les réseaux sociaux et les pages de résultat des moteurs de recherche… Convaincre le lecteur potentiellement intéressé donc, mais aussi laisser celui qui ne l'est pas, passer son chemin sans le décevoir et lui faire perdre de temps. Soigner le titre s'avère aussi déterminant en termes de SEO : celui-ci doit correspondre à la balise h1, un des éléments de la page les plus pris en compte par Google.

Contexte

Quasiment tous les textes en ligne ont un titre. De par leur brièveté intrinsèque, les tweets constituent une exception. À moins de les considérer comme des titres sans articles ?

COMMENT L'UTILISER ?

Étapes

1. Cherchez le titre juste après la rédaction. Ou si une idée surgit en amont, vérifiez sa pertinence une fois le texte terminé et l'illustration choisie.
2. Assurez-vous que le titre correspond à l'information attendue par l'internaute avec la méthode 5W2H (cf. outil N° 16).
3. Intégrez les mots clés cherchés par le public auquel vous vous adressez (cf. outil N° 30) si vous souhaitez favoriser la visibilité sur les moteurs de recherche.
4. Débarrassez votre titre de tout mot superflu : vous le rendrez plus percutant !

Méthodologie et conseils

Le maximum d'information

Soyez informatif et précis : le titre doit être limpide sans le reste du contenu ni l'illustration. Attention donc aux formules vagues, aux clins d'œil ou aux traits d'humour difficiles à comprendre en dehors du contexte.

Un minimum de mots

Plus un titre est court, plus il percute : 5 à 7 mots idéalement, jusqu'à 10 si vous écrivez pour des juristes ou si le nom de votre structure en comporte 5. Oui, ça existe, mais on ne citera personne ;-) Ce critère entre souvent en conflit avec le maximum d'information et de précision évoquées juste au-dessus : il faut trouver le bon compromis. Si le gabarit du CMS le prévoit, un surtitre ou un sous-titre permet d'apporter des informations complémentaires (sur le secteur concerné, la rubrique ou le type d'article par exemple). Délesté de celle-ci, le titre principal maximise sa « force de frappe ».

L'essentiel d'abord

L'ergonome américain Jakob Nielsen a observé que les 2 premiers mots des titres et des liens étaient les plus vus et constituaient un signal déterminant[1]. Placer l'information primordiale dès le début du titre renforce donc son pouvoir d'attraction.

Le reflet du contenu

Susciter l'intérêt d'accord, mais attention aux titres racoleurs, sauf si votre contenu est du même acabit. N'en promettez pas trop sous peine de décevoir le lecteur.

Des minuscules mieux lues

Certaines chartes graphiques mettent les titres en majuscules, ce qui nuit à leur lisibilité. Si vous avez le choix, préférez les minuscules pour une lecture plus fluide et rapide.

1. https://www.nngroup.com/articles/first-2-words-a-signal-for-scanning/

Suite outil 25 →

Avant de vous lancer…

- ✓ Gardez du temps pour le titre signifie concentrer ses efforts là où il faut : sur LE micro-contenu déterminant !
- ✓ Organisez-vous donc en conséquence et dites-vous qu'un titre médiocre sur article de qualité, c'est du gaspillage voire du sabotage.
- ✓ Focalisé sur l'essentiel, le titre implique des choix qui, plus que le reste du contenu, méritent d'être validés ou testés entre collègues.

Le titre

COMMENT ÊTRE PLUS EFFICACE ?

Remplir le titre avec des informations précises

Un titre en creux se contente de décrire le sujet de façon neutre : Changement de direction chez Softair. Vos contenus valent mieux que ça ! Délivrez l'information essentielle dès le titre : Lionel Fayart prend la tête de Softair ou Lionel Fayart PDG de Softair.

Plus vous serez précis, mieux ce sera, notamment avec des éléments chiffrés : plutôt qu'un vague « Évolution de la fréquentation des clubs de vacances », préférez le factuel Clubs de vacances : la fréquentation augmente de 10 %.

1 001 façons de titrer

Il y a toujours différentes options pour titrer un contenu, mais elles ne seront pas neutres.

Un même jour d'automne 2017, à partir des mêmes chiffres communiqués, différents sites ont titré :

- Léger recul du chômage en septembre [1].
- Forte baisse du nombre de chômeurs en septembre[2].
- Baisse historique du chômage en septembre[3].
- En septembre, le chômage a enregistré sa plus forte baisse depuis 2001[4].

Merci à Nicolas Obrist de l'avoir publié dans un tweet illustrant brillamment la notion de ligne(s) éditoriale(s). Cet exemple si bien trouvé montre aussi que titrer c'est forcément interpréter, simplifier – pas trop, comme disait Einstein, mais quand même suffisamment sous peine d'être trop long – donc oser, risquer. Si il y a une chose à faire valider ou à tester, c'est bien le titre !

Informer avant d'accrocher

Fréquents en presse écrite – avec une palme pour Libé et le Canard enchaîné - les titres humoristiques conviennent mieux pour des communautés clairement identifiées partageant des références communes que pour un public très large. Certains titres parviennent à concilier la présence des mots clés visés par le référencement avec des jeux de mots :

- Crédits immobiliers : les taux se resserrent sur les emprunteurs ![5]
- Opérations : la plaie des dépassements d'honoraires[6]
- Contraception : la pilule ne passe plus[7]...

Chapeau bas !

D'autres jouent sur la répétition des sons, dénommée allitération pour les consonnes, assonance pour les voyelles. L'exemple suivant réunit les deux : Pas de pause pour le Pacs.

Association de deux termes a priori opposés, l'oxymore - Le silence assourdissant des open spaces ou Élections : des indécis décisifs - s'avère aussi efficace pour capter l'attention du lecteur.

1. http://www.liberation.fr/politiques/2017/10/24/en-septembre-le-chomage-repart-a-la-baisse_1605374
2. http://www.lefigaro.fr/conjoncture/2017/10/24/20002-20171024ARTFIG00036-chomage-les-chiffres-du-mois-de-septembre-publies-ce-mardi.php
3. http://www.lemonde.fr/emploi/article/2016/10/26/baisse-historique-du-chomage-en-septembre_5020457_1698637.html
4. https://www.francebleu.fr/infos/economie-social/le-chomage-a-fortement-baisse-en-septembre-1508860972
5. http://www.banketto.fr/actualites/taux-des-credits-immobiliers-les-taux-se-resserrent-sur-les.html#AERQbk4v5rAdblqU.99
6. http://lexpansion.lexpress.fr/actualite-economique/la-plaie-des-depassements-d-honoraires_1353428.html
7. https://www.humanite.fr/societe/contraception-la-pilule-ne-passe-plus-503877

Un peu d'exercice

> Quel titre pour cette accroche ?

Les acteurs majeurs du secteur du jouet font l'objet d'une enquête du Conseil de la concurrence. Les plus gros fabricants et distributeurs sont soupçonnés de s'être entendus sur les prix au détriment des consommateurs : une pratique illégale.

Kim et Barbie se jouent-ils de nous ?

Bravo bien trouvé ! Mais de quoi s'agit-il : un article sur des enfants moqueurs quand ils jouent ? Une affaire d'obsolescence programmée ? Les juristes intéressées par les ententes sur les prix passeront à côté. Comme risquent de le faire ceux qui cherchent des informations sur la question *via* Google. Quelles chances pour que leurs requêtes comportent ces mots ? Aucune, avec un manque à gagner indéniable en termes de SEO.

Les consommateurs floués : enfin la vérité !

Racoleur – Quoi, on se fait avoir ? – ce titre-là ne convient pas à toutes les lignes éditoriales. Et il est bien trop vague. Ceux qui auront voulu en savoir plus sans être concerné par la question en auront pour leur clic. Et n'apprécieront pas la déception. Même Facebook pénalise maintenant les articles *clickbait* ou « pute à clics ».

Les fabricants et les distributeurs de jouets sont soupçonnés de s'entendre illégalement sur les prix.

Tout y est. Mais comme c'est long… et plat. Sans évoquer les renvois à la ligne successifs qui gêneront la lecture et la compréhension si la colonne est étroite.

Jouet : entente sur les prix ?

Court et percutant ! On comprend que le terme « jouet » s'applique au secteur, « entente sur les prix » indique précisément de quoi il s'agit et le point d'interrogation est bienvenu compte tenu de la procédure en cours. Un seul signe susceptible d'attiser la curiosité tout en introduisant le conditionnel : bravo pour ce rapport impact/longueur sans pareil !

TITRES ET PONCTUATION

:	Deux points	Titres : la méthode pour les rédiger
?	Interrogation	Comment écrire de bons titres ?
!	Exclamation	Point trop n'en faut !
« »	Guillemets	« Je titre mes interviews avec des citations »
…	Suspension	1001 façons de bien titrer…
		Jamais de point à la fin d'un titre

Outil 26 Le chapô et l'accroche

> La page Web ? Une commode transparente ! Pas question d'ouvrir tous les tiroirs pour trouver les chaussettes.
>
> Joël Ronez[1]

En quelques mots

Le chapô et l'accroche portent sur l'information essentielle et viennent compléter le titre. Au sein des pages de contenu, le chapô parfois orthographié chapeau, est un premier paragraphe en gras (ou dans une police de caractère distincte) entre le titre et le reste du texte. Sur les pages d'accueil du site ou des rubriques, l'accroche s'associe au titre et au lien pour inciter à cliquer. Deux micro-contenus à la logique proche - conforter l'intérêt du lecteur et l'inviter à aller plus loin - qui peuvent reprendre le même contenu ou se distinguer.

L'ESSENTIEL DE L'INFORMATION EN QUELQUES LIGNES

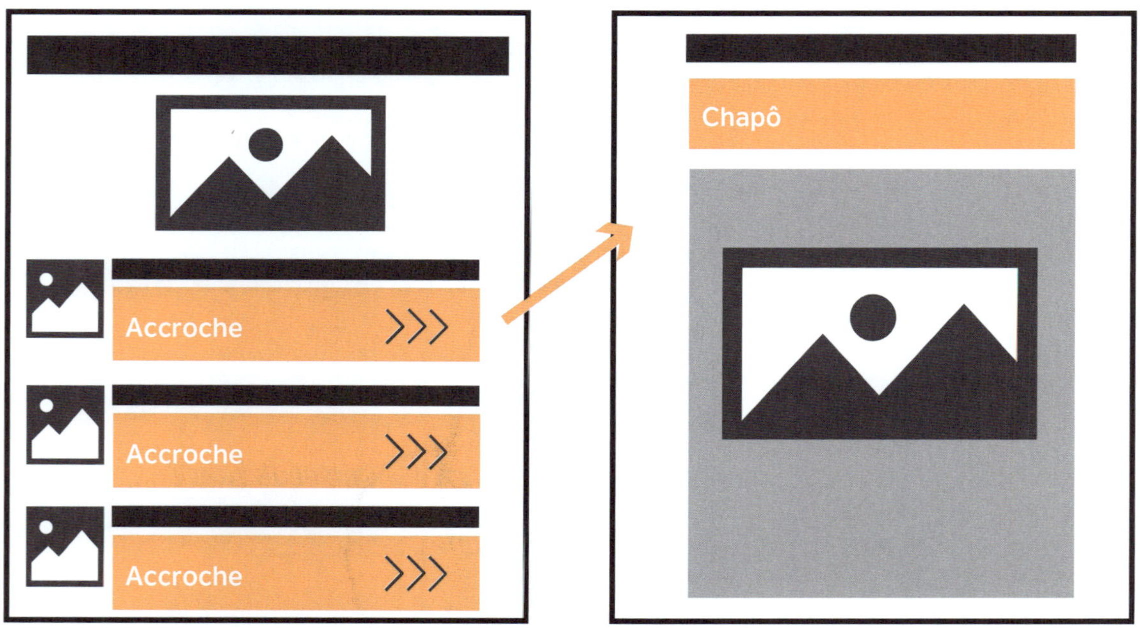

Page de navigation
Accueil, Tête de rubrique

Page de contenu

1. *L'Ecrit web, Traitement de l'information sur internet*, CFPJ Eds, 2007.

POURQUOI L'UTILISER ?

Objectif

Les deux micro-contenus visent à renforcer la motivation de celui dont l'œil a été accroché par un titre. L'accroche a pour but d'encourager le clic tandis que le chapô devra conforter l'internaute dans son choix, en lui indiquant qu'il est bien au bon endroit et en l'incitant à lire l'article.
Sa place en début d'article, renforcé par son affichage en gras ou dans une forme particulière, en fait un élément important pour le référencement naturel (cf. Dossier N° 5).

Contexte

Si les brèves excluent les chapôs, on peut en intégrer un à partir de 250 ou 300 mots, quelque que soit la nature du contenu. Ils se justifient d'autant plus que le texte est long et s'avèrent indispensables pour les articles de fond comme pour les dossiers (cf. outil N° 55).
Les accroches fleurissent sur les pages de navigation (accueil, tête de rubriques ou de sous rubriques...) des sites d'informations et des blogs ainsi que sur les newsletters... On en trouve aussi sur les sites institutionnels et dans une moindre mesure en ecommerce.

Méthodologie et conseils

Occupant une place précieuse et disputée sur la page d'accueil du site ou de la rubrique, l'accroche se doit d'être brève : 25 mots maximum, souvent moins.
La longueur du chapô dépend de celle de l'ensemble de l'article. Il est parfois plus long, jusqu'à 50 mots environ sauf dans les cas où chapô et accroche n'en font qu'un (cf. page suivante) : on s'aligne alors sur les 25 mots maximum.
Accroches comme chapôs sont là pour compléter le titre, en apportant des informations complémentaires : attention aux répétitions sauf éventuellement pour l'expression clé prioritaire. Davantage de redondance serait dommage. En particulier, évitez de débuter accroche et chapô avec les mêmes mots que le titre : un repoussoir pour l'œil susceptible de donner une image pauvre du contenu qui suit.
Accroches et chapôs ne sont pas des « intro » ! Ne les cantonnez pas à la présentation du sujet mais profitez de ces « zones chaudes » pour accrocher le lecteur en dévoilant des informations importantes. Un chapô ou une accroche focalisés sur le fait saillant, le message essentiel, l'information incontournable seront plus efficaces qu'un résumé fidèle mais plat des différentes parties de votre article.

Suite outil 26 →

COMMENT L'UTILISER ?

Étapes

1. Penchez-vous sur le chapô et l'accroche une fois que vous tenez votre titre.
2. Relisez l'ensemble du texte.
3. Extrayez-en l'information principale à l'aide de la méthode 5W2H (cf. outil N° 16).
4. Précisez ou développez le titre en évitant les redondances.
5. Intégrez les mots clés visés (cf. outil N° 30) dans le chapô si vous souhaitez favoriser votre référencement naturel.

Avant de vous lancer...

✓ Petit point de vocabulaire : le terme « Accroche » était parfois utilisé en presse écrite pour désigner le début du corps du texte (après le chapô). Comme beaucoup d'autres, nous appelons cet élément « attaque » et réservons donc le mot « accroche » aux mots qui complètent le titre en page d'accueil ou de navigation.

Suite outil **26**

Le chapô et l'accroche

COMMENT ÊTRE PLUS EFFICACE ?

Accroche et chapô : semblables ou distincts ?

Faut-il accrocher son chapô ? Pardon ;-) C'était pour voir si vous suiviez, comme on dit, mais la question n'est pas tout à fait gratuite : faut-il afficher tout ou partie de son chapô en accroche, comme les CMS (cf. outil N° 44) nous en offrent la possibilité ou différencier le contenu des deux éléments ?

Les différences entre 2 micro-contenus proches	
Accroche	**Chapô**
< 25 mots	< 50 mots environ
Incitative	Enjeux de référencement > mots clés recherchés
Attention au voisinage avec les autres accroches	

Les avantages de la différenciation

Les contraintes de format étant différentes, écrire un chapô et une accroche spécifique permet d'optimiser chaque micro-contenu en fonction de ses contraintes de taille respective. Par ailleurs, sur la page de contenu, le chapô occupe une place stratégique lui conférant un rôle qui ne l'est pas moins en termes de référencement naturel. Parce que Google accorde plus de poids aux textes en début de page et en gras (ou dans une forme distincte du reste du texte), on aura intérêt à y placer les mots-clés visés (cf. outil N° 30) pour favoriser la « trouvabilité ». On sera plus incitatif dans l'accroche qui, ne présentant pas les mêmes enjeux SEO, se voit libérée des « obligations de mots clés ».

La possibilité de distinguer l'accroche du chapô a aussi son utilité quand la cohabitation de deux accroches l'une à côté de l'autre se révèle délicate : répétitions ou pire, décalages et contradictions feraient désordre en page d'accueil.

Mutualiser pour les productions fréquentes

Gain de temps, optimisation… la rédaction d'un texte unique qui fait office de chapô et d'accroche séduit de nombreux éditeurs. Présentant d'autant plus d'intérêt que les publications sont fréquentes, ce principe de mutualisation peut bien entendu se gérer *via* le CMS.

Deux cas de figure sont possibles :

- Un champ défini et mutualisé dont la longueur devra alors s'aligner sur le moins disant : 25 mots environ maximum.
- L'extraction automatique des xx premiers caractères du chapô pour les convertir en une accroche qui se terminera par des points de suspension […] Charge alors au rédacteur de s'assurer que cette dernière en révèle suffisamment pour inciter le lecteur à lire la suite. Une accroche peu porteuse de sens qui s'arrête juste sur le point de révéler l'information clé serait frustrante, n'est-ce pas ? Pour éviter ça, une règle immuable - l'essentiel d'abord - et un réflexe salutaire : vérifier le rendu de votre accroche.

DES ACCROCHES DE 25 MOTS = LE DÉBUT DES CHAPÔS

Stratégie de contenus : c'est vérifié, le 100% video est un désastre !

La vidéo est l'avenir du web. Vous avez tous entendu cette prophétie. Depuis quelques mois en effet, Facebook incite fortement les éditeurs de contenus…

Benjamin Laguës 9 novembre 2017 Share

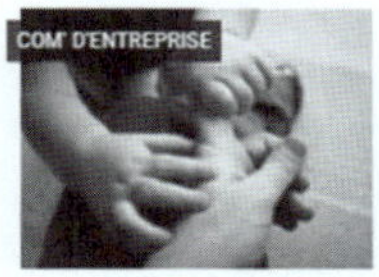

Management d'entreprise : et si on misait sur la bienveillance et la quête du bien commun ?

Chaque année, l'engagement des collaborateurs vis-à-vis de leur employeur tend à diminuer. Qu'ont fait les entreprises et les marques pour mériter un tel désamour…

Hervé Monier 6 novembre 2017 Share

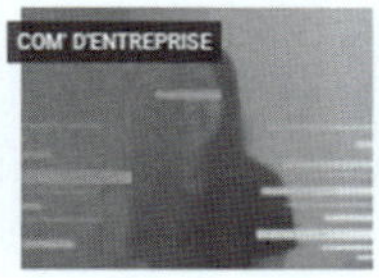

Stratégie de communication : Les moins de 13 ans sont-ils une communauté à intégrer ?

Officiellement, les moins de 13 ans n'ont pas droit de cité sur les réseaux sociaux. Dans les faits, ils se sont affranchis depuis longtemps…

Olivier Cimelière 3 novembre 2017 Share

Source : eclaireursdelacom.fr, 2017.

Des perches tendues vers le contenu

Terminer accroches et chapôs par une phrase très courte qui qualifie le contenu fonctionne plutôt bien. Voici des exemples, non exhaustifs, pour vous donner des idées :

Le point sur la question.
Tour d'horizon.
Panorama.
État des lieux.
Éclairage.
Décryptage.
Repères.

On vous raconte.
On vous en dit plus.
On a testé pour vous.
Nos recommandations.
Nos conseils.
Notre enquête.
Notre analyse.

Mode d'emploi.
Le B.a.-ba.
Kit de survie.
Ce qu'il faut savoir.
Bon à savoir.
Trucs et astuces.
Les points à avoir en tête.

Bonnes pratiques.
Propos inspirants.
5 conseils faciles à appliquer.

Le point de vue de…
Dialogue d'experts.
Regards croisés.
Le retour des intéressés.
Leur avis sur la question.
Témoignages.
Micro-bureaux.

Focus.
Gros plan.
Portrait.
Bonnes feuilles.
Morceaux choisis.
Florilège.
Retour d'expérience.
Débrief.

Sur les traces de…
Voyage en…
Récit.
Toute une histoire !
Au fil des rencontres.
Retour en images.

Outil 27 Les intertitres

> “ Des portes-fenêtres ouvertes avec une vue engageante : vous entrez ?

En quelques mots

« Titres intermédiaires », les intertitres – parfois appelés sous-titres en dehors de l'univers journalistique - s'intercalent **entre deux paragraphes**. Affichés par les feuilles de styles en gras ou dans un corps supérieur au reste du texte, ils ressortent visuellement et jouent un rôle clé pour inciter à lire le contenu en tout ou partie. **Complémentaires du titre**, ils constituent des éléments d'habillage essentiels pour structurer le texte, faciliter la lecture en survol et la compréhension rapide, susciter ou relancer l'intérêt du lecteur.

LES INTERTITRES, REPÈRES POUR LE LECTEUR

Source : cegos.fr, 2017.

POURQUOI L'UTILISER ?

Objectif

Perches tendues au lecteur, les intertitres doivent lui donner une idée claire du contenu alors qu'il le balaye avant de le lire. Ils constituent aussi des jalons visuels indispensables pour l'aider à se repérer lorsqu'il *scrolle* ou fait défiler une page. Un acte d'autant plus fréquent que la taille des écrans se réduit. Pour les articles longs, les intertitres servent aussi à relancer l'attention.

Si, comme c'est souhaitable pour le référencement naturel et l'accessibilité, ils apparaissent bien dans des balises h2, 3 ou 4 (cf. outil N° 31), les intertitres donnent aussi au rédacteur l'occasion de fournir des signaux clairs sur le contenu d'un texte : des informations utiles aux personnes non voyantes utilisant des lecteurs d'écran qui seront également surpondérées par les moteurs de recherche.

Contexte

À titre de repère, les intertitres sont bienvenus dès qu'un texte atteint 200 mots et s'imposent à partir de 400. Leur nombre dépendra de la taille mais aussi du type de contenu. Un texte très structuré – un mode d'emploi ou la description d'un processus par exemple – impliquera la présence d'intertitres numérotés avant chaque paragraphe. Pour un article dans un style plus journalistique, on en place généralement tous les deux ou trois paragraphes et jamais avant le premier.

COMMENT L'UTILISER ?

Étapes

Après avoir rédigé texte, titre et chapô le cas échéant :

- Relisez paragraphe par paragraphe pour trouver un intertitre adéquat.
- Rédigez vos intertitres en complémentarité avec le titre et diversifiez le vocabulaire employé.
- Pensez à utiliser les mots qu'un internaute intéressé est susceptible de chercher pour favoriser votre référencement naturel.

Méthodologie et conseils

Porte d'entrée vers le contenu, chaque intertitre doit refléter le(s) paragraphe(s) suivant(s). L'idéal est de pouvoir comprendre la trame générale du texte à leur lecture.

Comme le titre, ils seront d'autant plus aisés à survoler et percutants qu'ils sont courts.

Pas d'obligation mais vous faciliterez encore la compréhension immédiate si vous harmonisez leur taille et leur nature : questions ou affirmations, verbes conjugués ou à l'infinitif, groupes nominaux avec ou sans articles…

En revanche, comme pour les listes à puces, évitez les répétitions en début d'intertitre, barrières dissuasives rarement franchies par les visiteurs pressés.

Si votre contenu excède 600 mots, faites de vos intertitres des liens ancres : reprenez-les en début de contenu sous formes de liens internes qui pointent au sein de la même page vers l'endroit précis où se trouve l'intertitre en question. Ce mini sommaire offre au lecteur une vision globale et un accès direct à la partie qui l'intéresse.

Avant de vous lancer…

- ✓ **Distinguez et séparez vos paragraphes : votre texte gagnera en visibilité s'il est fragmenté en paragraphes dédiés à une idée principale et d'une longueur inférieure à 80 mots.**
- ✓ **Que diriez-vous à l'internaute pressé pour le convaincre de lire votre long texte ? Rédigez vos intertitres comme une vitrine attractive qui valorise le contenu.**

Outil 28 Les tags

> “ Il nous faut peu de mots pour exprimer l'essentiel.
>
> Paul Éluard

En quelques mots

Étiquette, marqueur, libellé... le tag est un **mot-clé** ou un groupe de mots clés qui décrit un contenu. **Lien** hypertexte par nature, le tag renvoie à la liste des pages portant le même tag sur le même site. Généralement situés entre le titre et le reste du contenu, ils - car ils sont souvent plusieurs - apparaissent souvent dans des cartouches rectangulaires foncées. À la fois **élément d'habillage** précieux décrivant un texte et mode de **navigation transverse**, ils facilitent la vie des internautes et doivent être choisis avec soin par les rédacteurs.

LES TAGS : RELIER ET QUALIFIER

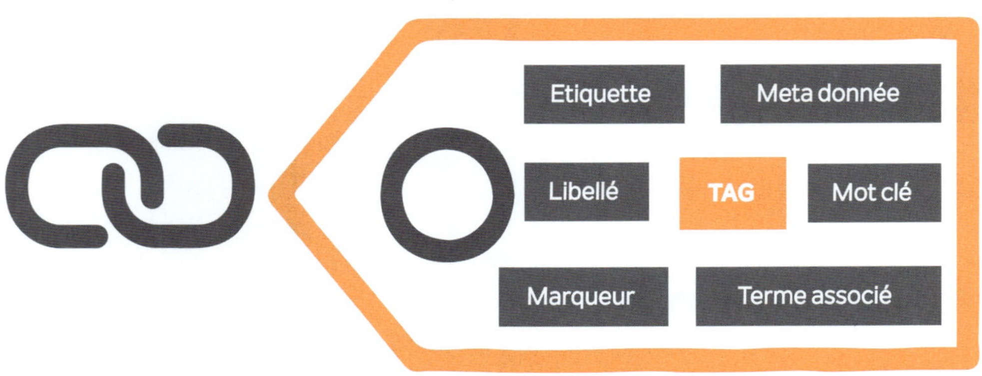

POURQUOI L'UTILISER ?

Objectif

L'objectif premier est de favoriser la navigation transversale vers d'autres contenus dotés du même tag. Au-delà de ce rôle de *booster* de la circulation du trafic au sein du site, les tags habillent et qualifient un texte. Par leur place de choix - généralement en haut de page - ils offrent aux lecteurs en un coup d'œil des informations bienvenues sur ce qu'ils trouveront dans le texte.

Contexte

Apparus sur les blogs pour relier de façon thématique des contenus ordonnés structurellement selon la chronologie inversée (le plus récent d'abord), les tags ont été adoptés par d'autres types de sites (éditoriaux, institutionnels...) Offrant un mode de navigation complémentaire, ils prennent toute leur utilité à partir d'une cinquantaine de pages dès lors que les contenus sont relativement pérennes. Il est bien entendu nécessaire de les prévoir dans le gabarit éditorial (cf. outil N° 44).

COMMENT L'UTILISER ?

Étapes

1. Relire son texte après une pause avec un œil neuf pour identifier facilement les tags potentiels.
2. Consulter la liste des tags existants pour trouver ceux qui s'appliquent.
3. Si la création d'un nouveau tag se justifie, balayer les anciens contenus pour identifier ceux qui mériteraient d'être tagué de la même façon (Un tag ne renvoyant que vers un article risque de décevoir l'internaute mais il faut un début à tout).

Méthodologie et conseils

Moins rigides et contraignants qu'une organisation hiérarchique de l'information (comme l'arborescence), les tags nécessitent néanmoins quelques règles de fonctionnement. En effet, si chaque rédacteur imagine ses tags au gré de ses envies, l'un choisira par exemple « application mobile » tandis que l'autre créera le tag « appli smartphone » alors que le 3e préférera « App » : l'internaute risque fort de se retrouver avec des étiquettes esseulées ne renvoyant vers aucun autre contenu alors que c'est leur fonction première :-/
Aux rédacteurs, donc, de s'auto-discipliner pour toujours balayer la liste des tags existants avant d'en créer un nouveau.

Les tags présentent l'immense avantage d'offrir un mode de navigation supplémentaire par rapport à l'arborescence : concevez-le comme complémentaire - et non redondant ! - avec les menus et sous menus qui structurent le site. Vous pouvez ajouter jusqu'à 5 ou 6 tags par contenu.

Offrant plus de liberté que l'arborescence, tous les tags ne doivent pas nécessairement rentrer dans la même logique. Ainsi un tag « Témoignage » qui qualifie la nature du contenu pourra cohabiter avec un tag « Banque » qui se réfère au secteur abordé.

Avant de vous lancer...

- ✓ **De par leur nature de lien, les tags participent au maillage interne du site susceptible d'impacter très positivement le référencement naturel et la position sur Google (cf. Outil N° 35). Ce pouvoir se voit renforcé par la concision propre à leur nature de mots clés ou groupe de mots clés : l'absence de tout mot parasite concentre l'effet et évite la dilution.**
- ✓ **Éviter les tags « bateau » ou trop génériques du type « Actualités » qui n'apportent rien. À l'inverse un tag trop précis risquera de ne pas correspondre à d'autres contenus. Les tags peuvent contenir 2, 3 voire 4 ou 5 mots mais on favorisera toujours la concision.**

Outil

29

Le gras (ou emphase)

> Trop de gras tue le gras !

En quelques mots

Quelques mots distingués du reste par un effet typographique qui les valorise aux yeux du lecteur… Niveau de lecture supplémentaire, l'emphase prend le plus souvent la forme du gras mais certaines chartes graphiques optent pour une couleur différente ou la surbrillance (ce qui importe, c'est la cohérence). Si ce format plus appuyé peut sembler un détail, il a son rôle à jouer pour donner du relief au texte, capter le regard pressé et hiérarchiser les informations, toujours pour le confort du lecteur.

EMPHASE : DISTINGUER L'IMPORTANT POUR LE VALORISER

Gras	Lorem ipsum dolor sit amet, consectetuer **adipiscing elit**, sed do eiusmod tempor incididunt ut labore.
Couleur	Lorem ipsum dolor sit amet, consectetuer adipiscing elit, sed do eiusmod tempor incididunt ut labore.
Surbrillance	Lorem ipsum dolor sit amet, consectetuer adipiscing elit, sed do eiusmod tempor incididunt ut labore.

POURQUOI L'UTILISER ?

Objectif

Le gras ou les autres modes d'emphase aident le lecteur à identifier rapidement ce qui est important. La diversité visuelle apportée vient rompre la monotonie des lignes de texte qui s'enchaînent. Comme les mots en gras attirent les regards, Google leur accorde plus de poids : moins qu'aux termes présents dans les titres et sous-titres hn (cf. outil N° 31) mais plus qu'au reste du texte qui n'est pas en emphase.

Contexte

En dehors des titres et intertitres, il est fréquent d'afficher en gras :

- l'intégralité du chapô (cf. outil N° 26) ;
- les titres-liens qui précèdent les accroches sur les pages de navigation ;
- les questions dans une interview.

Ces cas spécifiques mis à part, le choix des mots importants à mettre en valeur doit rester à la discrétion du rédacteur selon ce qu'il estime primordial. Il importe cependant d'harmoniser les pratiques au sein d'un site, d'une rubrique ou pour un format de contenu donné.

COMMENT L'UTILISER ?

Étapes

1. Réservez le gras ou l'emphase pour la fin après avoir rédigé le texte et les autres éléments d'habillage.
2. Sélectionnez ce qui mérite d'être renforcé en même temps que vous effectuerez le contrôle anti-coquilles.

Méthodologie et conseils

Termes intéressants d'un point de vue du référencement naturel, mots signifiants, chiffres clés… choisissez avec parcimonie les mots à valoriser en évitant si possible les termes faibles comme les articles.

Au-delà de cinq mots en gras à la suite, le format perd de son intérêt. D'une part, un effet de dilution amenuisera ou anéantira le bénéfice en matière de référencement naturel. D'autre part, même si le format graphique de l'emphase est idéalement plus affirmé (gras, couleurs vives…) c'est surtout le contraste par rapport au reste qui attire le regard. Les termes en gras ne sautent aux yeux que parce qu'ils sont entourés de maigre.

Par rapport à l'ensemble du texte, l'emphase doit rester l'exception. Une alternance trop fréquente de gras et de maigre ou de couleurs différentes brouillerait la lecture.

Avant de vous lancer…

- ✓ **Il existe d'autres possibilités pour valoriser certains mots, notamment la citation ou mise en exergue qui affiche le texte en retrait par rapport au reste et dans un corps différent. Vérifiez quelles possibilités vous sont offertes dans les styles des gabarits de votre CMS (cf. outil N° 44).**
- ✓ **Oubliez le soulignement pour mettre en valeur le texte : en ligne, on le réserve aux liens.**
- ✓ **Les mots tout en majuscules sont plus difficiles à lire à l'écran : évitez d'y recourir sauf pour attirer le regard sur un mot en particulier ou si la charte graphique vous l'impose par le biais des styles (pour les titres notamment).**
- ✓ **L'italique est également peu lisible : à utiliser avec parcimonie pour quelques mots dont on souhaite montrer qu'ils sont décalés par rapport au reste du texte : familiers, inventés ou dans une langue étrangère.**

DOSSIER 5

LE TEXTE, LEVIER DU SEO

“

Bon pour le lecteur, bon pour le moteur.

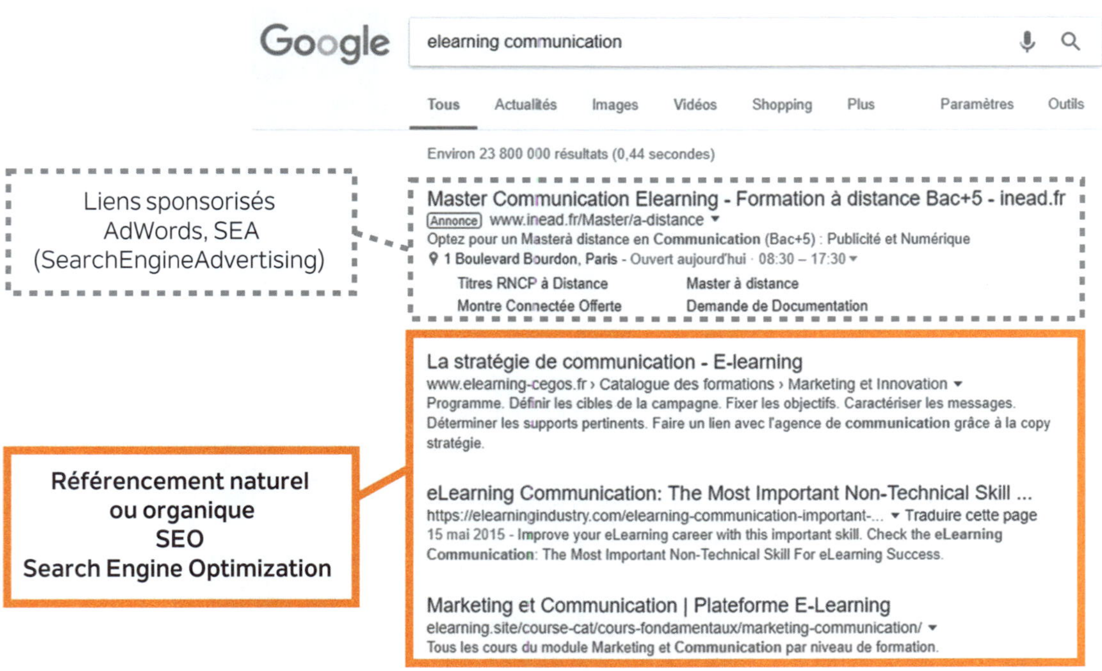

Source : google.fr, 2017.

Le référencement naturel ou SEO (Search Engine Optimization) recouvre les techniques pour favoriser la position d'une page dans les **résultats** dits « **naturels** » de Google. À ne pas confondre avec les résultats signalés par la mention « Annonce » (Voir schéma ci-contre) : payants, ces derniers répondent à une logique publicitaire. On se concentrera sur Google compte tenu de sa place quasi monopolistique sur le marché français sachant que la majorité des principes décrits valent aussi pour les autres moteurs de recherche, y compris pour les moteurs internes aux sites même si le géant de Mountain View se targue de spécificités.

Pour chaque requête (recherche par un internaute) l'algorithme secret de Google classe les pages du Web par pertinence décroissante selon plus de 200 critères dont le poids relatif évolue des centaines de fois par an. Ces critères se regroupent en 3 catégories : la **technique** – qui ne sera pas abordée ici mais doit évidemment être intégrée pour une stratégie SEO efficace - les **liens** et le **contenu.**

Reproduire le comportement humain

Pour fournir des résultats toujours plus pertinents, Google cherche à calquer son classement sur le comportement et les perceptions humaines. D'ailleurs, travailler son contenu pour le référencement naturel signifie la plupart du temps l'optimiser aussi pour les lecteurs, même si certains points de divergence peuvent nécessiter des choix. L'approche du SEO développée ici sera **en synergie** avec les **bonnes pratiques éditoriales**. D'autant que dépendre excessivement de Google est fort risqué tant les règles du jeu peuvent changer unilatéralement. Par ailleurs, le moteur considère de plus en plus la **qualité des contenus** comme un critère important alors qu'il pénalise les sur-optimisations artificielles ou industrielles.

Les sites évoluant dans des univers très concurrentiels devront déployer des techniques sophistiquées, reposant notamment sur la sémantique, et se faire accompagner par des spécialistes du SEO. Pérenne et sans risque, l'approche artisanale – au sens noble du terme - développée ici conviendra à de nombreux acteurs soucieux de respecter le lecteur en favorisant leur **visibilité sur le long terme**.

Les outils

Outil 30

Le choix des mots clés

> Les mots qui vont surgir savent de nous des choses que nous ignorons d'eux.
>
> René Char

En quelques mots

Point de rencontre avec votre audience sur les moteurs de recherche, les mots clés sous-tendent votre démarche SEO. Analyser les **expressions saisies sur Google** vous aidera à choisir celles qui serviront le mieux votre contenu : une savante alliance entre le vocabulaire de vos cibles et vos spécificités (celles de votre métier, de votre expertise, de vos contenus). Réfléchir sur le sujet en amont permet d'**intégrer ces termes** dans vos textes de façon optimale, notamment aux **endroits qui comptent** le plus, tout en diversifiant votre champ sémantique.

QUE CHERCHERAIT UN INTERNAUTE INTÉRESSÉ ?

POURQUOI L'UTILISER ?

Objectif

Identifier les termes cherchés par ceux que votre futur contenu intéressera. Telle est la question clé à se poser en amont. L'objectif ? Orienter la rédaction de manière à distiller les bons mots clés aux bons endroits : dans le texte mais aussi et surtout au sein des micro-contenus auxquels Google accorde plus de poids, à commencer par les titres.

Contexte

Réfléchir aux mots pertinents aux yeux de ses lecteurs aidera tous les rédacteurs à renforcer leurs chances d'être trouvé (y compris sur un intranet) et d'attirer l'attention. Cette étape sera d'autant plus cruciale que les enjeux de référencement naturel sont importants et que la concurrence fait rage.
Certaines structures confient au service marketing ou à des experts spécialisés SEO des analyses chiffrées pointues et à grande échelle afin d'indiquer aux rédacteurs les listes de mots à utiliser. D'autres développent une approche plus artisanale dont nous présentons le principe ici.

COMMENT L'UTILISER ?

Étapes

Après avoir conçu votre contenu (cf. Dossier N° 2), mais avant sa rédaction :

1. Listez – idéalement à plusieurs – toutes les expressions susceptibles d'être cherchées par les personas que vous avez définis comme publics prioritaires (cf. outil N° 2).
2. Observez et écoutez vos cibles pour identifier leur façon de s'exprimer : relation clients ou support clientèle, mails reçus, forums, réseaux sociaux et autres contenus participatifs, recherches effectuées sur le moteur interne à votre site...
3. Diversifiez encore le champ sémantique à l'aide des outils abordés en page suivante.
4. Déterminez une expression clé principale en suivant la méthodologie développée en page suivante.
5. Placez l'expression clé principale aux endroits clés pendant la rédaction et l'habillage.
6. Enrichissez le texte avec les autres expressions et mots identifiés.

Méthodologie et conseils

L'expression clé prioritaire mérite d'être intégrée aux endroits clé suivants :

- Titre h1 (cf. outil N° 31)
- Balise <title> (cf. outil N° 32)
- 1er paragraphe (cf. outil N° 26)
- Libellé d'un lien si cela se justifie pour l'internaute (cf. outil N° 35)
- Un intertitre h2, 3 ou 4 si cela se justifie pour l'internaute (cf. outil N° 31)

Au-delà, évitez de la répéter trop fréquemment
Préférez la richesse en variant les expressions associées notamment pour les :

- Intertitres h2 et inférieurs
- Libellés des liens sortant
- Nom du fichier et attribut Alt si la signification de l'image le justifie (cf. outil N° 34)
- Mots en gras ou emphase (cf. outil N° 29)
- Sans oublier le rester du texte

Suite outil 30 →

Avant de vous lancer...

✓ **Plutôt que mot-clé, pensez « Expression clé » car les internautes cherchent plus des expressions composées de plusieurs mots, une tendance de nature à se renforcer avec les interfaces vocales.**

✓ **Contrairement à un mythe encore trop répandu, il n'y a plus depuis fort longtemps de champ où il suffirait de rentrer des mots clés pour être référencé. Google se base sur le contenu visible par l'internaute. C'est bien là qu'il faut y placer les expressions visées.**

Suite outil 30 Le choix des mots clés

COMMENT ÊTRE PLUS EFFICACE ?

Varier les termes utilisés

Le temps où répéter une expression clé toutes les deux phrases servait au référencement est révolu depuis un bail. Repoussante pour le lecteur, une telle pratique peut même s'avérer pénalisante car Google sanctionne de plus en plus la sur-optimisation et la non-qualité éditoriale.
Le moteur a bien compris – ou plutôt mesuré – à quel point les façons de s'exprimer varient selon les individus : un internaute tapera « Épargner efficacement », un autre « les meilleurs rendements des placements », un 3e « Comparer intérêts PEL et Assurance vie », etc. En élargissant le champ sémantique d'un texte – épargne, économiser, taux d'intérêt, placer son argent… pour rester sur le même thème - on multiplie les perches tendues aux lecteurs. On adresse à Google des signaux forts qui l'aident à cerner notre page et constituent des indices de qualité.

Des outils pour diversifier ses mots

Pour élargir le vocabulaire, utilisez les dictionnaires de synonymes (clic droit dans la suite office ou cnrtl.fr/synonymie/. Pensez aussi aux catégories supérieures et inférieures : on associera au terme « pomme » son hyperonyme « Fruit » et ses hyponymes « Golden, Canada, Granny Smith… ».
Basées sur les requêtes fréquentes, les suggestions de Google (dans la zone déployée sous le champ de saisie et en bas de page après les résultats) peuvent vous donner des idées de mots associés. Vous en aurez beaucoup plus avec des services comme Ubersuggest [1] ou le Keywordshitter[2] (on s'excuse auprès des anglophones ;-). Pour encore plus de diversité, utilisez aussi les outils sémantiques (cf. outil N° 37).

Choisir l'expression clé principale

Après avoir diversifié votre vocabulaire pour enrichir votre texte, il vous faudra choisir quelle expression privilégier aux endroits clés, à commencer par le titre, en vous basant notamment sur la fréquence des requêtes.
Google Trends [3] permet de comparer les volumes de recherche sur des expressions clés en les séparant par des virgules. Vous pouvez sélectionner un pays et une période mais le service ne donne « que » des résultats relatifs (pas de nombres absolus) et pour des requêtes suffisamment courantes. Plus précis, le service Yooda Insight[4] (Onglet *Market Explorer)* indique le nombre de recherches par mois sur Google ainsi que le nombre de résultats.

Arbitrer entre potentiel et concurrence

Mais le volume de recherche n'est pas l'unique facteur. Encore faut-il pouvoir espérer une place au soleil honorable dans les résultats. Autant se montrer réaliste et écarter les expressions trop génériques réservées aux plus puissants. Observez donc qui remonte en première page : s'il s'agit d'acteurs avec une notoriété, une ancienneté ou une force de frappe sans pareil, oubliez l'expression. Ou plutôt intégrez-la, mais pas aux endroits les plus porteurs (comme les titres) que vous réserverez à des termes plus pointus. Idem pour des expressions clés dont la première page comporte des « Annonces » ou liens sponsorisés et autres blocs spécifiques (local, images, vidéos…) qui réduisent

1. https://ubersuggest.io/
2. http://keywordshitter.com/
3. https://trends.google.com/trends/
4. https://insight.yooda.com/

d'autant la place dévolue aux résultats naturels classiques. Le nombre total de résultats que Google affiche en haut de page vous fournit aussi un indice du caractère plus ou moins concurrentiel du terme en matière de SEO.

Le croisement du volume de recherche avec ce nombre de résultats vous aidera à dénicher les expressions qui en valent la peine : cherchées par le plus grand nombre mais pas trop concurrentielles. Sans oublier bien sûr leur pertinence par rapport à votre contenu qui reste le critère déterminant.

EXPRESSIONS CLÉS : LE BON NIVEAU DE PRÉCISION

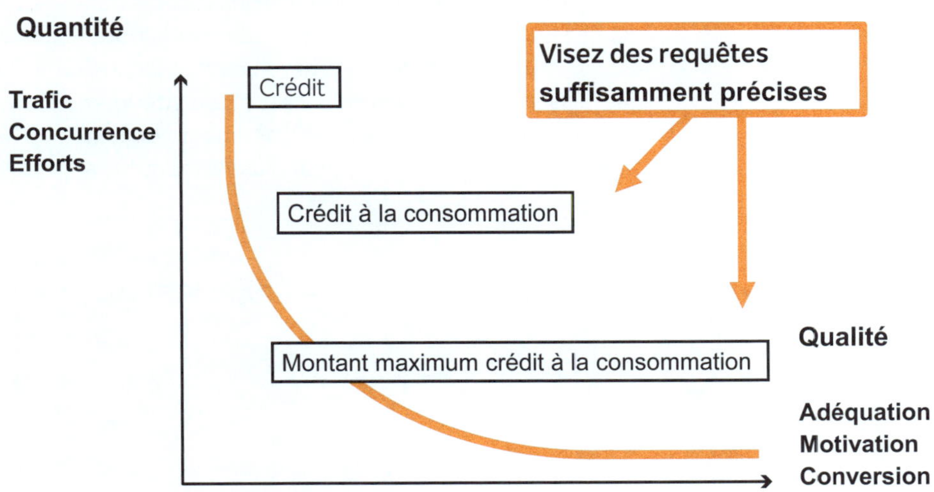

Inspiré du graphique Long Tail SEO[1].

Le schéma ci-dessus s'inspire du concept de longue traîne, mis en lumière par Chris Anderson pour décrire la répartition des ventes sur les gros sites ecommerce. Il montre bien l'intérêt à privilégier des expressions suffisamment ciblées pour obtenir un trafic qualifié, c'est-à-dire des visiteurs intéressés par ce que vous leur proposez. Mieux vaut fuir les stéréotypes du style « les solutions adaptées à vos besoins » au profit d'expressions qui révèlent votre métier et votre singularité.

Mais attention aux termes trop pointus – la caisse américaine, vous connaissez ? – compris uniquement par les initiés alors qu'une expression moins exacte - les cartons d'emballage – sera plus largement utilisée. Tout comme les « biens immobiliers » moins cherchés qu'un appartement ou une maison. Idem pour les sigles : mieux vaut généralement les développer mais qui connaît le littéral d'ADN ou utilise l'expression Régie Autonome des Transports Parisiens ?

Outil 31

Les balises de titre h

> « Comprendre un contenu dès la lecture du titre et des intertitres.

En quelques mots

Les balises h (pour *headings*, « titres » en anglais) correspondent au titre du contenu pour la h1 et aux intertitres pour les autres (h2, h3… jusqu'à h6 si besoin). Sémantiques, elles indiquent à Google qu'il s'agit de contenus plus porteurs de sens que le reste du texte. Le moteur accorde une importance considérable aux mots figurant dans la balise h1 et surpondère aussi, dans une moindre mesure et de façon décroissante, les termes en balises h2 ou inférieures. Comme pour les titres de niveau 1, 2, 3… des traitements de texte, les feuilles de style les affichent dans un format plus visible que le reste du contenu.

LES BALISES HEAD : STRUCTURER ET HIÉRARCHISER

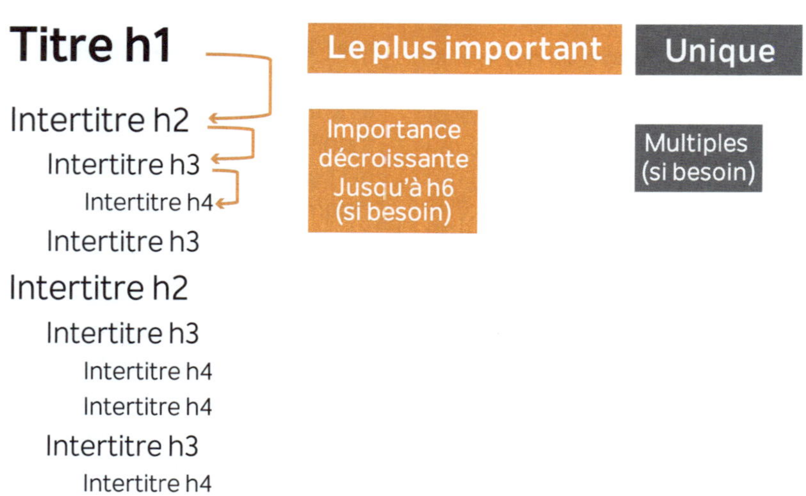

POURQUOI L'UTILISER ?

Objectif

La balise h1 figure parmi les éléments qui comptent le plus dans la page pour le lecteur comme pour Google : il est donc important d'y placer les termes compris, parlants et idéalement cherchés par les publics visés. Dans une moindre mesure, les mots figurant dans les balises h2 et inférieures auront plus de poids que le reste du texte. En dehors de l'impact en SEO, la structure en niveaux de titres hiérarchisés facilite le balayage du contenu. En particulier pour les personnes non voyantes qui utilisent un lecteur d'écran : grâce à des balises h correctement hiérarchisées, ce dernier fera une synthèse de la page (vocale ou en braille) pertinente. La « structure de titres et sous-titres hiérarchisée » figure d'ailleurs parmi les critères qualité Web d'Opquast[1] (cf. outil N° 43).

Contexte

Chaque page Web doit comporter une balise h1 unique, titre de son contenu à renseigner soigneusement.
Les niveaux inférieurs se justifient d'autant plus qu'un contenu est long. Rien n'oblige à y avoir recours pour des contenus brefs. En pratique, les niveaux h5 et h6 sont plutôt rares.

COMMENT L'UTILISER ?

Étapes

1. Placez l'expression clé que vous aurez définie comme principale ou prioritaire (cf. outil N° 30) en h1 tout en respectant les principes à la clé de l'efficacité du titre (développées dans l'outil N° 25).
2. Intégrez des expressions secondaires complémentaires dans les h2 en favorisant la diversité du vocabulaire tout en respectant les bonnes pratiques relatives aux intertitres (cf. outil N° 27).
3. Procédez de la même façon de façon moins prioritaire pour les niveaux de sous-titres inférieurs.

1. https://checklists.opquast.com/oqs-v3/criteria/le-contenu-de-chaque-page-est-organise-selon-une-structure-de-titres-et-sous-titres-hierarchisee

Méthodologie et conseils

La concision du titre préconisée dans l'outil N° 25 vaut aussi en matière de SEO : d'abord parce que le poids de chaque mot est relatif à la taille de la balise avec un effet de dilution lorsque celle-ci s'allonge. Ensuite parce la balise h1 est souvent associée au nom du site pour générer la balise <title> (cf. outil N° 32), autre élément fondamental qui doit aussi être concis.
Une personne extérieure doit comprendre de quoi traite le contenu à la seule lecture des balises <hn>. En n'affichant que celles-ci, l'outil du spécialiste du référencement WebRankInfo[2] vous permet de le vérifier facilement.

2. http://www.webrankinfo.com/outils/balises-h1-h6.php

Avant de vous lancer…

- ✓ Assurez-vous que :
  - les mots que vous saisissez dans le champ titre figurent bien dans une balise <h1> ;
  - celle-ci est unique dans la page ;
  - Les intertitres signifiants figurent bien dans des balises h2, h3, h4.
- ✓ Vous pouvez explorer le code source de vos pages via les options **Afficher la source** ou **Inspecter l'élément** de votre navigateur. La fonction **Rechercher** – accessible par le raccourci clavier **CTRL + F** – vous aide à identifier les balises.
- ✓ Cette vérification est importante : mal conçus, certains gabarits de CMS (cf. outil N° 44) intègrent automatiquement plusieurs balises h1 ou placent des termes non pertinents (Panier, Newsletter…) en balise hN. Si c'est votre cas, le manque à gagner en termes de SEO mérite d'envisager la modification de ces gabarits par un interlocuteur maîtrisant le code HTML.

Outil

32 La balise <title>

“ Le double effet… de la balise <title>.

En quelques mots

Les experts SEO s'accordent pour considérer la balise <title> comme un élément majeur de la page : Google attribue en effet un **poids considérable** à ces quelques mots pour déterminer la position d'une page. Si elle n'apparaît pas au sein du contenu, la balise <title> s'affiche souvent aux yeux de l'utilisateur : elle sera **déterminante** pour le convaincre de visiter telle page parmi la liste de **résultats de recherche** comme pour lui permettre de la retrouver facilement sur son navigateur. Autant de facteurs qui justifient de se pencher sérieusement sur son contenu.

TITLE : IMPACT SUR LE CLASSEMENT ET LES VISITES

POURQUOI L'UTILISER ?

Objectif

D'un point de vue SEO, l'enjeu est fort et double : la balise <title> contribue largement au classement - tant Google surpondère les mots qui la constituent - mais aussi aux visites. En couleur et dans une taille supérieure au reste, elle est l'élément le plus visible et le plus vu – les études d'*Eye Tracking* l'ont montré – des pages de résultats.
Plus largement, une balise <title> identifiant à la fois le contenu de la page et le site constitue un critère d'accessibilité et de qualité Web Opquast (cf. outil N° 43). Outre sa présence dans les résultats des moteurs de recherche, elle apparaîtra aussi dans les aperçus que Facebook affiche automatiquement au partage d'une URL. Elle permet aussi à l'utilisateur de retrouver aisément une page parmi les contenus ajoutés en favoris, l'historique ou en survolant un onglet du navigateur.

Contexte

Chaque page doit avoir une balise <title> unique et spécifique : pas d'exception ! Y compris pour les intranets ou extranets tant cette balise contribue à renforcer la « trouvabilité » d'une page.

COMMENT L'UTILISER ?

Étapes

1. Penchez-vous sur cet élément clé après avoir défini le titre du contenu en balise <h1> (cf. outil N° 31).
2. Reprenez celui-ci et ajoutez-y le nom de votre site.
3. Séparez les 2 éléments par un tiret ou une barre verticale.

Par exemple pour une page intitulée « Biomimétisme : la nature inspire l'innovation », publiée sur le site de l'éditeur Dunod, la balise <title> sera Biomimétisme : la nature inspire l'innovation | Dunod.

Méthodologie et conseils

Le « quoi » avant le « qui »

Le titre du contenu h1 doit être placé en premier – là où les internautes regardent en priorité - car il est plus important que le nom du site. À une exception près : pour la page d'accueil on préfère souvent placer le nom du site ou de l'organisation d'abord, et ajouter ensuite une description globale portant sur la vocation du site. La balise <title> du site français incontournable en matière de SEO est construite ainsi : Abondance : SEO, référencement et moteurs de recherche - Toute l'info et l'actualité quotidienne.

H1 et <title> différentes ?

Si la reprise de la balise h1 se justifie dans la majorité des cas, il existe des exceptions. Pour certaines pages clés, on pourra vouloir rédiger une balise <title> différente : afin d'y intégrer un synonyme prometteur ou pour éviter la répétition du nom du site si celui-ci figure déjà en h1 par exemple.
Si générer la balise <title> automatiquement à partir du h1 *via* le CMS permet à ceux qui publient beaucoup de gagner du temps, mieux vaut donc pouvoir prendre la main pour des cas particuliers.

70 à 80 caractères

La longueur de la balise <title> affichée dans les pages de résultats diffère entre les versions desktop et mobile et varie au gré des changements d'interface de Google. Pour voir s'afficher la quasi-totalité de sa balise <title> sans perdre de place, mieux vaut viser entre 70 et 80 caractères espaces compris.

Avant de vous lancer...

- ✓ **Quelques mots lourds de conséquence ! Assurez-vous de les maîtriser en remplissant un champ spécifique via le CMS (cf. outil N° 44) ou par le biais du titre du contenu h1 (cf. outil N° 31) si la balise <title> est générée à partir de celui-ci.**
- ✓ **Ce que vous voyez affiché en page de résultat diffère de votre balise <title> ? Cela arrive dans des cas minoritaires et signifie sans doute que Google juge celle-ci perfectible.**

Outil 33

La balise <meta description>

> "
> *Donner des raisons de cliquer ou pas.*

En quelques mots

Comme son suffixe l'indique, la balise <meta description> a pour but de définir ou de décrire la page mais n'apparaît pas dans le contenu de celle-ci.
Google ne prend pas non plus en compte cette balise pour établir son classement. En revanche, s'il le juge pertinent, le moteur de recherche affichera son contenu dans les pages de résultats, sous la balise <title> et l'URL de la page. Un espace de vitrine potentiel supplémentaire de nature à générer des visites, qui justifie que l'on renseigne cette balise sans garantie de résultat.

META DESCRIPTION : CONVAINCRE L'INTERNAUTE

POURQUOI L'UTILISER ?

Objectif

En l'absence d'impact sur la position, le but est bien de convaincre l'internaute de cliquer. Sans en faire trop, car Google comptabilise les internautes qui reviennent vers lui très peu de temps après avoir visité une page comme un indice de non-pertinence. Il s'agit aussi de maîtriser son image. Mieux vaut sélectionner les informations à faire figurer en page de résultats plutôt que laisser Google choisir à sa guise. D'autant qu'en cas de balise Meta description absente ou inappropriée, le moteur la remplace par un ou des extraits du texte de la page contenant la requête de l'internaute avec un résultat parfois très brouillon, à l'image d'une vitrine qui serait laissée à l'abandon : dommage pour un premier contact ! Aucun élément n'est anodin en matière d'image et la perception d'une organisation par un internaute commence dès cette page de résultat.

Contexte

Chaque page doit avoir une meta description unique, spécifique et adéquate par rapport au contenu de la page. Malheureusement sans garantie d'affichage car le comportement de Google est parfois difficile à cerner en la matière. Mais cela vaut le coup de mettre toutes les chances de votre côté, au besoin en automatisant *via* le CMS, comme abordé un peu plus loin.

COMMENT L'UTILISER ?

Étapes

1. Rédigez votre balise <meta description> après avoir défini votre balise <title> (cf. outil N° 32) en veillant à la concevoir en complémentarité par rapport à celle-ci.
2. Évitez les répétitions entre les deux, surtout au début : commencez la Meta description de façon radicalement différente.
3. Identifiez les éléments absents de la balise <title> susceptibles d'inciter l'internaute au clic. Il peut s'agir d'expressions clés connexes qui apparaîtront en gras dans les résultats pour les requêtes auxquelles elles correspondent précisément.

Méthodologie et conseils

Depuis 2017, Google affiche parfois 4 lignes de texte sous les URL dans ses pages de résultats (jusqu'à 320 caractères même si la moyenne est inférieure). Le référenceur Olivier Andrieu recommande de rédiger des balises <meta description> de 200 à 300 signes[1].

Placez l'information essentielle d'abord : 95 % des regards sur les pages de résultats se portent sur la partie gauche.[2]

Soyez incitatif, utilisez l'impératif – un mode qui ne mérite pas son nom si autoritaire – pour vous adresser directement à l'internaute. Si cela correspond à vos contenus, vous pouvez vous permettre des formules du style « Tout savoir sur... », « Les réponses à vos questions concernant... » ou « Toutes les formations continues en Normandie ».

Les sites qui publient fréquemment de nouvelles pages peuvent automatiser la génération de la balise Meta Description en « demandant au » CMS (cf. outil N° 44) de reprendre le chapô (cf. outil N° 26) ou les 200/300 premiers caractères du texte.

1. https://www.abondance.com/actualites/20171204-18695-google-augmente-taille-de-snippets.html
2. https://www.nngroup.com/articles/horizontal-attention-leans-left/, 2017.

Avant de vous lancer...

- ✓ **Surtout pas de listes de mots clés : Google ne prend plus en compte les termes présents dans la balise <meta description> pour classer les pages. Des répétitions ou une présence excessive de mots clés risqueraient au contraire de vous pénaliser.**
- ✓ **Adressez-vous à l'internaute qui parcourt les pages de résultats et à lui seul : pour lui donner des raisons et susciter l'envie de visiter votre page.**

Outil 34

L'attribut Alt et le nom du fichier image

> “ *L'image alerte, l'écrit persuade.*
>
> Nicolas Hulot

En quelques mots

« Une image vaut mille mots » a dit Confucius mais les images ont besoin des mots pour exister « aux yeux » de ceux qui ne peuvent les voir : les **personnes non ou malvoyantes** qui utilisent des lecteurs d'écran pour surfer sur internet apprécieront de s'entendre décrire le contenu d'un visuel informatif grâce à l'attribut Alt. Invisible pour la plupart des utilisateurs, ce court texte sera lu par les **moteurs de recherche**. Comme le nom du fichier, l'attribut Alt leur apportera des **indices** supplémentaires quant au sujet d'une page, contribuant ainsi à son référencement.

DES MOTS POUR DÉCRIRE UNE IMAGE

POURQUOI L'UTILISER ?

Objectif

Si les progrès vont très vite en matière de reconnaissance de forme, les robots de Google se « nourrissent » encore de texte, y compris pour indexer les images. Tout comme les utilisateurs en quête de ces dernières saisissent des mots pour les chercher. En matière de SEO, associer les termes adéquats aux images viendra renforcer les indices sémantiques d'une page et contribuera à la visibilité du visuel en question au sein de la recherche dédiée aux images.
Mais la vocation première de l'attribut Alt est autre : il s'agit de fournir une alternative textuelle appropriée pour chaque image porteuse d'information, comme le précise la bonne pratique d'accessibilité et de qualité Web Opquast sur le sujet (cf. outil N° 43). L'objectif ? Que les utilisateurs qui ne peuvent pas voir les images en comprennent le sens.
Enfin, au niveau de l'administration du site comme de la gestion documentaire de la photothèque, un nom de fichier descriptif et explicite sera plus pratique pour retrouver une image que IMG73ZZS34.png, non ?

Contexte

Sans surprise, l'importance de ces éléments est liée à celle des visuels sur un site et à leur caractère informatif puisque pour les images purement décoratives il est déconseillé de renseigner l'attribut Alt et inutile de nommer le fichier de façon explicite.

COMMENT L'UTILISER ?

Étapes

1. Renommez les images avec 3 ou 4 mots informatifs non accentués (car il s'agit du nom des fichiers) séparés par un tiret haut (celui qui figure sur la même touche du clavier que le 6).
2. Rédigez un attribut Alt informatif et compréhensible d'une vingtaine de mots maximum D'un point de vue SEO, y placer une expression clé constitue un plus mais c'est l'information véhiculée par l'image qui doit primer au regard de son intérêt pour l'utilisateur.

Méthodologie et conseils

Pour les images qui contiennent du texte – mais au format image – on reprendra assez logiquement celui-ci en attribut Alt sauf s'il figure déjà dans la page.
Certains gros sites ecommerce paramètrent leur outil de gestion de contenu pour que le contenu du titre h1 soit automatiquement repris en attribut Alt du visuel sur leur fiche produit. Un procédé tentant mais qui semble contredire le principe d'accessibilité selon lequel le contenu de l'attribut Alt ne doit pas être redondant avec le texte à proximité.
Selon les bonnes pratiques Opquast, l'Attribut Alt doit rester vide si l'image est décorative de façon à éviter aux utilisateurs non-voyants d'être perturbés par des éléments inutiles. Pas question donc, de bourrer les attributs Alt de toutes les images – y compris celles qui n'apportent rien en termes de sens – avec des mots clés. Pour les experts de l'accessibilité, l'attribut Alt ne doit pas non plus être utilisé pour les crédits ou droits d'auteur qui nécessitent d'être visibles par tous.

Avant de vous lancer...

✓ **Assurez-vous de pouvoir renseigner l'attribut Alt *via* le back-office de votre CMS (cf. outil N° 44). Ce champ est souvent accessible via les propriétés de l'image. Il est parfois dénommé Alternative Text, Texte alternatif ou Texte de remplacement.**

Outil 35

Le pouvoir des liens

« Des pages à lier pour plus de visibilité.

En quelques mots

Au cœur du fonctionnement de Google et des autres moteurs, les liens constituent, aux côtés des contenus, des facteurs majeurs de référencement naturel. Le nombre des liens entrants importe mais également leur libellé ainsi que la thématique et la réputation de la page d'origine. Responsables éditoriaux et contributeurs ont tout intérêt à en tirer parti. Une approche contextuelle au cas par cas permettra d'en faire des atouts en matière de SEO tout en garantissant leur pertinence pour les utilisateurs. Sans oublier de favoriser les liens externes, auxquels Google accorde un poids supérieur.

DES LIENS ENTRANTS IMPORTANTS POUR LE RÉFÉRENCEMENT

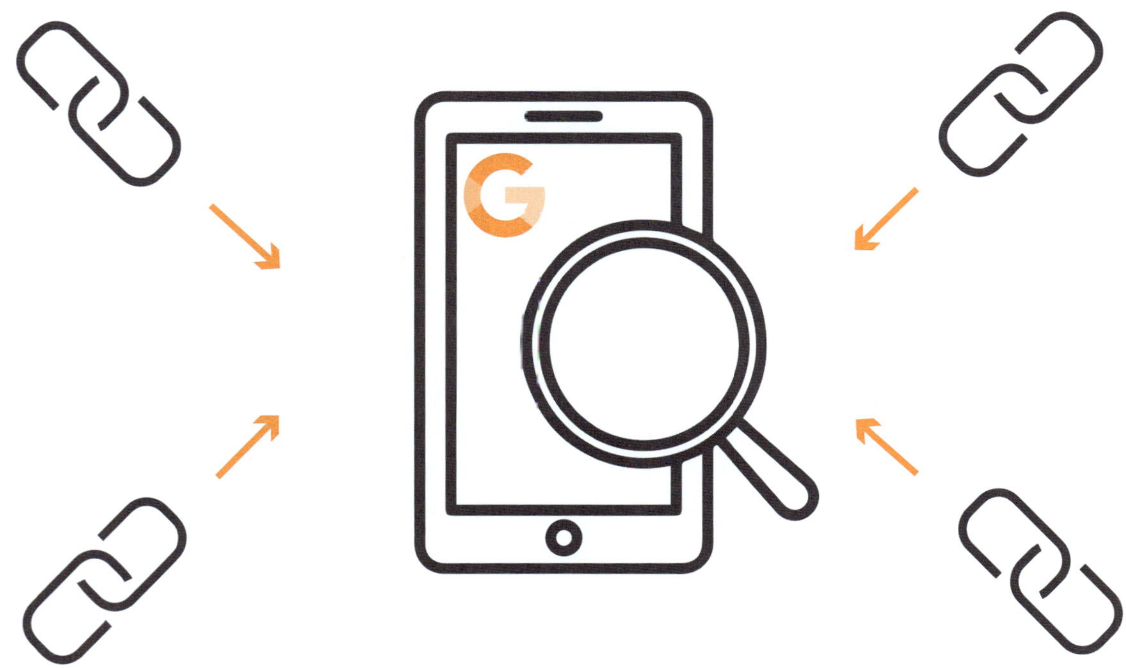

POURQUOI L'UTILISER ?

Objectif

Les liens impactent le SEO de différentes façons. Google a, dans une large mesure, bâti son algorithme et son succès sur le Pagerank. Pour schématiser, cette notion interprète le nombre et la qualité des liens pointant vers une page comme autant de votes en sa faveur ou de signaux de sa pertinence. Chaque page se voit ainsi attribuer un indice de popularité qu'elle transmet *via* ses liens sortants. Depuis longtemps et de plus en plus, le moteur analyse la proximité thématique des pages liées. En gros, un lien depuis une page traitant d'un tout autre sujet n'apportera aucun bénéfice voire constituera un handicap si Google l'interprète comme une tentative de sur-optimisation artificielle. Les textes d'ancrage des liens qui pointent vers une page comptent aussi pour déterminer sa position. Bien utilisés et bien libellés, les liens peuvent donc favoriser le référencement des pages d'origine et surtout celui des pages de destination.

Contexte

Le poids que Google leur confère mérite que les acteurs avec des ambitions en SEO se penchent sur les liens entrants et sortants de toutes les pages importantes de leur site.

COMMENT L'UTILISER ?

Étapes

Le responsable éditorial aura intérêt à établir la liste des pages « à pousser » et à la partager avec les contributeurs publiant sur des sujets proches.
En tant que rédacteur :

1. Développez le réflexe « liens internes » en examinant si des liens vers des contenus publiés précédemment se justifient d'un point de vue éditorial et SEO.
2. Si c'est le cas, posez-vous la question de la réciprocité : un lien depuis le contenu ancien vers la page nouvellement publiée est-il pertinent ?
3. Soignez les libellés des liens en y intégrant si possible des expressions clés porteuses (cf. outil N° 30).

Méthodologie et conseils

- Rédigez des intitulés de liens explicites et spécifiques comprenant entre 2 et 5 mots idéalement : suffisamment long pour pouvoir être atteint facilement sur un écran de smartphone, assez courts pour éviter la dilution.
- Évitez les liens dès le premier paragraphe : incitant l'internaute qui vient d'arriver sur une page à déjà la quitter, ils peuvent lui donner l'impression d'un clic pour rien.
- Limitez le nombre de liens au sein d'un texte : trop nombreux et trop proches, ils risquent de gêner la lecture, de favoriser la dispersion de l'internaute et la dilution de l'impact SEO.
- Favorisez autant que faire se peut les liens entrants en provenance d'autres sites (ou *backlinks*) : abordez la question avec vos partenaires, publiez un contenu de qualité, vérifiez que les mentions légales de votre site n'interdisent ou ne restreignent pas la possibilité de liens entrants.

Avant de vous lancer...

✓ **Pour une première approche de l'intérêt éditorial et du format souhaitable des liens, reportez-vous à l'outil N° 9.**

✓ **Ne comptez pas sur les « En savoir plus », « Cliquez ici » ou « Lire » pour faire de vos liens des alliés SEO. Pertinents en fin d'accroche (cf. outil N° 26), ceux-ci doivent être complétés par des liens contextuels au sein du contenu avec des libellés spécifiques.**

✓ **Prudence par rapport aux velléités de systématisation et d'automatisation : seul un rédacteur pourra évaluer précisément la pertinence thématique et adapter, donc diversifier, les intitulés : deux conditions indispensables pour apporter un bénéfice et écarter tout risque de pénalités pour sur-optimisation.**

Outil 36 L'arborescence

> “ *L'architecture est art de suggestion.*
>
> Daniel Pennac

En quelques mots

Également appelée « site map » ou architecture de l'information, l'arborescence **organise les contenus** du site de façon **hiérarchique** et souvent thématique. Élément **structurant** s'il en est, elle joue un rôle clé dans l'expérience utilisateur avec un must absolu : être tellement intuitive qu'il ne la remarque pas, trouvant rapidement ce qu'il cherche. Les multiples liens des menus font de l'arborescence un facteur important en SEO. Son élaboration implique forcément des choix décisifs.

L'ARBORESCENCE, 3 DIMENSIONS CLÉS

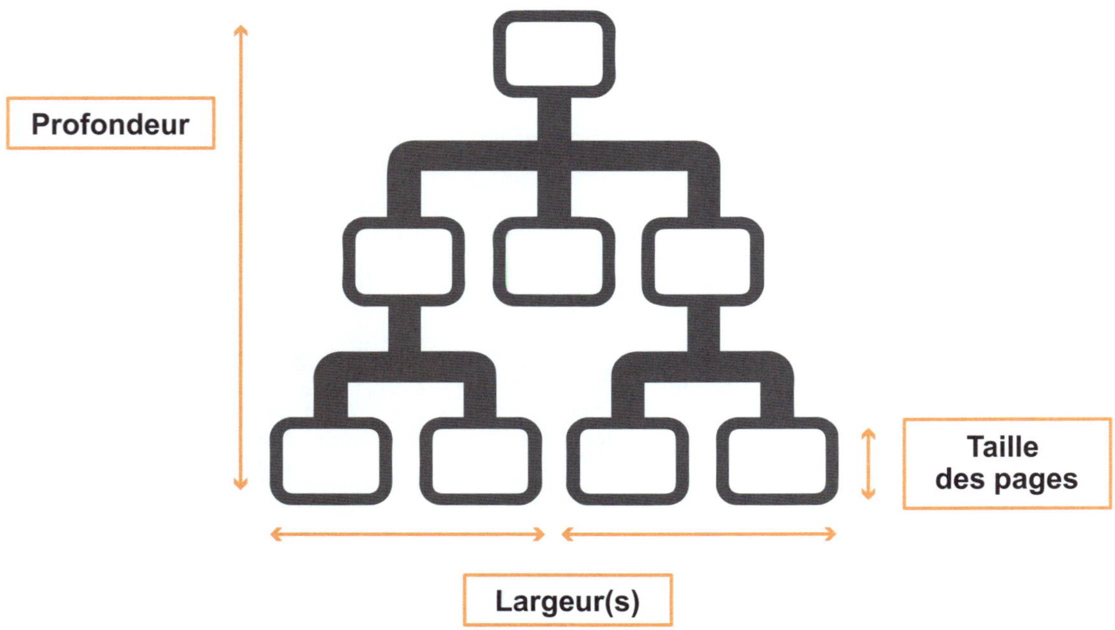

POURQUOI L'UTILISER ?

Objectif

Faciliter l'accès à l'information et le repérage des internautes comme des moteurs de recherche : tel est le rôle clé dévolu à l'architecture de l'information.

Affichées en permanence (sur ordinateur) ou accessibles en un clic (sur mobile), les rubriques de premier niveau constituent des indices forts pour indiquer à l'internaute arrivé sur une page profonde *via* un moteur sur quel site il se trouve. L'arborescence doit donc refléter l'identité et les priorités, offrir une vision globale tout favorisant la visibilité des contenus récents. Il s'agit aussi de choisir les liens structurels – et les termes associés - qui enverront les bons signaux en matière de SEO (cf. outil N° 35).

Contexte

Par définition, les sites à une page ou « *One page* », d'ailleurs très délicat à référencer, ne comportent pas d'arborescence. Par essence, les blogs sont structurés selon la chronologie inversée. En dehors de ces cas spécifiques, tous les sites s'organisent selon une arborescence, d'autant plus délicate à définir que leur taille s'accroît.

COMMENT L'UTILISER ?

Étapes

Schématiquement, la définition d'une arborescence implique de :

1. Définir les expressions clés principales visées à l'échelle du site en amont.
2. Lister et décrire toutes les pages envisagées (ou les groupes de pages si le site est très volumineux).
3. Demander à des personnes représentatives de vos publics de les regrouper et de nommer les catégories (méthode ergonomique du Tri par carte).
4. Trouver le compromis – car une arborescence en est toujours un – entre la vision des publics, la logique métier, les expressions clés et le tryptique profondeur/largeur/granularité (cf. ci-dessous).

Pour une approche plus approfondie et notamment pour évaluer une arborescence existante, consultez l'excellent dossier de l'agence Yellow Dolphins : Votre site map est-il en bonne santé ?[1]

Méthodologie et conseils

L'architecture de l'information comporte 3 dimensions clés interdépendantes que l'on limitera autant que faire se peut :

- **Le nombre de niveaux** [Profondeur]

Proscrivez les clics qui n'apportent aucune information.

- **Le nombre de choix possibles** [Largeur]

Au-delà de 8 ou 9 possibilités de choix, la sélection s'avère délicate.

- **La granularité** [La taille des pages]

Plus les pages s'allongent, plus il faudra les habiller (cf. Dossier N° 4), notamment par un sommaire interactif pointant vers vos intertitres ou masquer une partie des contenus, avec des onglets ou accordéons.

Déterminer la bonne granularité – ou la taille des pages pertinentes - figure au cœur de la stratégie éditoriale. Celle-ci impactera le SEO puisque ce sont bien des pages, non des sites, que les moteurs proposent en résultats.

Nommez rubriques et sous-rubriques de façon concise, explicite et différenciante. Affichez par le menu vos métiers ou spécificités : Traiteur/Chef à domicile/Cours de cuisine en rubriques de premier niveau plutôt que Savoir-faire, Offre ou Services qui n'apportent aucune indication et obligent à « cliquer pour rien ».

1. https://yellowdolphins.com/publications/articles/performance-arborescence-de-site-web/

Avant de vous lancer...

- ✓ **Privilégiez la logique de vos publics même si elle signifie des rubriques transverses à votre organisation plus compliquées à actualiser.**
- ✓ **L'arborescence implique des choix parfois frustrants : complétez-là par des modes de navigation transversaux comme les tags (cf. outil N° 28).**

Outil

37 La sémantique

> « Les plus beaux mots du monde ne sont que des sons inutiles si on ne les comprend pas.
>
> Anatole France

En quelques mots

Branche de la linguistique qui s'intéresse au sens des mots, la sémantique couplée au Big Data offre de larges possibilités en termes de référencement naturel. Google y a largement recours pour mieux cerner le sens des requêtes et le sujet des pages en observant le contexte (ou les associations entre les mots). Logiquement, de nombreux outils et certaines méthodologies pointues s'appuient sur la sémantique pour cerner les intentions derrière les termes cherchés. Avec un objectif : permettre aux éditeurs de concevoir des pages, voire des sites qui y répondent précisément, et *booster* leur référencement.

COMPRENDRE LE SENS GRÂCE AUX LIENS ENTRE LES MOTS

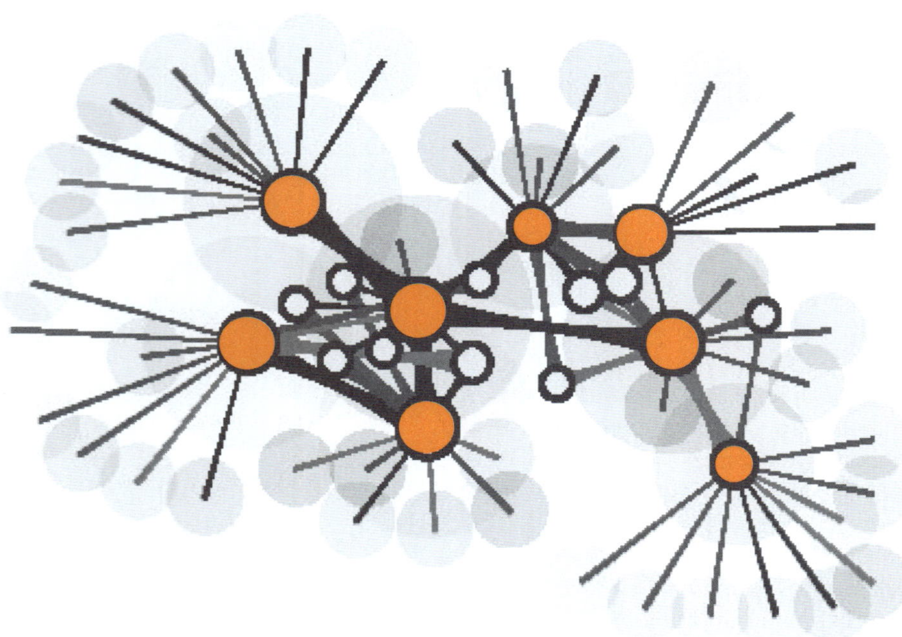

POURQUOI L'UTILISER ?

Objectif

Appliquée au SEO, la sémantique consiste à chercher à saisir les desseins des internautes au-delà des mots ou expressions clés saisis. L'analyse des requêtes vous permet de répondre précisément aux questions posées, de façon plus ou moins explicite, par les internautes, d'affiner vos informations, de diversifier votre vocabulaire... bref d'enrichir vos contenus. Avec l'objectif de devenir une référence sur le sujet, une source incontournable aux yeux des lecteurs comme à ceux du moteur de recherche.

Le but ultime ? Concevoir et organiser vos contenus à partir de cette demande - observée grâce à des techniques statistiques puissantes – plutôt qu'à partir de l'offre. Une approche de nature à satisfaire vos publics qui se révèle aussi très bénéfique en termes de SEO.

Contexte

Une stratégie SEO ambitieuse comporte forcément une forte dimension sémantique. Les analyses reposent sur des techniques de traitement des données pointues : des outils simples à utiliser et peu onéreux permettent une première approche. Mais mieux vaut se faire accompagner par un expert pour déployer des stratégies plus musclées, en particulier celle du cocon sémantique, élaborée par Laurent Bourelly (cf. page suivante). Plus globalement, parce que Google utilise déjà largement cette discipline pour classer ses résultats et au vu des évolutions technologiques si rapides dans ce domaine, toute personne intéressée par la visibilité de ses contenus doit s'intéresser de près à la sémantique.

COMMENT L'UTILISER ?

Étapes

L'analyse sémantique renforce et complète le choix des mots clés (cf. outil N° 30). De façon très schématique, la démarche consiste à :

1. Explorez la sémantique de votre univers avec des services comme *Yooda Insight, 1.fr, YourtextGuru...*
2. Regroupez les requêtes par besoin utilisateurs et segmentez ces besoins en les affinant.
3. Construisez des contenus qui répondent aux principales questions et besoins.

Méthodologie et conseils

Par rapport au processus décrit pour le choix des mots clés, l'analyse sémantique inverse la logique : plutôt que de choisir des mots qui correspondent à un sujet, on part des requêtes associées à un univers pour déterminer et/ou affiner les sujets que l'on va traiter. Puis, on produit les contenus correspondants. Le fameux dilemme de l'offre et la demande... Les deux approchent ne s'excluent pas et se nourrissent l'une l'autre.

La démarche structurée par la demande sémantique nous semble tout à fait de nature à renforcer la pertinence éditoriale dès lors que l'on garde un esprit critique et que l'on ne perd pas de vue ses buts, visions et spécificités. Les contenus pertinents se situent aux croisements des objectifs de l'émetteur et des attentes des publics (cf. outil N° 1). Dans de nombreux contextes, notamment novateurs, calquer ses contenus sur l'analyse sémantique des requêtes s'impose mais ne suffit pas, et ne doit pas constituer une approche exclusive.

Suite outil 37 →

Avant de vous lancer...

✓ Si le principe paraît logique, construire ses contenus en fonction de la demande ne convient pas à toutes les cultures. Assurez-vous que votre entreprise est suffisamment orientée client/usager/utilisateur/lecteur ou peut le devenir...

Suite outil 37 La sémantique

COMMENT ÊTRE PLUS EFFICACE ?

1.fr, SEOQuatum, YourtextGuru... les outils sémantiques fleurissent, avec des prix abordables et des possibilités d'essais gratuits. À partir d'un thème ou d'une expression clé, la plupart analysent les résultats et les pages les mieux placées notamment pour vous recommander les termes à intégrer à votre texte. Certains vous indiquent comment améliorer vos pages, d'autres proposent des canevas de rédaction précisant à quel endroit utiliser quel mot : peut-être adaptés à une production de masse. Au-delà de cette utilisation très cadrée, ces listes d'expressions ou « lexies » vous aident à élargir le champ et à mieux saisir à quoi s'intéressent les internautes.

Comprendre les intentions

Pour évaluer globalement les attentes, il vous faudra regrouper les requêtes exprimées de façon différente qui relèvent de la même idée : sécurité sociale indépendant, assurance maladie professions libérales et sécu freelance correspondent probablement à des besoins proches. Des outils comme Yooda Insight vous renseignent sur les volumes et permettent ces cumuls.

Les expressions associées suggérées par les outils sémantiques sont souvent précieuses pour segmenter et préciser votre offre. Location de vacances fera remonter des lieux, des distances de la mer, des types de logement (gîte, mobil-home)..., des surfaces en m², des équipements, des caractéristiques (comme insolite) etc. Autant de pistes pour organiser et affiner vos contenus.

S'adapter au niveau de maturité

Parfois la nature de la requête vous éclaire sur le niveau de maturité de votre public ou son degré de connaissance du sujet. Un novice cherchera « Publier sur internet » puis « Outil de gestion de contenu Web » ou « Comparer les CMS » avant « Télécharger Wordpress ». Charge à vous de satisfaire chaque catégorie de requête avec le type de discours qui convient. Les sites B to B accompagnent les prospects dans leur processus de décision en fournissant le type d'information adaptée : informative et pédagogique en amont, plus précise et permettant la comparaison ensuite, jusqu'aux informations détaillées de la fiche-produit pour déclencher le passage à l'acte d'achat.

Répondre aux questions

Les outils *Answer the public*, *1.fr* ou *SEOQuatum* indiquent les questions autour d'un thème ou d'une expression. Google aussi, avec sa fonction Autres questions posées (cf. capture ci-contre).

20170404-17838-cocon-semantique-1-introduction-choix-mots-cles-video-seo.html
goo.gl/MqWBUb
Le cocon sémantique expliqué par Olivier Andrieu.
[5 vidéos de 4 à 8 mn environ]

VERS LE MOTEUR DE RÉPONSE

Source : google.fr, 2017.

Avec la montée en puissance des recherches vocales – souvent sous forme d'interrogations, non de mots clés -, Google souhaite devenir un moteur de réponse : il répond aux questions les plus fréquentes dès le haut de sa page de résultat dans un paragraphe encadré appelé *featured snippet*. Un résultat vocalisé comme unique réponse par les assistants personnels comme Google Home ou Amazon Echo. Les heureux élus sont rares pour cette position 0, avantageuse et prometteuse. Mais explorer les autres questions posées – un clic sur l'une d'elles en affiche d'autres - et y apporter une réponse si vous êtes légitime pour le faire constitue une approche pertinente dans de nombreux univers éditoriaux.

Le cocon sémantique, Rolls du référencement ?

Élaboré par le référenceur Laurent Bourrelly, le cocon sémantique est une stratégie de SEO très puissante. Elle consiste à créer une arborescence basée sur la demande avec des règles très précises de maillage (ou liens contextuels entre les pages). Le cocon sémantique reprend les techniques de *siloing* : regrouper les pages au sein de silos thématiques correspondant aux branches de l'arborescence. Celles-ci sont organisées dans une structure hiérarchique allant du général vers le particulier. Logique, me direz-vous ? Certes, mais assez éloigné des mégas menus des gros sites ecommerce comme de l'organisation en chronologie inversée des blogs.

Des besoins, des silos et des liens

Alors que de nombreux sites sont construits selon une logique d'offre, le cocon sémantique élabore l'arborescence à partir des intentions des personas (cf. outil N° 2). La démarche et les services évoqués ci-dessus permettent de classer les requêtes par thèmes puis de les segmenter par sous thèmes etc. Il en résulte une structure hiérarchique que des outils comme Yooda Insight ou SEOQuantum proposent d'exporter directement sous forme de carte mentale (cf. outil N° 8).

Il vous reste à créer les contenus correspondants en reliant les pages mères, filles et sœurs selon un schéma particulier. Ce maillage interne de liens contextuels descendants, montants et transversaux, positionnés à des endroits précis de la page est déterminant pour l'efficacité SEO. Le « Pape du référencement » français Olivier Andrieu explique le principe dans des vidéos pédagogiques consacrées au sujet[1]. L'inventeur du concept Laurent Bourrelly détaille la méthode dans une formation en ligne. [2]

---

1. https://www.abondance.com/actualites/20170425-17908-cocon-semantique-3-creation-silos-video-seo.html
2. http://www.laurentbourrelly.com/formations/cocon-semantique/

6

DOSSIER

ÉCRIRE POUR LES RÉSEAUX SOCIAUX

“

Parce que la forme est contraignante, l’idée jaillit plus intense.

Charles Baudelaire

Les réseaux sociaux captent une grande part de l'audience et constituent un point d'entrée incontournable vers des contenus plus longs. Les deux dimensions relationnelles et éditoriales se nourrissent l'une l'autre, nous nous concentrerons sur la 2e. Sans aborder ici les stratégies, modes opératoires et outils qui leur sont propres, y a-t-il une écriture spécifique aux réseaux sociaux ? Oui et non.

Bonnes pratiques renforcées et spécificités

Un grand nombre de bonnes pratiques valables sur le Web s'appliquent, souvent de façon exacerbée, avec une **exigence accrue** : empathie, concision, hiérarchisation, vivacité, rythme... Si les mots des réseaux sociaux tendent vers le dialogue et flirtent avec l'oralité, il ne faut pas s'y tromper : il s'agit bien d'écrits susceptibles de laisser des traces.

Côté spécificités, les réseaux sociaux ont créé et conservent l'apanage du hashtag, ce #mot qui relie les messages postés pour toucher de nouvelles audiences. Vus *via* le flux sans être cherchés, débarrassés des enjeux et des cadres du SEO, les messages se font **plus incitatifs**. Sociale et sociable, l'écriture se conjugue souvent à la 2e personne et introduit la conversation.

Des codes propres à chaque plateforme

Encore faut-il distinguer l'identité **propre à chaque plateforme**. Tellement professionnel que le style d'écriture n'y diffère guère des sites institutionnels, LinkedIn ne sera pas abordé dans ce dossier. Pas plus qu'on ne se penchera sur les réseaux dédiés à l'image (Instagram, Snapchat, Pinterest...) pour lesquels le texte joue le rôle de hashtag ou « *s'incruste* », souvent mais avec économie, sur une photo. On traitera, en revanche des spécificités de Facebook, résolument axé vers la **convivialité**, voire la complicité, et de Twitter, toujours concentré par la **brièveté** (même au-delà de 140 caractères).

Accessibles *via* un nombre croissant de pages Facebook, les *Chatbots* proposent aux utilisateurs un **dialogue** par **messages instantanés** aux frontières de l'oral et de l'écrit. Une conversation rendue plus ou moins fluide par des technologies de traitement du langage mais dont la structure, les termes, le ton sont à définir en amont. Les emojis qui parsèment les échanges par SMS, Messenger, WhatsApp ou Snapchat se retrouvent dans les messages des *chatbots*, parfois même dans ceux, moins instantanés, postés sur Twitter ou Facebook. Un bon moyen pour introduire la dose d'**émotion** et de **décontraction** attendue par certains publics.

Les outils

Outil 38 Facebook

> “
> *Être à la page sur Facebook sans perdre son identité.*

En quelques mots

Sur Facebook, les pages sont à l'image des dizaines de milliers d'entreprises qui les publient : multiples, elles **reflètent l'identité** de chacun. Pourtant, on n'y écrit pas comme sur un site *corporate* ou ecommerce : **relationnel**, le ton « se la joue » moins formel et **plus convivial** pour incarner l'organisation et susciter le dialogue. Un savant dosage entre les codes du réseau et la ligne éditoriale globale pour trouver les formats qui « vont bien » et percutent.

UN STATUT COMPLÉMENTAIRE DE L'APERÇU

POURQUOI L'UTILISER ?

Objectif

D'un point de vue éditorial, l'enjeu est d'adopter le ton juste et la forme efficace pour servir les objectifs opérationnels : inciter à l'engagement, développer le trafic sur votre site, humaniser la marque ou l'organisation et surtout créer du lien *via* une écriture qui flirte avec la conversation.

Contexte

Si la plateforme aux 2 milliards d'utilisateurs est incontournable en B to C et pour les grosses structures, certains acteurs plus modestes concentrent leur énergie ailleurs. L'objet ici n'est pas de justifier ou non l'opportunité d'une présence sur Facebook mais plutôt d'aider ceux qui souhaitent y publier à renforcer la pertinence de leurs écrits.

COMMENT L'UTILISER ?

Étapes

Construisez votre post autour de l'image, qui joue un rôle fondamental sur les réseaux sociaux.
Choisissez-la en 1er pour adapter votre texte.
Si vous partagez un lien, prenez en compte l'aperçu généré par Facebook (titre, brève description et généralement image) pour rédiger votre statut en complémentarité : pas de redondance !
Soignez la concision : 20/25 mots maximum pour l'immense majorité de vos messages, moins si possible.
Repérez ce qui fonctionne *via* les statistiques de Facebook Insight - portée des publications et surtout engagement (nombre de « J'aime », de partages et de commentaires).

Méthodologie et conseils

Évitez les messages trop commerciaux et institutionnels. Adressez-vous directement à vos publics, avec des posts à la seconde personne : Quel air respirez-vous ? plutôt que Qualité de l'air : le palmarès des villes. Pour publier dans l'air du temps, rebondissez sur les marronniers – « Bientôt les vacances... », « Rentrée, J-3 » - ou sur des faits d'actualité.

Interpellez par des accroches complices – « Envie de... ? », « Amateurs de... ? », « Motivés par... » - suivies de verbes à l'impératif qui incitent à l'action : participez, foncez, postulez, rejoignez-nous... jusqu'aux Likez, partagez, commentez. Suscitez les réactions avec des questions plus ou moins ouvertes : « Et vous, vous êtes plutôt... ou... ? » « Et vous, si vous nous racontiez votre... ».

Jouez la connivence, personnifiez vos messages : « On piaffe d'impatience » avant un évènement marquant, « Que d'émotions ! » après un prix remporté, « On adore, pas vous ? » etc. Humanisez votre entreprise en montrant les coulisses, le *making of*, voire vos péripéties. « Négocier le contrat de l'année dans un TGV à l'arrêt sans chauffage, ça c'est fait ! » montre votre adaptabilité comme votre humanité.

Osez les expressions moins formelles, style « Hop hop hop », « Go go go » voire « Youhoo » sans oublier l'humour avec humilité (cf. outil N° 15). Impliquez de façon ludique avec des jeux ou des devinettes - ni trop difficiles ni trop faciles - liées à votre activité.

Question habillage, ni gras ni couleur pour vos textes mais des emojis (cf. outil N° 41) ou des caractères spéciaux. Réservez les MAJUSCULES à de rares mots qui le valent vraiment. Moins lisibles, elles peuvent être perçues comme des cris et agresser vos publics. Idem pour les fonds de couleurs proposés par Facebook : trop flashy, ils ne font pas très « pro ». D'ailleurs, peu d'acteurs s'y risquent, préférant incruster du texte sur des images pour gagner en visibilité.

Avant de vous lancer...

- ✓ **[Re]lisez le début de cet ouvrage. Car oui, nombre de bonnes pratiques s'appliquent sur les réseaux sociaux !**
- ✓ **Regardez du côté des emojis (cf. outil N° 41), pour varier vos posts avec une touche d'émotion.**

Outil 39 Twitter

> La brièveté est sœur du talent.
>
> Anton Tchékhov

En quelques mots

Si Twitter a doublé sa fameuse limite des 140 caractères, le réseau semble bien demeurer celui de l'ultra-concision. La plupart des tweets restent en deçà ou proches de l'ancien format. Le bref fait mouche et cela n'est pas prêt de changer. Condenser le message sans l'appauvrir, simplifier « juste ce qu'il faut », raccourcir sans sacrifier la rigueur... autant de microdéfis rédactionnels au service d'une écriture exigeante, relationnelle et « *impactante* » !

TWEETEZ EN SYNERGIE AVEC L'IMAGE

POURQUOI L'UTILISER ?

Objectif

Faire de la veille, toucher des influenceurs, entamer et nourrir le dialogue, bâtir une communauté de niche, soigner sa visibilité... les objectifs d'une présence sur Twitter sont multiples. Sur le plan rédactionnel, il s'agira, plus encore qu'ailleurs, d'exprimer le maximum en un minimum de mots pour accrocher l'attention, sortir du flux et susciter l'engagement.

Contexte

Réseau des influenceurs, des journalistes, communicants ou marketeurs, Twitter permet aussi de rassembler une communauté de niche ciblée autour d'un sujet ultra-pointu, *via* « la magie » du hashtag (cf. outil N° 40).

Le présent outil s'adresse à ceux qui souhaitent miser sur l'exigence éditoriale pour renforcer pouvoir d'influence et efficacité. Si la tyrannie du flux et du succinct peut rebuter certains novices, beaucoup d'amoureux des mots trouvent vite dans Twitter une occasion stimulante d'affûter leur écriture.

COMMENT L'UTILISER ?

Étapes

1. Rédigez vos tweets en complémentarité avec les images que vous choisirez (pas obligatoires mais pertinentes pour la majorité des tweets, elles prennent le dessus sur l'aperçu des liens partagés, permettant ainsi une meilleure maîtrise de l'apparence du tweet).
2. Posez-vous la question du hashtag : un réflexe à acquérir pour les novices.
3. *Trackez* les coquilles et le moindre mot ou signe superflu : relisez-vous avant de publier.
4. Suivez vos statistiques sur https://analytics.twitter.com/

Méthodologie et conseils

Relisez le début de ce livre ;-) Quintessence des écrits digitaux, les tweets convoquent les basiques :

- Choisissez le bon angle.
- Écrivez en fonction de l'image.
- Jouez sur la proximité temporelle.
- Concentrez-vous sur les faits.
- Osez l'humour mais testez-le.
- Placez l'essentiel d'abord.
- Trouvez le mot juste.
- Rythmez vos tweets.
- Citez qui de droit.
- Élaguez et élaguez encore.
- ...

D'ailleurs, tweeter régulièrement constitue un excellent exercice pour tonifier votre plume et acquérir la force de frappe de l'ultime concision. Ce qui n'empêche en rien le style et le brio, au contraire !

Avec la levée de la limite des 140 caractères, les « *raccourcisseurs* « d'URL du type goo.gl servent surtout pour le *tracking* fin qu'ils permettent. Les liens cabalistiques générés - Goo.gl/ZAWPft, bit.ly/2kDm07I - risquent de s'avérer moins engageants que les « vraies » URL, plus explicites.

N'oubliez pas les hashtags, leviers précieux pour rallier autour d'un thème, d'une cause, d'un évènement ou d'un sujet de niche. Mais choisissez-les toujours en pensant à vos publics.

Pour rubriquer vos tweets ou qualifier la forme du contenu partagé, mieux vaut utiliser les crochets - [Infographie] [Webinar] [Astuce]... - plutôt que des hashtags qui renverraient vers une liste de tweets dans des univers multiples et disparates : quelle pertinence pour le public ?

Suite outil 39 →

Avant de vous lancer...

Si vous débutez :

✓ **Le guide « Démarrer sur Twitter »[1] explique bien les fonctions, codes et usages du réseau.**

✓ **Observez les tweets de bonnes plumes de l'oiseau bleu (cf. la liste des comptes à suivre en Ressources).**

1. https://twitter.app.box.com/v/MonPremierTweet

39 Twitter

COMMENT ÊTRE PLUS EFFICACE ?

Des tweets qui percutent, glanés au fil [du fil] d'actualité

Deux points pour placer l'essentiel en premier

Les Echos Start @EchosStart · 19 h
Financer ses études : un site vous dit à quoi vous avez le droit
trib.al/4UNoKOU

Les Décodeurs @decodeurs · 28 nov.
Médicaments et remboursements : la base de données #OpenMedic en 6 points
lemde.fr/2AcjDz9

Chiffres en début de tweet

Adetem @adetem · 3 h
12 milliards pour le made in France usinenouvelle.com/article/exclus...
Ouvrir — Répondre — Retweeter — Favori

Enumérer pour rythmer

Adetem @adetem · 13 févr.
Repetto, Kusmi tea, Cacolac...ces marques qui ont su rebondir
leparisien.fr/acces/telechar...

Télérama @Telerama · 4 déc.
Il a ouvert La Bellevilloise, La Rotonde de Stalingrad, La Petite Halle de La Villette et réhabilite La Miroiterie... Renaud Barillet, l'entrepreneur culturel qui veut conquérir le Grand Paris. Par @anneberthod ebx.sh/2Bvvlla

« Comment » et « pourquoi » pour apporter une réponse

Vogue.fr @VogueParis · 24 nov.
Pourquoi vous allez être accro à la nouvelle série "Paris Etc.", diffusée lundi soir sur Canal + bit.ly/2A8TVJ8

LInternaute.com @LInternauteInfo · 3 déc.
Radars privatisés : comment ça va marcher, ce qui vous attend
linternaute.com/auto/conduite/...

« Quand » pour évoquer une situation ou un fait précis

Le FigaroTech @FigaroTech · 3 h
Assistant personnel, ou espion à domicile ? Quand les enceintes connectées écoutent tout à la maison. lefigaro.fr/secteur/high-t...

« Et si » suivi d'une question ou d'une suggestion

Didier Le Gorrec @DLeGorrec · 5 mars
Big Data : et si trop de données tuait la donnée ?
webmarketing-com.com/2014/03/04/264...

Agence Apei @AgenceApei · 3 h
Et si le #chocolat était notre allié santé ? Avec @AgenceApei via @actufr
bit.ly/2zNNpXD

Samsafr @Samsafr · 22 mai
Et si vous passiez au #mindmapping pour écrire vos articles et présentations?
Notre formation avec @hanaka samsa.fr/formation-stag...

« Pour que » ou « A quand » pour exprimer un souhait

VegOresto @VegOresto · 17 h
A quand une identification claire et uniforme des produits #végétariens et #vegan ? Réponse par ici bit.ly/2iMnlZF

Decathlon France
25 octobre ·

Pour que le running reste un plaisir, même en hiver !

LesEchosTechMedias @EchosTechMedias · 28 nov.
À quand un logiciel de traduction fiable ? trib.al/6bI2jVV

LE TEMPS PRÉSENT OU URGENT

Inafon @Inafon . 17 sept
En direct du #CongresNotaires... Rejoignez-nous sur le stand N°139 !

La Banque Postale @LaBanqueostale . 2 h
Le @Telethon_France **c'est maintenant** ! #Moi AussiJeDonne même quelques euros pour aider les familles à vaincre a maladie. Vos promesses de don par simle RT pour engager toute votre communauté ! #BanqueCitoyenne

IDRAC Nantes @IDRAC_Nantes . 29 min
La Céremonie de Remise de Diplômes promotion 2017 **@IDRAC_Nantes c'est ce soir** ! Partagez avec nous cette soirée d'émotion grâce au hashtag #idracnantes2017

Réseau SATT @ReseauSATT . 27 nov.
J-1 avant BioFIT 2017 ! Le @ReseauSATT sera présent sur l'espace C6-B15 : Venez échanger avec les 10 SATT présentes pour l'occasion!
@ BIOFIT_EVENT

Disneyland Paris @DisneylandParis . 27 nov.
Plus que 2 jours pour profiter de notre offre séjour et vivre un Noël Enchanté à Disneyland Paris !

Outil 40 Les hashtags

« Un mot lien pour élargir l'audience de vos tweets et de vos images.

En quelques mots

Particulièrement utilisé sur Twitter et Instagram, le hashtag est un mot précédé du **signe dièse** *(hash* en anglais) qui le transforme en **lien**. Chaque utilisateur crée les siens mais a souvent intérêt à reprendre un terme usité. Comme le tag (cf. outil N° 28), le hashtag renvoie vers une liste de contenus qui le mentionnent. Mais alors que les tags se limitent aux articles d'un site, les hashtags relient tous les messages publiés récemment sur le sujet à travers un réseau social. Ce qui en fait une **porte d'entrée** et un puissant levier de **visibilité**.

DIFFÉRENTS RÔLES POUR UN SACRÉ CARACTÈRE

POURQUOI L'UTILISER ?

Objectif

Le hashtag constitue un levier pour accroître son audience de façon ciblée : en l'intégrant au sein d'un tweet ou d'un post, on affiche celui-ci aux yeux de personnes intéressées par le sujet. Au sein du fil d'activité parcouru rapidement, le hashtag pertinent qualifie un tweet et renforce ses chances d'attirer l'attention.

Contexte

Popularisé par Twitter, la hashtag figure dans l'ADN du réseau à l'oiseau bleu qui affiche les plus populaires en page d'accueil et permet à des sujets de niche pointus de trouver leurs publics. Il est aussi très utilisé sur Instagram où il joue un rôle crucial pour accroître la visibilité et la « trouvabilité » des images. Beaucoup moins dans les mœurs sur Facebook, mieux vaut y réserver son usage aux sujets vraiment fédérateurs du type grandes causes ou événements nationaux et se limiter à un hashtag par post.

COMMENT L'UTILISER ?

Étapes

1. Commencez par vous interroger sur la pertinence d'intégrer un hashtag du point de vue des utilisateurs : tous les tweets ou messages ne le justifient pas.
2. Faites une recherche sur le hashtag envisagé sur le réseau social concerné.
3. Vérifiez si les comptes influents parmi vos communautés l'utilisent grâce à la recherche avancée Twitter[1].
4. Mesurez sa popularité, identifiez des expressions proches ou synonymes mais aussi des « homonymes » susceptibles de gêner grâce à hashtagify.me[2].
5. Créez votre hashtag en ajoutant un # au début du mot concerné en début, milieu ou fin de tweet.

Le hashtag s'écrit tout attaché, un espace y met fin : si vous écrivez **#réseaux sociaux** votre tweet sera listé pour le hashtag **#réseaux**. Bien que la barre d'espace basse (ou *underscore*) soit possible - **#réseaux_sociaux** – l'usage dominant est d'attacher les mots en mettant une majuscule au début de chacun d'eux pour favoriser leur lisibilité : **#RéseauxSociaux**, **#IntelligenceArtificielle**...

Méthodologie et conseils

Un bon hashtag ? Simple pour être mémorisé facilement, court pour éviter de prendre trop de place, ciblé mais utilisé par d'autres pour accroître ses chances d'être repéré lorsqu'il s'agit d'un thème ou qualificatif générique.

À l'inverse, on cherchera le hashtag le plus vierge possible pour « se l'approprier » et l'associer à un slogan de marque : **#NoëlEnCovoit** (BlaBlaCar), **#StarWarsxLeclerc**, **#onlyLyon**... Idem pour ceux des événements qui comportent souvent des majuscules et l'année (**#SIMI17**, **#OSSParis2018**...) pour éviter d'être parasité : charge à vous de communiquer largement sur votre hashtag pour inciter vos publics à l'utiliser.

Mieux vaut restreindre leur nombre à 1 ou 2 par tweet sous peine de rendre le message difficile à lire et de détourner l'attention du lien partagé. Ils sont souvent plus nombreux sur Instagram pour décrire le sujet, le lieu ou une caractéristique d'une image (**#Bnw** pour Noir et blanc ou **#nofilter**). http://iqta.gs/ vous suggère des hashtags associés mais limitez-vous à une dizaine par image, dont certains en commentaire afin de ne pas surcharger la légende.

Avant de vous lancer...

✓ **Repérez les hashtags pertinents et les autres, certains ne le sont pas ! Pensez-vous que #Infographie, #LeSaviezVous ou #Astuces puissent être recherchés ? Non, alors mieux vaut les mettre [entre crochets] afin de qualifier votre tweet sans pour autant en faire un lien.**

1. https://twitter.com/search-advanced
2. http://hashtagify.me

Outil 41 Les emojis

> “Comme le clip vidéo a permis de regarder la musique, l’émoticône permet de regarder l’émotion dans l’écriture.
>
> Jeanne Bordeau[1]

En quelques mots

Signifiant littéralement « image-lettre », les emojis japonais ont volé la vedette à leurs cousins anglo-saxons les *smileys* ou *emoticons* (émoticônes en français). Comme eux, ces **pictogrammes** offrent une large palette de frimousses stylisées exprimant différentes **émotions** : appréciable pour indiquer le contexte et réintroduire une part de **communication non verbale** à l’écrit. Drapeaux, sports, objets multiples… aujourd’hui, les emojis comptent une ribambelle d’autres dessins explicites, dont certains de nature à dynamiser les messages sur les réseaux sociaux, sans nuire à leur professionnalisme.

LES EMOJIS : PAS SEULEMENT POUR LES ADOLESCENTS

Entretien-dEmbauche @EntretiendEmb · 2 h
L’Intelligence Artificielle au service des recruteurs @RiminderDotNet c’est à découvrir sur LeFigaro bit.ly/2jZDlyp

AXA Jobs France @AXAJobs_fr · 1 h
Athlète, Directrice #Marketing, #entrepreneur : autant de termes qui peuvent décrire @claris_bertrand, Agent Général d'Assurance AXA. Découvrez son étonnant parcours en vidéo ! L'intégralité de l'itw : go.axa.fr/Interview_CBer…

Ville de Lyon @villedelyon · 4 h
Le 1er Prix européen de l’Accessibilité (Access City Award 2018) a été décerné à la Ville de Lyon, candidate pour la première fois cette année.

1. *Le langage, l’entreprise et le digital*, Nuvis, 2016.

POURQUOI L'UTILISER ?

Objectif

Attractifs, gais, variés, les emojis ponctuent tweets et posts avec un côté convivial, léger, dynamique ! Ils peuvent aussi enrichir l'écrit du côté expressif qui lui fait défaut : pas facile d'interpréter un message sans voir l'expression du visage, l'attitude corporelle ni entendre l'intonation de la voix. Les emojis viennent à la rescousse du Community Manager ou du rédacteur : pour garantir, par exemple, qu'un lecteur comprendra bien qu'il s'agit d'humour ;-) Parfois ces petits dessins précis vous aident aussi à gagner en concision : pour exprimer « Éteignez vos portables » 📵, ou symboliser la sécurité en un seul caractère 🔒.

Contexte

Intégrés sur les claviers des smartphones, les emojis ont envahi les conversations par SMS et messages instantanées. MacDonald's, Ikea ou Nescafé ont créé leurs propres dessins, Chevrolet a rédigé un communiqué de presse en emojis, tandis que d'autres réécrivaient la bible.

Au-delà de ces initiatives originales, pourquoi les entreprises ne s'inspireraient-elles pas des usages de leurs publics ? Certains emojis seront comme des poissons dans l'eau sur les messages de nombreux *chatbots* (cf. outil N° 42). Ils ne choqueront personne dans les tweets ou les posts adressés à des jeunes.

Et pour un acteur plus classique désireux de rajeunir son image ? Là encore, c'est une question de dosage, de ligne, donc de choix, éditorial, mais aussi de contexte : tout naturel lorsqu'il s'agit de célébrer une victoire ou de représenter une alerte, ils s'avéreront peu opportuns pour des propos graves ou sérieux.

COMMENT L'UTILISER ?

Étapes

1. Observez les usages dans les univers proches du vôtre.
2. Utilisez les sites ci-dessous pour vous inspirer et choisir l'emoji opportun – signifiant, pertinent et cohérent avec votre message - le cas échéant.
3. Faites réagir vos collègues pour vous assurer que le message sera bien compris et perçu.

Méthodologie et conseils

Certains smartphones traduisent automatiquement les mots tapés en emojis quand ils trouvent une correspondance.

Sur un ordinateur vous pouvez :

- chercher la traduction d'un terme anglais en emoji sur https://émojipedia.org/ ;
- avoir une vision globale rapidement de tous emojis https://fr.piliapp.com/émoji/list/ ;
- accéder à la signification détaillée en français des emojis classés par catégorie https://www.significationsmileys.fr/.

Ces 3 sites permettent bien sûr de copier l'emoji souhaité pour le coller dans vos messages.

Avant de vous lancer...

✓ **Assurez-vous que l'emploi d'emojis ne choquera pas au sein de votre structure : consultez la charte ou discutez-en avec le responsable éditorial.**

✓ **Faites preuve de discernement et ne confondez pas conversation privée et prise de parole au nom de l'entreprise : tous les emojis ne se valent pas : sur un compte professionnel, le bisou en forme de cœur... comment dire ? ;-) Sérieux ? Non, à proscrire évidemment ! En revanche, le clin d'œil mettra de la distance et teintera d'humour un propos.**

Outil 42 Les chatbots

> “ Le langage des chatbots, aux frontières de l'oral et de l'écrit.

En quelques mots

Contraction de « chat » (discussion) et « bot » (robot), un *chatbot* est un **agent conversationnel** qui dialogue avec les utilisateurs de plus en plus nombreux des **messageries instantanées**. La compréhension de leurs messages et la pertinence des réponses apportées reposent sur des procédés d'analyse de mots clés plus ou moins puissants associés à des scénarios et dialogues définis en amont par l'humain. **Points de contacts** supplémentaires avec les publics, ces interfaces légères et interactives s'imposent, stimulés par les progrès rapides du traitement du **langage naturel**.

UN DIALOGUE INSTANTANÉ AVEC VOS PUBLICS

POURQUOI L'UTILISER ?

Objectif

Les *chatbots* répondent à la soif de conversation et de personnalisation d'utilisateurs en demande d'assistance efficace pour trouver ce dont ils ont besoin. Avec des promesses alléchantes en termes de gain de temps sans avoir à télécharger d'application. Ils constituent un canal supplémentaire pour toucher les publics là où ils se trouvent : Facebook Messenger et WhatsApp... mais aussi Slack ou Skype dans l'univers professionnel. La SNCF, 20 Minutes, Sephora, Mazars... et bien d'autres proposent de leur. Sans prétendre d'ores-et-déjà rivaliser avec l'intelligence artificielle des assistants personnels des GAFA, un *chatbot* bien ciblé peut rendre un service utile en contribuant à vous positionner comme défricheur d'interactions.

Contexte

Outre les messageries instantanées – dont l'usage semble se généraliser bien au-delà des jeunes générations – les *chatbots* peuvent aussi dynamiser un site. Leur rôle ? Guider les utilisateurs pour de multiples tâches : trouver un article selon leurs centres d'intérêt, choisir un produit, postuler auprès d'une entreprise, résoudre un problème de support ou SAV... Les acteurs potentiellement concernés sont donc très variés : presse, e-commerçants, services publics, banques...

COMMENT L'UTILISER ?

Étapes

Des prestataires spécialisés vous accompagnent pour les différentes étapes :

1. Définir la mission du *chatbot* qui devra être simple, précise et ciblée (impossible de bien tout traiter !).
2. Concevoir le scénario d'interaction sous forme d'arbre de décision, en imaginant les questions pour qualifier le besoin de l'utilisateur.
3. Rédiger les messages du *chatbot* dans un style adapté en multipliant les formes afin de ne pas lasser l'interlocuteur.
4. Lister les intentions probables des utilisateurs en variant les mots employés pour maximiser les chances de compréhension.
5. Entraîner le *bot via* des tests intensifs par des utilisateurs variés : identifier les points de blocage pour affiner ses réactions.

Méthodologie et conseil

Les messages instantanés créent des conversations d'un nouveau genre, aux frontières de l'oral et de l'écrit. On tendra vers le 1er avec un ton plus décontracté que sur un site institutionnel tout en restant irréprochable au niveau orthographique et syntaxique.

Tu ou vous ? Sans doute encouragés par l'aspect « intime » du dialogue en tête à tête de la messagerie instantanée, certains *chatbots* optent pour le « tu » sans cibler forcément les plus jeunes. À vous de juger si cela peut coller avec votre ligne éditoriale ou si le « vous » convient mieux.

Introduisez juste ce qu'il faut de *small talk* : enchanté, d'accord, parfait... des mots « pour ne rien dire » qui créent le contact comme lors d'une vraie conversation.

Suite outil 42 →

Avant de vous lancer...

- ✓ **Pour l'instant, sauf à investir des moyens considérables, « l'intelligence » de la plupart des *chatbots* dépendra des questions-réponses qui l'auront nourri en amont : charge à vous d'imaginer des scénarios plausibles, des dialogues variés, des réponses pertinentes.**
- ✓ **Flirtant avec l'oral, dopé par la technologie cette interface minimaliste repose pourtant bien sur le texte si interactif soit-il ! Adaptez-le et soignez-le.**
- ✓ **Multiplier les discussions avec des chatbots pour noter ce qui fonctionne bien et ce qui laisse à désirer d'un point de vue fonctionnel et éditorial.**

Suite outil 42

Les chatbots

COMMENT ÊTRE PLUS EFFICACE ?

L'agence conseil en communication digitale Conversationnel a développé une offre dédiée aux chatbots. Son fondateur Robin Coulet décrit les bonnes pratiques pour concevoir un chatbot performant et alerte sur les points de vigilance.

Comment se déroule la conception d'un point de vue éditorial ?

La première étape consiste à cerner les interactions *via* des *workshops* avec les populations en contact direct avec les utilisateurs : centres d'appels, support, Community Managers… ceux qui connaissent les besoins réels, la teneur et la tonalité des discussions. À partir de là, il s'agit de définir précisément la raison d'être du *chatbot* : à quels besoins il répondra… et ce qu'il ne saura pas faire. Une mission précise et bien définie apporte un réel plus à l'expérience utilisateur. Ce qui implique bien entendu de s'intéresser au public cible. On crée des personas [N.D.L.R : cf. outil N° 2] et on se concentre sur leurs besoins les plus récurrents. Ces derniers constituent les points d'entrée, la base de l'arbre conversationnel qui formalise les centaines ou milliers de scénarios possibles à travers d'immenses *mindmaps* [schématisé dans l'illustration ci-contre].

Comment écrit-on pour un *chatbot* ?

À partir de ces scénarios, on rédige les messages du *chatbot*, évidemment formatés pour une lecture sur les petits écrans des smartphones : ils doivent être courts (300 caractères maximum) quitte à en adresser plusieurs à la suite (pas plus de 5 tout de même sans réponse de l'utilisateur). Il faut aussi diversifier les façons d'exprimer une idée, car rien n'est plus énervant qu'un *bot* qui se répète en donnant l'impression de tourner en rond. L'idée est de se rapprocher d'une vraie conversation : on va jusqu'à ralentir artificiellement le temps de réponse à quelques secondes, pour faire apparaître les fameux 3 points qui clignotent dans la bulle pour donner l'illusion que l'interlocuteur saisit son message. Enfin, on adapte évidemment le style d'expression aux publics et à l'identité de la marque : en fonction de ça, on peut dynamiser avec des emojis, des gifs, des images ou des vidéos.

Doit-on aussi imaginer les réponses des utilisateurs ?

Oui, dans un premier temps, les concepteurs réfléchissent aux multiples formulations que les utilisateurs sont susceptibles d'employer : ils fournissent au système une base de départ, enrichie par des tables de correspondances et des techniques sémantiques. Mais impossible de tout imaginer : il faut vite passer au betatest auprès d'un public nombreux et diversifié. Un entraînement conséquent indispensable pour améliorer les capacités du *chatbot* à comprendre le langage des utilisateurs. Le *tracking* et l'analyse des interactions permettent aussi d'identifier les points de blocage pour modifier les scénarios en conséquence. On apprend énormément des échecs. Et ce processus d'amélioration continue se poursuit après le lancement, car, comme un site, un *chatbot* n'est jamais terminé, il doit vivre et évoluer.

UN ARBRE CONVERSATIONNEL ORGANISÉ PAR BESOIN

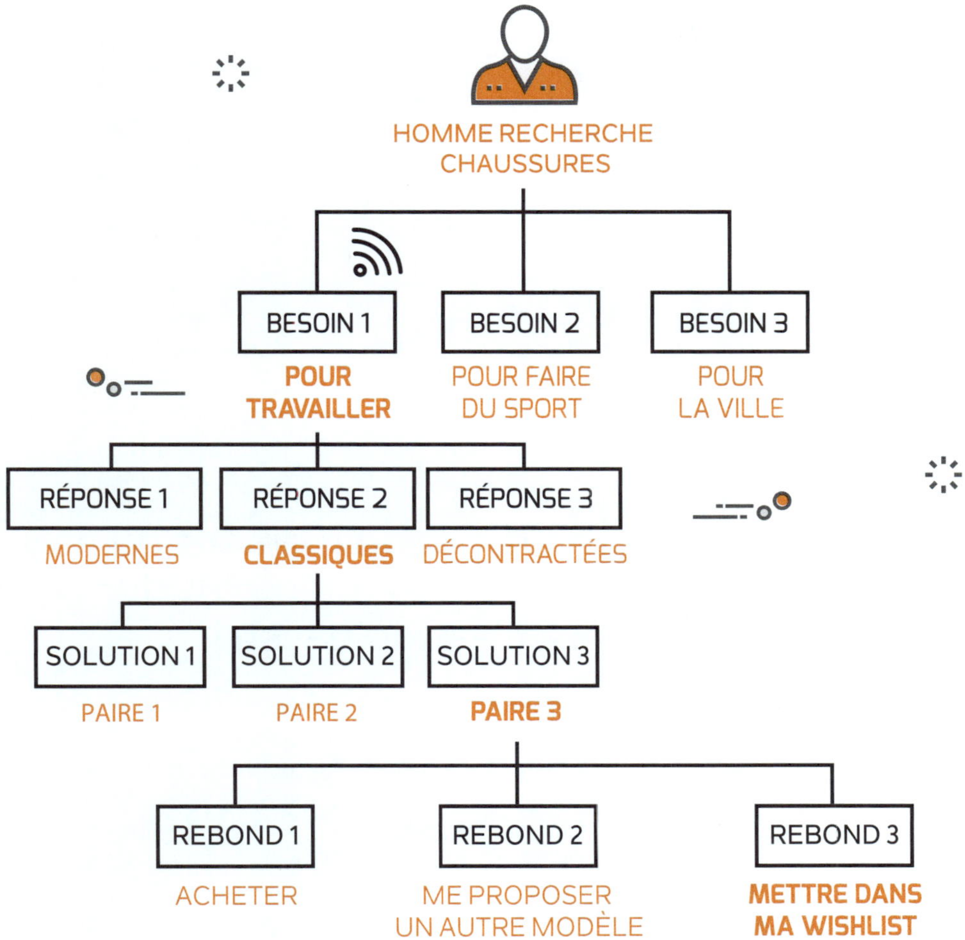

Source : @conversationnel.

Les *chatbots* se multiplient, avec des succès variables : comment éviter la déception ?

D'abord en jouant la transparence et en annonçant clairement la couleur dès le début du dialogue : le robot doit tout de suite se présenter en tant que tel et préciser à l'utilisateur ce qu'il peut en attendre.
Ensuite en posant rapidement les questions à choix multiples qui vont permettre de qualifier le besoin de l'utilisateur et de restreindre le champ sémantique. En cliquant sur un des boutons proposés, l'utilisateur sélectionne un domaine précis. Avec à la clé une compréhension plus fine de ses intentions au-delà des mots employés. Par exemple, s'il sait que celui-ci cherche une exposition de peinture, le *chatbot* saisira que le terme « tableau » signifie une œuvre et non un panneau mural ou des colonnes de chiffres. Un autre point important consiste à reconnaître ses limites avec une posture humble et en proposant des alternatives. « Désolé, j'ai encore beaucoup à apprendre » ne suffit pas. Il faut offrir des portes de sortie : un chat avec un conseiller - cette fois en chair et en os - ou la possibilité de laisser ses coordonnées pour une réponse ultérieure.

7

DOSSIER

S'ORGANISER POUR PRODUIRE

“

Nous ne connaîtrons jamais le moment où nous pourrons dire : pff… le numérique ce fut dur, mais désormais, c'est du passé !

Mark Thompson

Une présence forte, disséminée sur différentes plateformes mais cohérente, distinctive et soutenue… la mutation de l'entreprise en média numérique nécessite de s'en donner les moyens. Via un pilotage qui se renforce et se complexifie à mesure que la structure grandit.

Du sprint au flux

Loin des sprints des bouclages *print*, la production de contenus digitaux est une **course de fond** sans fin si tout va bien… Avec des accélérations ponctuelles et un bon rythme de croisière. Publier en continu ne signifie pas laisser couler : mieux vaut sortir la tête du flux pour réfléchir à la façon dont on procède.

D'autant qu'au sein de structures qui se souhaitent « libérées », les écrits aussi s'horizontalisent. De moins en moins descendante et concentrée, la production de contenus concerne un nombre croissant de personnes, souvent **dispersées** géographiquement et fonctionnellement, pas forcément spécialistes de l'écriture.

De plus en plus d'acteurs impliqués

Sans oublier les multiples professions – développeurs, intégrateurs, designers, infographistes, webmasters, ergonomes, documentalistes, chef de projets… - impliquées dans les projets digitaux. Une **dimension transversale** au cœur du numérique comme du projet Opquast qui vise à doter tous les professionnels du Web d'un socle de compétences communes. Comme d'autres disciplines de cet écosystème, l'éditorial nécessite un **cadre pensé, des outils optimisés** et des **processus éprouvés**. Pour harmoniser le tout dans un ensemble cohérent, mettre de l'huile dans les rouages, renforcer la fluidité sans entraver l'agilité.

Des règles pour lâcher prise

Non, les deux ne s'opposent pas ! On cherchera le savant dosage entre **cadrage et flexibilité**. Pour réagir vite, saisir les opportunités, improviser dans l'urgence, l'entreprise devra pouvoir compter sur des dispositifs performants et maîtriser les bonnes pratiques au quotidien.

Choix structurants et pratiques de « pro » qui font la différence, ce dossier apporte des jalons pour se poser les **bonnes questions en amont** et procéder aux **ajustements permanents** indispensables. Avec un objectif global : optimiser la production de contenu au quotidien dans un environnement en perpétuelle mutation.

Les outils

Outil 43

L'accessibilité et la qualité Web

> *Mettre le Web et ses services à la disposition de tous les individus quel que soit leur …*
>
> Tim Berners-Lee[1]

En quelques mots

L'inventeur du Web voulait celui-ci pour tous, **quels que soient** les *matériel, logiciel, infrastructure réseau, langue, culture, localisation ou les aptitudes physiques ou mentales*[2]. Centrée sur les deux derniers points, **l'accessibilité** Web se destine aux **personnes handicapées** : permettre à ceux qui ne voient pas l'écran, ne peuvent toucher le clavier ou souffrent d'un autre handicap d'accéder aux contenus. Le **référentiel qualité Opquast** vise à améliorer l'expérience utilisateur plus globalement. Distinctes dans leur approche et leurs priorités, la qualité Web et l'accessibilité impliquent des bonnes pratiques éditoriales souvent convergentes qu'un rédacteur soucieux de ses lecteurs doit intégrer.

ACCESSIBILITÉ ET QUALITÉ WEB

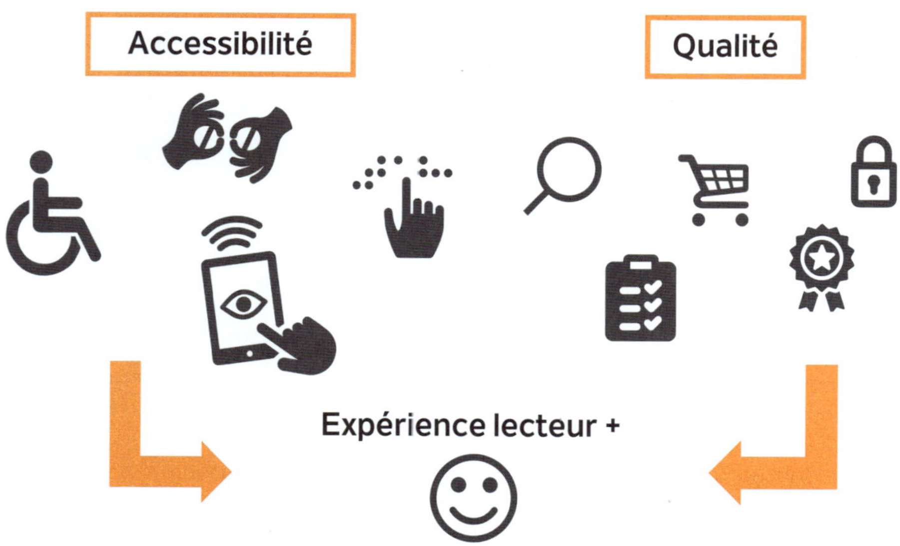

1. & 2. Traduction et adaptation à partir de https://www.w3.org/Consortium/mission

POURQUOI L'UTILISER ?

Objectif

Outre la dimension éthique, l'enjeu de l'accessibilité est de rendre votre production accessible à tous, y compris aux 12 millions de Français touchés par un handicap. Pour les sites publics, il s'agit d'une obligation légale. La qualité Web a pour but d'améliorer l'expérience utilisateur dans son ensemble.
Au cœur des deux démarches, la séparation du fond et de la forme facilitera l'accès en situation d'inconfort (soleil sur écran mobile, bas débit...) et *via* de nouvelles interfaces, vocales notamment. Si les finalités diffèrent, les bonnes pratiques en accessibilité rejoignent souvent celle du SEO (cf. Dossier N° 5), qui fait partie intégrante de la qualité.

Contexte

La loi dite « handicap » de 2005 impose l'accessibilité aux services de communication publique en ligne des services de l'État, des collectivités territoriales et des établissements publics. La loi pour une République Numérique renforce cette obligation (les décrets d'application étant encore en cours d'élaboration début 2018).
Le RGAA[1] définit les modalités d'application des standards internationaux d'accessibilité. Le référentiel qualité Opquast[2] intègre les fondamentaux en accessibilité mais aussi en sécurité, ergonomie, performance, etc.

EN PRATIQUE COMMENT PROCÉDER ?

Étapes

1. Prenez connaissance des recommandations accessibilité ou qualité Web existantes au sein de votre organisation.
2. Si vous disposez de peu de temps et découvrez Opquast, sélectionnez le filtre Rédaction sur la page Qualité Web, la check-list de référence[3].

1. Référentiel Général d'Accessibilité des Administrations http://references.modernisation.gouv.fr/rgaa-accessibilite/
2. & 3. https://www.opquast.com/qualite-web-opquast/

3. Pour un complément pédagogique et pratique en matière d'accessibilité appliquée aux contenus, reportez-vous au Guide Contribuer sur le Web de manière accessible[3]. Édité par l'état, il illustre les bonnes pratiques par des exemples parlants.

Méthodologie et conseils

Comptant parmi les fondamentaux de l'écriture pour le Web, différentes bonnes pratiques Opquast sont abordées ailleurs dans cet ouvrage :
- libellés de liens signifiants (cf. outil N° 9) ;
- balise <title> identifiant la page et le site (cf. outil N° 32) ;
- balises de titre pour hiérarchiser les contenus (cf. outil N° 31) ;
- glossaire pour le vocabulaire technique (cf. outil N° 54) ;
- listes à puces ou numérotées (cf. outil N° 19) ;
- indication du format des fichiers en téléchargement (cf. outil N° 9) ;
- explication des abréviations (cf. outil N° 54) ;
- attribut Alt pour les images porteuses d'information (cf. outil N° 34).

C'est plutôt rassurant ! D'autres pourront paraître évidentes à des spécialistes du contenu, mais pas forcément pour des développeurs ou des designers. Réciproquement, rédacteurs et responsables éditoriaux doivent connaître les basiques techniques ou ergonomiques. Une transversalité au cœur de l'approche Opquast (cf. page suivante).

3. http://disic.github.io/guide-contribuer_accessible/export/guide-contribuer-accessible.pdf

Suite outil 43 →

Avant de vous lancer...

✓ **Les 226 bonnes pratiques Opquast ne doivent pas vous effrayer. Certaines ne concernent que des contextes spécifiques.**

✓ **Libre à vous de ne pas en appliquer certaines : vous le ferez en connaissance de cause, en mesurant les risques induits par une qualité moindre.**

Suite outil

43 L'accessibilité et la qualité Web

COMMENT ÊTRE PLUS EFFICACE ?

Depuis 1999, Élie Sloïm travaille à développer la qualité, son métier d'origine, dans l'univers du Web.
Vaste chantier qui l'a amené à élaborer un modèle pour synthétiser les attentes des utilisateurs et les enjeux des sites internet. Conçu avec Eric Gateau, celui-ci met en lumière 5 notions déterminantes pour « satisfaire les exigences explicites ou implicites » *(voir schéma ci-contre). Il distingue l'interface utilisateur [UI], perçue lors de la visite sur le site, de l'expérience utilisateur [UX] qui intègre aussi la visibilité en amont et les services en aval, notamment pour les sites d'ecommerce.*
« L'utilisateur qui arrive sur un site appréhende la Perception [ou utilisabilité], la Technique et les Contenus en même temps et de façon globale » *constate Élie Sloïm. D'où la nécessité d'une approche qualité transversale qui associe des domaines multiples :*

- Accessibilité
- Ergonomie
- Performances
- Sécurité
- Respect des standards
- SEO
- Etc.

Des bonnes pratiques collaboratives et ouvertes

Concrétisation du modèle VPTCS sur le terrain, les *checklists* Opquast[1] sont élaborées par des professionnels du Web au cours d'ateliers collaboratifs en ligne : « Un procédé au cœur de la démarche qui lui donne toute sa légitimité » selon l'initiateur du projet. Pour être validées, les bonnes pratiques doivent notamment faire consensus, apporter une valeur ajoutée démontrable pour les utilisateurs, être réalistes, valables au plan international et vérifiables en ligne…

Autre point primordial : Opquast signifie Open Quality Standards. Sous licence Creative Commons CC-BY-SA, les bonnes pratiques peuvent être partagées librement à condition d'en citer la source.

Une formation certifiante pour les professionnels du Web

Le fondateur et dirigeant d'Opquast poursuit : « Après avoir beaucoup travaillé à la mise en conformité et au pilotage des sites, on est aujourd'hui tournés sur l'essentiel : les compétences des professionnels du Web ». Opquast a mis au point la **Maîtrise de la qualité en projet Web**, formation certifiante reconnue par la CNCP (Commission Nationale des Certifications Professionnelles).

Cette formation en ligne vise une certification officielle dont la forme s'inspire du TOEIC (*Test of English for International Communication*) : les candidats obtiennent un score sur 1000 points, et sont certifiés à partir de 500. Une plateforme en ligne permet de se préparer au passage de l'examen. Avec plusieurs milliers de certifiés début 2018, la communauté Opquast grandit très rapidement. Elle rassemble aussi un réseau de partenaires, prestataires et écoles qui organisent la certification à plus grande échelle pour leurs équipes et leurs étudiants.

1. https://checklists.opquast.com/fr/

LE MODÈLE VPTCS[1] POUR LA QUALITÉ WEB

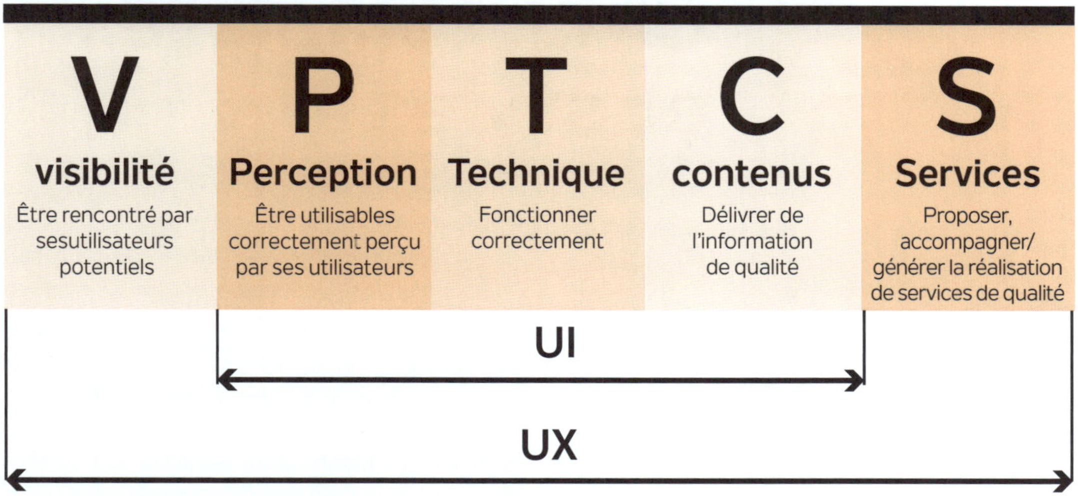

opquast®
open quality standards

Comprendre les autres métiers du Web

Mais la qualité Web ne peut pas rester un problème d'agences ou de prestataires techniques. « Pour que cela fonctionne, il faut que les clients, notamment ceux qui produisent les contenus, appliquent les bonnes pratiques au quotidien » insiste Elie Sloïm qui a fait de la diffusion d'Opquast auprès des contributeurs son cheval de bataille. « La moitié des bonnes pratiques concernent directement ou indirectement les contenus. Pour beaucoup d'entre elles, les rédacteurs n'ont pas besoin de savoir les appliquer mais il est indispensable qu'ils connaissent leur existence et leur motivation. Est-ce qu'un apprenti pâtissier soucieux de la qualité de ses gâteaux pourrait ignorer le fonctionnement du four, ses possibilités, ses contraintes ? » Inimaginable, non ?

Un socle minimum commun à tous

Les projets Web ne peuvent bien fonctionner que si les différents profils impliqués se comprennent et parlent le même langage. Développeurs, intégrateurs, UX designers, infographistes, chefs de projet, commerciaux, Community managers, responsables du contenu, rédacteurs… Tous doivent posséder un socle commun de compétences fondamentales, chacun restant spécialiste de son domaine.

Pour une personne impliquée dans la production de contenus, la certification Opquast apporte la maîtrise des basiques en matière d'accessibilité, d'ergonomie, de respect des standards, de performance technique, de sécurité, etc. Un atout de taille pour mieux comprendre son environnement de travail et ses collègues… « D'ailleurs les contributeurs sont de plus en plus nombreux à passer la certification » se réjouit Elie Sloïm. « Une tendance encourageante et indispensable pour casser les silos et mieux prendre en compte les besoins des utilisateurs dans leur diversité ».

1. Source : *Qualité Web - La référence des professionnels du Web*, Élie Sloïm et Laurent Denis, Eyrolles, 2016.

Outil 44 CMS, templates et styles

> « Les bons outils font les bons artisans.

En quelques mots

Incontournable, le CMS (*Content Management System* ou Outil de gestion de contenu) permet d'actualiser un site sans maîtriser le HTML, langage informatique du Web. Saisi *via* une interface d'administration (ou *back-office*), le texte s'affiche dans le template (modèle) sélectionné avec l'apparence définie dans une feuille de style. *Wordpress, Drupal, Joomla*...ou plein d'autres, le choix du CMS et la façon dont il est paramétré détermineront les possibilités de mise en forme du texte, la souplesse et la convivialité de l'outil. Il influencera aussi la visibilité du site dans les résultats de Google ou la facilité de recueil des statistiques de fréquentation.

WORDPRESS, LEADER MONDIAL DES CMS

POURQUOI L'UTILISER ?

Objectif

En affranchissant de la maîtrise du code, les CMS ont décentralisé et fluidifié la production de contenus Web, la plaçant à portée de nombreux contributeurs. La séparation du fond et de la forme permet d'appliquer très facilement des modifications graphiques à l'ensemble du site : nul besoin d'intervenir sur chaque page, merci les *templates* ! Ces modèles garantissent aussi la cohérence visuelle : imaginez l'allure d'un site où chaque contributeur choisirait couleurs et polices de caractère à sa guise !

Contexte

Tout projet Web ou applicatif inscrit dans la durée nécessite un CMS. Reste à savoir lequel :
L'incontournable WordPress ? Ses innombrables *plug-in* (extensions qui assurent de multiples fonctionnalités) et thèmes (apparences) personnalisables répondent aux besoins d'une large diversité de projets.
En dissociant la création d'un contenu de sa publication (sur un ou plusieurs sites, des applications, des réseaux sociaux... et bientôt votre voiture ou votre frigo), EzPublish offre de larges perspectives et esquisse la gestion de contenus de demain ; mais il est parfois jugé lourd à prendre en main pour les intégrateurs comme pour les utilisateurs.
À l'autre extrême, de nombreux blogueurs et TPE se satisfont de CMS en ligne : Medium, plateforme au design minimaliste adoptée par de nombreux influenceurs, Wordpress.com (présent aussi sous cette forme) ou Wix... pour n'en citer que quelques-uns.

COMMENT L'UTILISER ?

Étapes

1. Listez vos attentes en termes de publication (Quels types de contenus ? À quel rythme ? Combien de contributeurs ?...) et de fonctionnalités (moteur de recherche, commentaires des utilisateurs, gestion des accès...).
2. Donnez-leur des niveaux de priorité : « Must » ou « Nice to have ».
3. Dessinez des maquettes fonctionnelles des principales pages pour clarifier vos besoins (cf. page suivante).
4. Faites-vous aider dans ce choix par un spécialiste.
5. Tester le CMS dès que possible.
6. Prévoir une formation pour les contributeurs si la prise en main n'est pas intuitive.

Méthodologie et conseils

Les CMS *open source* (comme WordPress, EzPublish ou Drupal par exemple) sont souvent gratuits, avec leur code modifiable amélioré par des communautés de développeurs. Ils gagnent du terrain face aux solutions « propriétaires », plus fermées, qui présentent l'inconvénient d'une dépendance accrue. À moins de contraintes très spécifiques en matière de sécurité ou d'infrastructures informatiques globales, rien ne semble justifier le recours à de telles solutions, eu égard aux avantages de *l'open source*.

Suite outil 44 →

Avant de vous lancer...

✓ **Consultez comparatifs et livres blanc, notamment celui de l'intégrateur Smile 200 questions pour choisir un CMS ; il date d'il y a quelques années mais reste un modèle de pédagogie sur ce que l'on peut attendre de ces outils.**

✓ **Recherchez l'interlocuteur technique de confiance : le choix du CMS aura un impact sur votre quotidien. Une décision délicate qui nécessite de bien cerner les enjeux et implications techniques.**

Suite outil 44

CMS, templates et styles

COMMENT ÊTRE PLUS EFFICACE ?

Les maquettes fonctionnelles pour clarifier vos besoins

Accueil, rubrique, article, dossier, fiche produit… les maquettes fonctionnelles (*wireframe* ou *zoning* en anglais) esquissent l'allure générale de chaque page type : on y schématise les principaux éléments de contenus (titre, chapô, citation ou exergue, listes, visuels, encadré…)

Comme leur nom l'indique, il s'agit bien de maquettes fonctionnelles (ou éditoriales) et non graphiques : elles définissent la hiérarchie des éléments et leur agencement avant de penser aux couleurs et aux polices de caractère… Elles aident les informaticiens à choisir un CMS correspondant aux besoins éditoriaux et à le paramétrer en conséquence. Les webdesigners repartiront d'elles pour créer les maquettes graphiques puis les *templates* pour chaque page type. Des outils spécialisés optimisent leur réalisation, parmi lesquels certains gratuits (comme gomockingbird.com, moqups.com, wireframe.cc …). Selon la dimension du projet, un crayonné « fera aussi le job » efficacement.

Choisissez vos styles

L'habillage joue un rôle crucial pour accrocher l'attention du lecteur (cf. Dossier N° 4). Mieux vaut s'assurer que l'interface de saisie proposera bien tous les éléments nécessaires à la mise en valeur des textes en dressant une liste de ces micro-contenus en amont. Charge aux webdesigners ou infographistes d'y associer les styles graphiques (place, couleur, taille, police de caractère…) opportuns.

Parmi les micro-contenus les plus fréquemment utilisés :

- Titre
- Surtitre et/ou Sous-titre
- Intertitres, éventuellement sur plusieurs niveaux
- Chapô et/ou accroche
- Citation/exergue
- Liste à puces et liste numérotées
- Tableau
- Lien (avec les 3 formats : non visité, visité, survolé)
- Légendes

Une fois le CMS et les feuilles de style ou CSS (*Cascading Style Sheet*) installés, le rédacteur n'aura qu'à remplir un champ ou à appliquer le style ad hoc *via* un menu déroulant pour que son micro-contenu prenne l'apparence voulue.

Un CMS au service de la qualité éditoriale

Afin de renforcer ses chances de visibilité sur Google il est impératif de pouvoir renseigner aisément *via* le CMS les données clés pour le SEO (cf. Dossier 5) au premier rang desquelles la balise h1, la balise <title> et la balise <meta description>.

Ceux qui publient beaucoup gagneront du temps en « demandant au CMS » de générer automatiquement certaines données :

- la balise <title> à partir du Titre h1 suivi du nom du site ;
- l'URL à partir des mots saisis dans le champ Titre h1 ;
- la <meta description> à partir des 200/300 premiers caractères du texte.

Cette automatisation s'apprécie au quotidien, mais il est préférable qu'elle soit débrayable : pour certaines pages clés, le rédacteur pourra vouloir distinguer la balise <title> de la h1 ou renseigner une <meta description> différente du début du texte.

Enfin, les sites impliquant de nombreux contributeurs ont intérêt à ajouter des limites fonctionnelles pour la bonne cause : celle de la qualité éditoriale. S'il risque d'agacer les rédacteurs prolixes, un champ de saisie limité à 50 ou 60 signes offrira la garantie d'un titre court. On pourra agir de la sorte pour d'autres micro-contenus comme le surtitre, le chapô, l'accroche ou les légendes.

Responsive design et contenus

Le responsive design : une mise en page adaptée à la taille de l'écran

Face à la diversification des tailles d'écran – le trafic global sur mobile ayant dépassé celui *via* les ordinateurs –, certains gros acteurs ont développé, aux côtés de leur site d'origine, des sites mobiles spécifiques consacrés aux usages en mobilité. La majorité a en revanche choisi le responsive design : un site unique qui s'affiche différemment selon la taille de l'écran. En permettant de concentrer forces et efforts, cette option facilite considérablement la gestion des contenus au quotidien : une seule source à mettre à jour. Elle favorise aussi la visibilité de vos pages dans les résultats de Google (cf. Dossier 5 sur le SEO).

Chaque page se voit associer plusieurs feuilles de style – souvent organisées sur une, deux ou trois colonnes - qui s'affichent en fonction de la largeur d'écran du visiteur. Le même contenu s'organise donc différemment consulté *via* un smartphone ou un ordinateur de bureau. Typiquement, des éléments apparaissant en haut à droite sur le grand écran sont relégués bien plus bas, après le corps de texte sur un mobile.

Le producteur de contenus doit donc prendre en compte ces différentes hiérarchies visuelles. En phase de conception, il vous faudra réfléchir aux deux (voire 3 pour le format tablette) maquettes fonctionnelles.

Au quotidien, détournez votre regard de l'écran de l'ordinateur pour jeter un œil à vos contenus sur votre smartphone : un bon réflexe susceptible d'influencer la conception de vos contenus !

Outil

45 La charte éditoriale

> “ Une marque doit exacerber son identité pour être unique et elle-même.
>
> Jeanne Bordeau

En quelques mots

Document de **référence**, la charte éditoriale donne le la pour que les publications s'orchestrent harmonieusement à travers les différentes rubriques et *via* les différentes plumes. Formalisation concrète de la **ligne éditoriale** (cf. outil N° 1), la charte éditoriale va plus loin en devenant une « **bible pratique** » pour un grand nombre de rédacteurs. Condensé de partis-pris structurants, de bonnes pratiques de base, et de micro-choix, la charte éditoriale est par essence spécifique. Les mauvaises langues y verront peut-être une foule de détails contraignants mais les plumes pragmatiques sauront s'y référer.

À CHAQUE SITE, SA CHARTE ÉDITORIALE

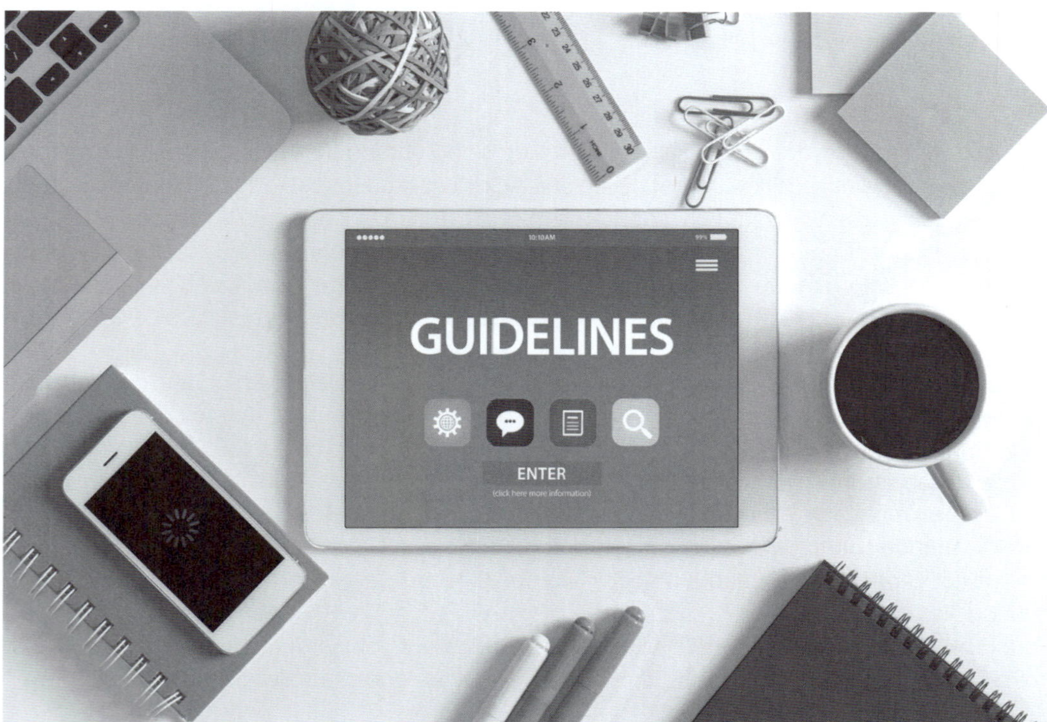

POURQUOI L'UTILISER ?

Objectif

La charte éditoriale fournit un cadre structurant pour des contenus qui, si atomisés, disséminés et multiples soient-ils, doivent agir de concert. Gage de cohérence, elle vise à éviter la cacophonie ou le flou pas forcément artistique. Si la formalisation des fondamentaux et la ribambelle de bonnes pratiques semblent superflues à certains, la charte contribue à cultiver la singularité d'une entreprise et à l'exprimer à travers ses mots. « *Last but not least* », elle facilite le travail des rédacteurs, en permettant de trancher moult hésitations, d'arbitrer des désaccords ou tout simplement en évitant de réinventer la roue.

Contexte

L'utilité d'une charte éditoriale grandit avec le nombre de contributeurs. Mais on peut y songer dès que l'on est plusieurs, tant les façons de concevoir, écrire et nommer les choses risquent de diverger si l'on n'y prend garde. Ce document se révélera particulièrement précieux pour accueillir de nouveaux rédacteurs – permanents ou pigistes – ainsi que pour asseoir le projet éditorial dans une pérennité et une légitimité accrue.

COMMENT L'UTILISER ?

Étapes

1. Repartir des objectifs de la structure, des personas et de leurs scénarios de lecture (cf. Dossier 1).
2. Poursuivre par les sujets à aborder ou pas, les angles privilégiés, le ton...
3. Indiquer les rythmes de publication visés, les acteurs impliqués et les processus (validation, traduction, publication...).
4. Selon le niveau d'expertise des contributeurs, rappeler les fondamentaux de la rédaction Web et du référencement naturel (cf. Dossier N° 5) et de l'accessibilité (cf. outil N° 43) les plus importants à vos yeux.
5. Préciser tout ce qui rend vos contenus uniques et répondez aux questions qu'un nouveau rédacteur se poserait : signe-t-on les articles ? S'adresse-t-on au lecteur à l'impératif ? Peut-on le tutoyer ? Peut-on faire des jeux de mots dans les titres ? Quelles abréviations s'autorise-t-on ?
6. Joindre un lexique du vocabulaire métier pour être sûr que chacun met bien les mêmes choses derrière les mêmes mots.

Méthodologie et conseils

- Soignez sa forme en pensant à ses lecteurs : les rédacteurs. Le format en ligne avec un premier niveau très succinct et des compléments pour en savoir plus est pratique.
- Évitez le carcan : la charte doit évoluer avec le site et avec les apports des contributeurs qui l'expérimentent au quotidien.
- Illustrez par des exemples voire des contre-exemples (avec des captures d'écran du site et/ou du *back office*) pour renforcer l'aspect pratique. L'agence en stratégie de contenu Yello Dolphins recommande la charte *in-context*[1], avec des instructions au sein-même de l'outil de gestion de contenu (CMS) : jamais testé mais l'idée paraît fort pertinente.
- Ne la limitez pas au seul site web ; abordez aussi l'identité éditoriale déployée sur les réseaux sociaux, les newsletters, les applications...

---

1. https://yellowdolphins.com/publications/30-techniques-pour-vos-contenus/la-charte-editoriale/

Avant de vous lancer...

✓ Inspirez-vous en téléchargeant le rapport « 50 exemples de chartes éditoriales »[1] par Yello Dolphins.

✓ Auditez vos contenus (si vous en avez déjà) en termes qualitatifs et quantitatifs pour en tirer des bonnes pratiques ; ou mieux, faites réaliser cet audit par un œil extérieur averti, qui identifiera vos spécificités à renforcer et les points de vigilance.

✓ Impliquez au maximum des rédacteurs dans sa conception : co-construire une charte éditoriale renforce la cohésion au sein de l'équipe de rédaction et facilite l'appropriation.

46 Le calendrier éditorial

> Adresser les bons contenus aux bonnes personnes au bon moment.

En quelques mots

Positionner les publications clés en amont, cela signifie prendre de la hauteur pour réfléchir aux sujets de fond et sortir la tête du flux. Outil de **pilotage** de la stratégie de contenus comme de **gestion des ressources,** le calendrier éditorial définit des rythmes adaptés aux **attentes des publics** – différentes selon les canaux (site Web, newsletter, applications, Facebook, Twitter...) – et aux **capacités de production** de la structure. Il se déclinera en une version annuelle et des vues mensuelles, voire hebdomadaires pour ceux qui publient abondamment.

PLANIFIER POUR GAGNER EN EFFICACITÉ ET VISIBILITÉ

POURQUOI L'UTILISER ?

Objectif

Le calendrier éditorial et la réflexion globale qu'il induit visent à éviter différents écueils : la saturation des publics ou de trop longues périodes de silence, comme les goulets d'étranglements au sein d'équipes de rédaction surchargées.
Pour préserver l'appétence des audiences, il insuffle le rythme ad hoc en ménageant d'indispensables respirations. Planifier est aussi un moyen d'optimiser les ressources : plusieurs gros événements concomitants incontournables requerront peut-être le recours à un pigiste. Pour les instances centrales diffusant des contenus concernant différentes entités, directions, services, régions... le calendrier permet de veiller à l'équilibre entre ces derniers.

Contexte

Le blogueur qui écrit selon l'inspiration s'en passera. L'entreprise ou l'institution désireuse d'affirmer sa présence dans la durée y aura recours de façon plus ou moins formalisée. Le planning éditorial s'avère indispensable dès lors que plusieurs producteurs de contenus s'adressent aux mêmes publics pour éviter que les publications ne se cannibalisent entre elles.

COMMENT L'UTILISER ?

Étapes

1. Commencez par lister :
- les dates de parution des publications périodiques (Newsletter chaque début de mois par exemple) ;
- les événements phares à venir ;
- les marronniers (cf. outil N° 11) sur lesquels il est judicieux de greffer une actualité éditoriale.
2. Planifiez les sujets froids - sans lien direct avec l'actualité - durant les périodes où celle-ci est creuse.
3. Programmez vos publications aux moments les plus favorables selon vos statistiques d'audience (ex : éviter le vendredi soir pour une newsletter professionnelle).
4. Prévoyez un rétroplanning de conception pour les dossiers ou analyses de fond.

Méthodologie et conseils

Adaptable selon vos besoins, l'outil croise dans un tableau à double entrées une période de temps (semaine, jour, heure... en fonction de la vue concernée) avec différentes données relatives à une publication :
- canal de diffusion ;
- persona(s) ciblé prioritairement ;
- sujet ;
- auteur ;
- calibrage ;
- format éditorial ;
- contenu(s) lié(s) : un tweet en relais d'un article par exemple ;
- ainsi que tout autre critère pour lequel il est souhaitable de veiller à un équilibre : entité, zone géographique, fonction...

Si les très grosses structures exigeantes utilisent des solutions spécialisées payantes comme Gathercontent ou Divvyhq, la plupart réalisent leur planning avec Google sheets ou le très maniable outil de gestion de projet collaborative Trello.

Avant de vous lancer...

✓ **Loin de viser l'exhaustivité – puisque l'actualité déterminera une large part des publications – le calendrier éditorial se contente de jalonner ce qui est prévisible. Gardez temps et ressources pour les sujets chauds afin de les traiter avec la réactivité qui s'impose.**

✓ **Publier c'est bien, dépublier aussi : enregistrez des alertes pour vous rappeler de contrôler que vos contenus ne sont pas obsolètes et supprimez ou archivez ceux qui le sont.**

✓ **Paramétrez la suppression automatique des contenus périssables à une date prévisible (annonce d'un évènement par exemple) si votre CMS le permet.**

Outil 47

Décliner, recycler et relier

> “ Soit on se répète, soit on se contredit. Mais pour ne pas lasser, mieux vaut diversifier les formats !

En quelques mots

Avec le digital, les **modes de consommation** de l'information se sont **diversifiés**. Pour qui veut être vu, entendu et lu, cela implique une omniprésence à travers de **multiples formats**. Un article ne suffit pas ! Sans doute le relaiera-t-on avec 4 ou 5 tweets, tous différents, portant chacun sur un aspect précis du sujet. Peut-être sera-t-il associé avec d'autres articles sur le même thème pour donner naissance à un livre blanc. Le **recyclage éditorial** réinvente les contenus pour infuser *via* de multiples canaux en s'adaptant à leurs codes et à leurs usages.

DES CONTENUS À GÉOMÉTRIE VARIABLE

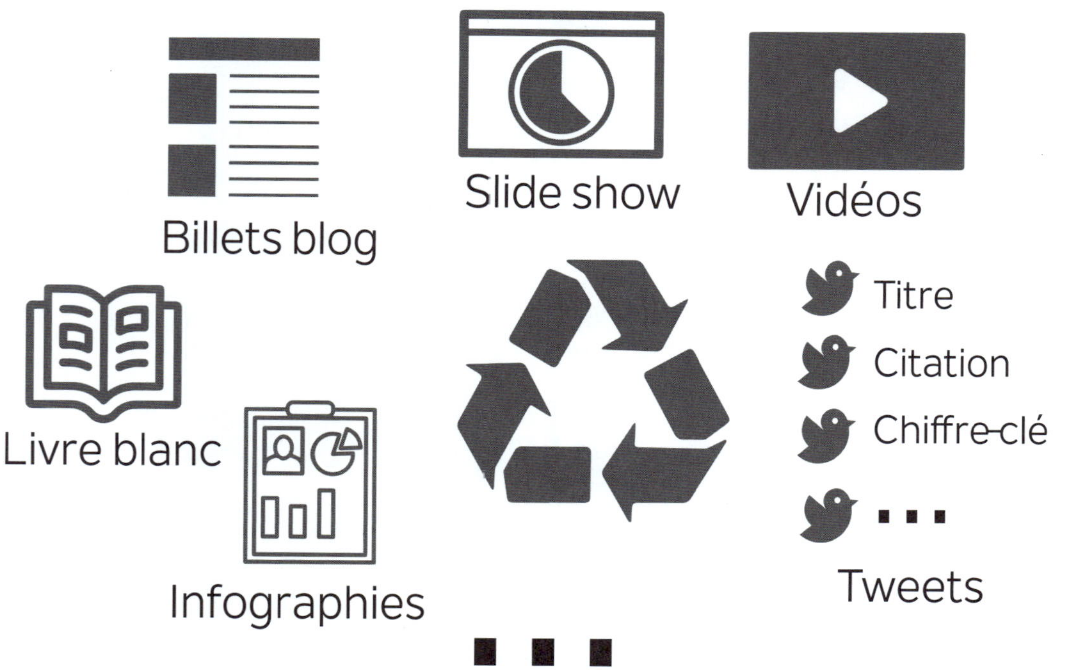

POURQUOI L'UTILISER ?

Objectif

Décliner les sujets porteurs à travers différents formats multiplie les chances de toucher des audiences dispersées et volatiles. La variété des approches éditoriales répond à des attentes qui elles aussi varient selon les moments et le contexte. Cette approche de recyclage vertueux décuple la puissance des messages tout en mutualisant une partie de votre effort éditorial (veille, recueil, analyse...).

Contexte

Les formats les plus gourmands exigeront un budget hors de portée de certaines bourses : tout le monde ne pourra pas décliner ses messages en *motion design* (vidéos d'animation graphiques dynamiques) ou en « dataviz interactives » (format visuel offrant à l'utilisateur la possibilité de manipuler des données) ! Cela dit, tout producteur de contenus gagnera à capitaliser sur son travail de recherche et de traitement de l'information pour produire des formats diversifiés. Alors que Fred Cavazza compare le site web à une « base arrière pour centraliser et archiver »[1], comment ne pas utiliser les multiples autres canaux de diffusion pour propulser des contenus « *homeless* » cohérents et complémentaires.

COMMENT L'UTILISER ?

Étapes

Pour chaque contenu produit, se poser la question de :

1. le fragmenter à travers des formats plus courts, typiquement des messages de relai sur les réseaux sociaux ;
2. l'agréger avec d'autres, par le biais de simples liens de maillage interne, au sein d'un dossier avec sa propre cohérence éditoriale ou pour créer un livre blanc, téléchargeable au format pdf ;
3. le décliner à travers des angles éditoriaux différents : un évènement annoncé dans une brève fera l'objet d'un dossier ultérieurement, un sujet traité sous l'angle stratégique donnera lieu à un autre article plus pratique, une innovation sera décryptée en images puis sous forme d'interview d'expert...

Méthodologie et conseils

- Attention à ne pas copier/coller : mieux vaut s'abstenir plutôt que de publier une infographie ne comportant que du texte ou une page Web avec des phrases trop longues parce qu'écrites pour le papier. Une adaptation s'impose pour tirer parti des spécificités de chaque format ou canal.
- Multipliez les liens entre les différents supports pour offrir à chaque lecteur son format préféré, renforcer la visibilité et favoriser le référencement naturel de chacun d'entre eux (cf. outil N° 35).
- Au-dela de l'objet de cet ouvrage, pensez également à diversifier vos contenus dans d'autres formats que le texte : infographies, diaporamas, courtes vidéos, podcasts, etc.

Avant de vous lancer...

✓ **Tous les sujets ne se prêteront pas à tous les formats ni à tous les canaux. S'il est judicieux de s'interroger, pas de déclinaison systématique : ce qui compte c'est la pertinence pour l'audience.**

✓ **Vous aurez peut-être la désagréable impression de « radoter », syndrome classique du communicant lassé par son message ou sujet alors que celui-ci commence tout juste à être perçu par les parties prenantes. Interrogez-les et résistez à vos tentations, c'est leur perception qui importe, pas la vôtre !**

1. https://fredcavazza.net/2017/03/20/les-sites-web-sont-ils-en-voie-de-disparition/

Outil

48

Le contrôle anti-coquilles

> “
> *Commettre une faute et ne pas se corriger, c'est là la vraie faute !*
>
> Confucius

En quelques mots

Si exigeant soit le rythme intraitable du flux, ne sacrifiez pas l'orthographe et la grammaire ! Votre crédibilité, et celle de votre organisation en dépendent. Certes, personne n'est à l'abri... En témoignent des coquilles d'anthologie commises par les plus prestigieux titres de presse. Mais on peut - on doit ! - mettre en place un contrôle des plus efficaces à l'affût des erreurs orthographiques, grammaticales, syntaxiques, typographiques ou simplement d'étourderie. Différents outils vous y aideront ; ils ne suffiront pas. Relire, et faire relire constituent des tâches indispensables par respect pour le lecteur.

DÉTECTER LES COQUILLES AVANT DE PUBLIER

POURQUOI L'UTILISER ?

Objectif

Tel un caillou dans la chaussure susceptible de gâcher la plus belle des randonnées, les fautes focalisent l'attention du lecteur au détriment du reste. Il faut donc se donner les moyens de les détecter avant de publier. Vos publics apprécieront à leur juste valeur un style et une orthographe sans faille. Google ne s'y trompe pas, faisant de la qualité orthographique et grammaticale un critère de classement. Au-delà des fautes proprement dites, la relecture traquera aussi répétitions, incohérences, lourdeurs ou oublis…

Contexte

TPE, indépendants, grandes structures… tous se doivent de livrer à leur public des textes irréprochables. Il incombe au rédacteur de veiller à ne pas laisser passer de coquilles ou de fautes. Certes, corriger une page Web après publication est plus aisé qu'une brochure une fois imprimée. Mais pour tous les lecteurs ayant vu la faute, le « mal » sera fait. Sans parler des newsletters parties dans les boîtes mail des destinataires que l'on ne pourra rattraper.

COMMENT L'UTILISER ?

Étapes

1. Après rédaction et habillage, passez votre texte à la moulinette des correcteurs orthographiques (Voir ci-dessous). Mais gardez à l'esprit que cela ne suffit pas…
2. Laissez reposer pour retrouver votre contenu avec un œil neuf. Lire à haute voix ou, paragraphe par paragraphe, en commençant par la fin, vous aidera à rester concentré sur la correction.
3. Faites appel à un collègue - pas plus long, au final, si l'on fonctionne en binôme et tellement plus efficace, tant les fautes des autres sautent aux yeux !
4. Plus c'est gros, moins on le voit : redoublez de vigilance pour les titres et autres éléments d'habillage.

Méthodologie et conseils

Les correcteurs intégrés aux navigateurs ou à Word montrent très vite leurs limites. L'incontournable agence en stratégie de contenu yellowdolphins.com[1] ou le blog notuxedo.com[2] ont testé les principaux outils spécialisés. Pour 120 € environ, le logiciel d'aide à la rédaction Antidote sort du lot : personnalisable, il s'intègre à de nombreux logiciels (navigateurs, messageries, traitements de texte…) et propose des améliorations de style ou de typographie ainsi que de puissants dictionnaires (classique, synonymes, antonymes…). Tous deux gratuits, le service en ligne Reverso.net et l'extension au navigateur Firefox Grammalecte tirent leur épingle du jeu. Évidemment aucun outil n'est infaillible !

1. https://yellowdolphins.com/publications/articles/correcteurs-en-ligne-le-test-comparatif/
2. https://www.notuxedo.com/correcteur-orthographique/

Avant de vous lancer…

- Corriger c'est bien, vérifier en amont au moindre doute, c'est bien aussi !
- Créé par le CNRS, le cnrtl.fr constitue la référence des dictionnaires en ligne : définitions, synonymes, antonymes, étymologie…
- Chut, ne le dites pas ;-) Qui n'a jamais saisi un mot ou un bout de phrase dans Google pour voir ce que sa fonction « Essayez avec l'orthographe… » propose ? Certes pas infaillible, mais souvent pertinent et pratique.
- Espace ou non, majuscule ou pas… en matière de conventions typographiques, la notice de Wikipédia[3] répond à de nombreuses questions qu'un rédacteur est susceptible de se poser.

3. https://fr.wikipedia.org/wiki/Wikip%C3%A9dia:Conventions_typographiques

Outil 49

Écouter et dialoguer avec ses lecteurs

> Seul celui qui sait écouter pleinement peut communiquer efficacement.

En quelques mots

Les contenus alimentent les conversations, l'inverse est vrai aussi. Tel un reporter toujours à l'affût, le premier outil du producteur de contenu sera son oreille : curieuse, attentive, bienveillante. Des bruits de couloir – qu'il faudra bien sûr vérifier - à l'immense machine à café que constituent les réseaux sociaux. Pour répondre aux questions et interpellations, se nourrir des réactions en vue d'articles futurs, voire solliciter sa communauté en amont de la rédaction. Et faire en sorte que le lecteur soit aussi interlocuteur, sujet et acteur... Rien de tel pour aiguiser la pertinence et susciter l'intérêt !

QUAND CONTENUS ET CONVERSATIONS SE NOURRISSENT...

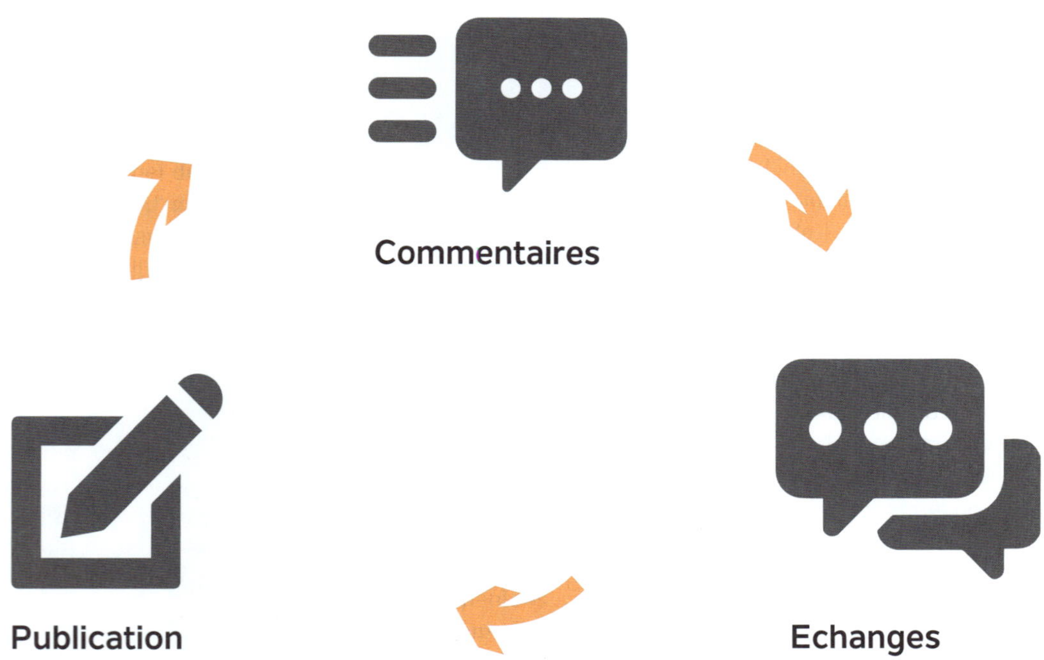

POURQUOI L'UTILISER ?

Objectif

Les discours descendants ont fait long feu ! Le respect du lecteur implique qu'on dialogue quand celui-ci nous interpelle ou réagit à notre contenu. Tisser des liens n'est-il pas souvent un objectif premier pour qui produit des contenus ? Le Web participatif nous en donne l'occasion de façon concrète. Son écoute attentive aide aussi à éviter les discours autocentrés sur notre organisation, déconnectés du monde extérieur, qui resteront dans leur bulle. Les marques audacieuses conçoivent leurs produits avec les consommateurs ; des influenceurs impliquent leurs communautés en amont, enquêtant en ligne pour enrichir le fond de leurs articles et dynamiser la forme avec une dimension participative.

Contexte

Sur les sites de presse et les blogs, les commentaires fleurissent avec un bonheur variable : les thèmes grand public drainent invariablement leur lot de trolls, les sujets plus pointus donnent parfois lieu à des échanges passionnants pour une audience ciblée. Quel que soit l'univers, les réactions s'expriment surtout sur les réseaux sociaux. Souvent pertinentes, parfois précises, toujours en attente, elles méritent une réponse des auteurs.

COMMENT L'UTILISER ?

Étapes

1. Mettez en place un dispositif de notification efficace.
2. Gardez-vous du temps pour répondre avec attention et réactivité aux interpellations.
3. N'hésitez pas à revenir sur votre contenu en le mentionnant pour y intégrer un rectificatif, une remarque ou un complément d'information justifié.
4. Sollicitez aussi vos lecteurs en amont de l'écriture *via* les réseaux sociaux : du mini-sondage ultrarapide sur Twitter à un appel à témoignages plus ouvert *via* un Google doc par exemple (cf. page suivante).

Méthodologie et conseils

- Quand vous interrogez votre communauté, vos questions induisent le type de réponses : très ouvertes, elles risquent d'engendrer toutes sortes de réactions ; pointues, elles appellent des retours précis probablement plus qualitatifs.
- Donnez à voir le *making of* de votre article, en remerciant ceux qui ont répondu présents et en valorisant les retours les plus intéressants.
- Pourquoi ne pas inviter vos lecteurs les plus engagés IRL (*In Real Life*), comme disent les *geeks* pour parler du monde réel ? Les personnes en lien sur internet sont souvent ravies de se rencontrer en chair et en os, faisant souffler un air de spontanéité rafraîchissant au sein des traditionnels événements de relations publiques.

Suite outil 49 →

Avant de vous lancer...

✓ **Pour écouter efficacement, adoptez une posture d'ouverture et de bienveillance, comme dans la vraie vie en somme ! Découvrez à ce sujet, les podcasts de l'association professionnelle COM-ENT[1].**

✓ **Même lorsque les échanges s'emballent, relisez-vous avant de publier du tac-au-tac, vous n'êtes pas entre amis sur une messagerie instantanée !**

✓ **Si l'agressivité s'en mêle, restez humble, calme et neutre, autant que faire se peut...**

1. http://www.communicationetentreprise.com/comites-communautes-reseaux-et-groupes-de-travail/groupe-de-travail-ecoute.html

Écouter et dialoguer avec ses lecteurs

COMMENT ÊTRE PLUS EFFICACE ?

Cyrille Frank aka @cyceron sur Twitter. Journaliste, formateur, consultant médias. Blogueur depuis 2007, fondateur de Mediaculture.fr, cofondateur de Ask Media. Créateur et animateur des eclaireursdelacom.fr, premier blog collaboratif français sur la communication, sous toutes ses formes.

Tu as pris plusieurs fois position en faveur des commentaires, tant décriés par d'autres, pourquoi ?

Quelles que soient les informations véhiculées, ils créent le contact, la 1re étape d'une véritable relation avec les lecteurs. Leur qualité est liée à la qualité des contenus, tout du moins pour des sujets professionnels. Sur mediaculture.fr, les échanges en commentaires vont souvent plus loin, plus en profondeur que l'article. Un peu comme le dialogue avec le public dont l'intérêt dépasse celui de la conférence qui les a précédés. Sur un plan plus prosaïque, l'impact en termes de SEO [N.D.L.R. cf. Dossier 5] est très positif. Les commentaires permettent d'anticiper les sujets qui vont intéresser, de rester en phase avec la société. C'est un outil sociologique formidable pour qui prend le temps de les analyser.

Comment traites-tu les commentaires sur ton blog ?

Je réponds à tous, point par point : il faut garder du temps pour cet indispensable « SAV » du contenu. Et aussi une bonne dose de calme, face à des propos trop virulents : comme dans la vie, un ton résolument courtois sans rien lâcher sur le fond désamorce généralement l'agressivité.

Tu impliques aussi ta communauté en amont via des enquêtes en ligne : peux-tu nous décrire comment tu procèdes ?

Tout l'art, c'est de poser la bonne question : « impliquante », portant par exemple sur des pratiques personnelles… Y répondre ne doit pas demander trop de temps. Une question suffisamment précise entraînera des réponses qualitatives. En revanche, mieux vaut ne pas placer la barre trop haut : je me souviens d'une question trop complexe qui a découragé les contributeurs.

Il faut aussi fournir aux répondants des éléments de contexte. Expliquer pourquoi la question se pose en quelques lignes sur le document utilisé pour recueillir des réponses (sur Google Docs, par exemple). Pour introduire la question « Pourquoi préférez-vous Twitter à Facebook ? » j'évoquais le paradoxe qui consiste à préférer converser avec des inconnus sur Twitter plutôt qu'avec des amis sur Facebook. On peut aussi citer une étude ou rapporter son expérience personnelle… Bref, contextualiser pour planter le décor et engager la conversation.

Penses-tu à d'autres recommandations ?

C'est bien de poser les règles du jeu : expliquer que les contributions seront exploitées dans tel article sur tel sujet publié sur tel site, avec un lien. La crédibilité et la notoriété de ce dernier sont bien entendu déterminantes pour inciter le public à contribuer. En d'autres termes, mieux vaut déjà avoir « fait ses preuves » éditoriales et conquis une audience conséquente avant de lancer un appel à contribution. Car il s'agit bien d'une opération donnant/donnant : contribution contre visibilité. J'indique que les commentaires cités dans l'article mentionneront le pseudo et un lien vers le compte Twitter de l'auteur, sauf pour ceux qui préfèrent l'anonymat. Après, je relaie plusieurs fois le lien pour contribuer sur les réseaux sociaux où se trouve la communauté et je laisse du temps.

Et ensuite ?

Une semaine plus tard environ, je commence « la récolte » avec parfois la bonne surprise de trouver des pépites qui orienteront l'article dans des directions que je n'avais pas anticipé. Je trie, organise, synthétise, regroupe et introduis les contributions : bref, un travail « d'éditorialisation » qui met en avant les plus intéressantes au sein du contenu publié.

Y a-t-il un impact sur le succès des articles ?

En termes d'audience, indéniablement ! C'est vrai qu'une obligation de résultat envers les contributeurs me pousse à promouvoir le contenu plus activement que quand je suis le seul impliqué. Je fais un effort particulier pour que le donnant/donnant se transforme en gagnant/gagnant. Les contributeurs cités relayent aussi l'article et renforcent sa visibilité. D'autant que ceux qui contribuent activement sont souvent des personnalités influentes avec un fort pouvoir de recommandation.

Vois-tu d'autres avantages à cette pratique ?

Oui, les liens tissés avec les contributeurs ! Je reste en relation avec eux et certains sont devenus des contacts professionnels, d'autres des amis dans la vie « physique ». Sans oublier l'enrichissement des contenus et l'ouverture à d'autres horizons, toujours stimulante.

Outil 50

Veiller pour s'inspirer

> La création est un mythe puisque personne au sens strict n'invente jamais rien.
>
> Gérard Bessette

En quelques mots

Tous les professionnels vous le diront, les bonnes idées ne sortent pas de nulle part : imaginer des contenus pertinents implique une **veille active** et efficace. Assimilés, transformés, les ingrédients informationnels nourrissent la création éditoriale. **Partagée**, la veille devient **curation** - sélection et relai d'informations utiles -, un service apprécié par les publics. Différents types d'outils permettent d'optimiser l'efficacité mais l'essentiel réside dans le **discernement** pour choisir l'information pertinente. La veille éditoriale signifie avant tout un état d'esprit : curieux, à l'affût, sélectif !

PARTAGER SA VEILLE : LA CURATION

www.youtube.com/watch?v=2cqHJzxV_og
goo.gl/3otZZe
Thomas Coeffe du Blog du modérateur parle de ses outils de veille au Medialab Speedtraining [20 min. environ].

POURQUOI L'UTILISER ?

Objectif

Enrichir nos contenus, tel est bien l'objectif ! Nourrir la réflexion pour trouver des sujets originaux, rebondir sur un thème porteur, détecter des signaux faibles, mais aussi identifier des formats intéressants, que l'on pourra adapter avec brio... Les contenus des autres inspirent tous les aspects de la démarche éditoriale, jusqu'au style : « Tiens, une tournure qui fonctionne bien ! Je la note, sans doute viendra-t-elle tonifier un futur article ! »
Le simple relai d'informations de qualité s'apprécie à sa juste valeur, sur les réseaux sociaux, *via* des outils dédiés (comme Scoop.it Paper.li ou Nuzzel) ou en tant que rubrique d'une publication : Lu ailleurs, On a aimé, Must read...). Avec la multiplication des sources comme des canaux de diffusion, la revue de presse d'antan s'est muée en curation. Pour le plus grand bonheur des lecteurs pressés, qui apprécient qu'on déniche pour eux les pépites, comme des influenceurs qui développent leur audience grâce à ce rôle de passeur éclairé et éclairant.

Contexte

Autrefois dévolue à certaines professions (documentalistes, chargés d'intelligence économique...), la veille est devenue l'affaire de tous ceux – nombreux – pour qui l'information constitue la matière première. Loin des techniques et dispositifs pointus des spécialistes, on abordera ici les fondamentaux utiles pour ceux qui imaginent les contenus, suggèrent ou décident des thèmes à traiter.

COMMENT L'UTILISER ?

Étapes

Difficile de parler d'étapes pour un processus par nature continu ! Veiller efficacement implique de :
1. sélectionner ses sources incontournables (comptes Twitter, newsletters, sites...) avec soin ;
2. sortir de sa bulle de temps en temps pour laisser place à la « sérendipité » (le fait de trouver ce que l'on ne cherchait pas) ;
3. cadrer cette activité dans un temps donné pour les plus curieux qui risquent de se laisser embarquer par les découvertes, au détriment d'autres activités.

Méthodologie et conseils

Avec une application comme TweetDeck, pour suivre des hashtags spécifiques et des listes groupant les comptes par thème, Twitter nourrit la plupart des veilles éditoriales. Beaucoup y associent Google Alert pour les sujets au cœur de leurs préoccupations. L'application Flipboard permet de découvrir de nouvelles sources. Des outils comme Evernote ou Pocket enregistrent les contenus intéressants pour une consultation ultérieure. L'agrégateur Feedly optimise les veilles plus exigeantes avec moult possibilités de classement, priorisation, « taggage », etc.
Et si vous souhaitez passer à une veille plus stratégique orientée intelligence économique, @secou (AKA Serge Courrier sur Twitter) constitue une source incontournable.

Avant de vous lancer...

- ✓ **Notez sur le champ les bonnes idées, sans croire que vous vous souviendrez plus tard.**
- ✓ **Évitez de tomber dans le FOMO (*Fear Of Missing Out* ou peur de louper quelque chose), à l'origine d'hyperconnexions addictives. Vous ne pouvez pas tout suivre ! Sélectionnez les bonnes sources et dites-vous qu'une information importante ressortira.**
- ✓ **Les contenus pullulent, innombrables, pas forcément à la hauteur en termes d'originalité : la valeur d'un veilleur comme d'un rédacteur réside aussi dans son discernement : sélectionner et produire la bonne information, rien que celle-là !**

Outil 51

Confier la rédaction à un robot ?

> « Des robots rédacteurs conçus, nourris, paramétrés par des linguistes.

En quelques mots

Robots, intelligence artificielle et algorithmes focalisent toutes les attentions, avec des promesses fortes alléchantes à très court terme. Certains titres de presse et marques leur confient déjà la génération automatique de textes répétitifs, à partir de règles préalablement définies et de données structurées. Rien de très créatif mais une production précise et factuelle à grande échelle dans des délais imbattables. Certains rédacteurs s'inquiètent de cette « concurrence déloyale », d'autres se réjouissent d'être délestés des besognes ingrates pour se consacrer à des missions plus gratifiantes.

TRANSFORMER LES DONNÉES EN TEXTE

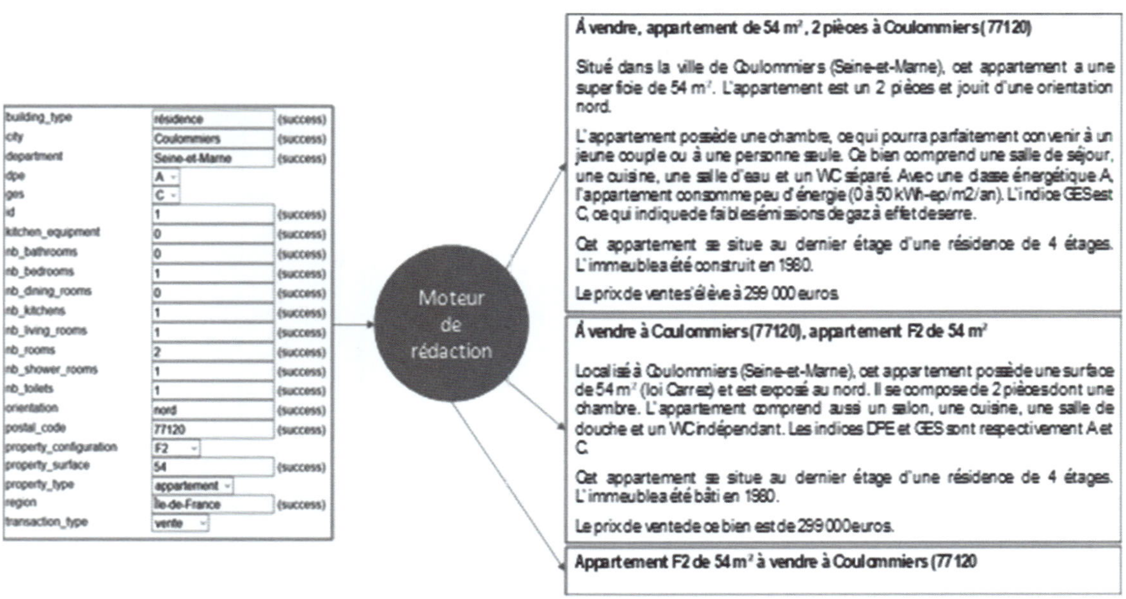

Source : Syllabs.

POURQUOI L'UTILISER ?

Objectif

Produire des volumes de textes considérables en un minimum de temps, avec les avantages induits en termes de présence et de SEO (cf dossier N° 5). Tel est l'objectif premier des pionniers qui délèguent aux algorithmes la rédaction de textes simples, construits selon le même modèle. Les données permettent aussi de produire des contenus précisément ciblés, avec une forte dimension locale, voire personnalisés de façon encore plus fine. Plus accessible que les tableaux de chiffres ou schémas, le format texte convient mieux à certains lecteurs. Quant aux rédacteurs, débarrassés de tâches fastidieuses et chronophages, ils peuvent enquêter, analyser, écrire des contenus plus complexes. L'idée est aussi de défricher le terrain afin d'apprivoiser au plus vite le pétrole du XXIe siècle : les données.

Contexte

Les robots se contentent pour l'instant de produire des contenus relativement « répétitifs » : résultats sportifs ou électoraux, annonces immobilières, prévisions météo, trafic routier... Les informations doivent être structurées, c'est-à-dire contenir toujours le même type d'éléments correspondant à des champs spécifiques dans une base de données : titre, réalisateur, durée, acteurs, genre... pour un film ; nom, ingrédients, durée, difficulté... pour une recette de cuisine. L'effort nécessaire de paramétrage du robot rédacteur implique la production de gros volumes de contenus construits de la même façon. Un modèle particulièrement adapté aux acteurs diffusant de façon massive des données qui se déclinent au niveau local.

COMMENT L'UTILISER ?

Étapes

Des prestataires spécialisés en informatique et en linguistique, au premier rang desquels Syllabs, accompagnent ceux qui ont sauté le pas. Avec différentes phases clés, en amont de la production :

1. Constitution ou validation des bases de connaissances structurées sans lesquelles rien n'est envisageable.
2. Conception de scénarios d'écriture qui prennent en compte la charte éditoriale (cf. Outil N° 45).
3. Paramétrage du moteur de rédaction, production d'articles tests, corrections jusqu'à la validation du modèle.

Méthodologie et conseils

Les algorithmes sont bien trop omniprésents et importants pour les confier aux seuls ingénieurs : en l'occurrence, c'est bien de contenu, qu'il s'agit ! Déléguer la rédaction ne signifie pas perdre le contrôle et laisser la machine décider, comme dans un mauvais film de science-fiction.

Apprivoiser l'Intelligence Artificielle implique de manipuler des données : pas forcément évident pour des rédacteurs peu habitués à Google sheets ou Excel. Pour mesurer les enjeux et comprendre les possibilités, initiez-vous à la culture des données, entraînez-vous à les explorer et à les traiter, vérifiez leur fiabilité comme la qualité du produit fini écrit.

Une fois familiarisé avec cette « culture de la data », vos dialogue et coopération avec les prestataires spécialisés n'en seront que plus fructueux.

Suite outil 51 →

Avant de vous lancer...

✓ **Rassurez-vous... Face aux capacités de traitement des intelligences artificielles, que restera-t-il à l'humain ? Sa créativité ! Une bonne raison d'accueillir sans crainte ces collègues automatisés qui nous libèrent du temps pour des contenus à forte valeur ajoutée.**

Suite outil **51**

Confier la rédaction à un robot ?

COMMENT ÊTRE PLUS EFFICACE ?

Claude de Loupy a cofondé Syllabs, start-up spécialisée dans le traitement de l'information et du langage naturel. Ses robots rédacteurs transforment les données en texte pour des acteurs majeurs des médias ou du ecommerce.

Quels contenus pour les robots rédacteurs ?

Fiche produit, petites annonces (immobilier, emploi…), guides touristiques, résultats électoraux, biographies… les sujets traités et traitables sont extrêmement variés. Ce qui importe ? Les données structurées et le volume. « *Notre offre convient à une production de masse* » prévient Claude de Loupy. « *En dessous de quelques centaines de textes, faire appel à des rédacteurs sera certainement moins onéreux que d'adapter le robot aux spécificités du sujet* ». Il y a aussi une question d'enjeu : « *Il me paraîtrait aberrant qu'un guide sur Paris et sa région confie la présentation de Notre-Dame à un robot !* » s'exclame le CEO de Syllabs. Car l'humain sera forcément plus habile pour trouver l'angle spécifique, les arguments clés, le ton opportun… bref peaufiner un contenu phare. En revanche, le système décrira correctement les centaines de chapelles ou petites églises franciliennes en un temps record.

Une intelligence… pas si artificielle que ça !

Tout commence par des données, parfois compilées en provenance de différentes sources. À partir de celles-ci et des contenus types fournis par le client, des linguistes paramètrent le moteur de rédaction en définissant les scénarios de lecture : quelles informations aborder dans quel ordre, ceci jusqu'au niveau de la phrase. Outre les données qui, par définition, varient, ces scénaristes multiplient les façons d'exprimer une idée : *L'hôtel dispose/est équipé de/vous propose le wifi dans chaque chambre* ou *Chaque chambre est équipée du wifi.* « *Ce n'est pas parce qu'on est en vacances que l'on doit se couper de tout* » peut devenir « *En vacances tout en restant connecté, cela vous tente ?* » ou « *Envie de vacances sans être totalement hors du coup ?* ». La qualité éditoriale repose sur les experts de la langue de Syllabs, dotés de fortes compétences tant linguistiques qu'informatiques. Elle sera évidemment validée par le client.

Variété et qualité éditoriale au rendez-vous

Une fois paramétré, le dispositif génère des textes seul, parfois selon des règles conditionnelles : qualifier une victoire électorale d'« *écrasante* » à partir d'un certain pourcentage, indiquer qu'une équipe sportive s'est faite « *écrabouillée* » pour un score de 6-0. Dans certains cas, les robots analysent des données : à partir des caractéristiques techniques d'appareils photos, ils peuvent sélectionner les 3 points forts de chaque modèle pour les mettre en avant à travers des accroches rédigées. Avant la publication, une sorte de super-correcteur automatique rend le texte irréprochable d'un point de vue orthographique, syntaxique et grammatical. Et il y arrive ! Claude de Loupy s'en amuse : « *Un jour, on nous a fait remonter des fautes. Vérification faite, elles figuraient dans des phrases ajoutées à la main par un responsable* ». Et la variété ? « *Oui, on peut déceler des tics d'écriture* », reconnaît-il, « *mais certainement moins que chez de nombreux rédacteurs !* ».

Cas d'entreprise

DES CONTENUS RÉDIGÉS PAR DES ROBOTS

Source : Guy-hoquet.com, 2017.

Transformer chaque agence en média local avec des informations utiles aux futurs acquéreurs immobiliers. Telle est l'ambition du réseau Guy Hoquet avec un double objectif : attirer les prospects dans une démarche *d'inbound marketing* et renforcer la visibilité sur Google.

Mais comment nourrir des centaines de sites locaux en actualités ultra-ciblées ? Grâce aux robots rédacteurs de Syllabs! Durant le premier semestre 2017, ces derniers ont rédigé et publié quelques 5 000 textes par mois à partir de bases de données multiples. Des volumes appelés à augmenter encore avec l'adoption du dispositif par de nouvelles agences. L'impact en termes de fréquentation est d'ores-et-déjà significatif. Les agents immobiliers rapportent aussi des cas de liens tissés à travers les contenus qui ont permis de « rentrer de nouvelles affaires ». Pour Guy Hoquet, c'est aussi l'occasion de se démarquer en occupant le terrain.

Faire produire des textes à si grande échelle par des rédacteurs aurait coûté plusieurs millions d'euros : juste impensable ! Le recours aux robots a divisé l'addition par 10. Fruits de l'automatisation, ces contenus actualisés, hyperciblés, soutiennent l'activité et la valeur ajoutée des agents immobiliers au quotidien.

8

DOSSIER

FORMATS WEB SPÉCIFIQUES

“

La forme, c’est le fond qui remonte à la surface.

Victor Hugo

Hybride par nature, ce dossier rassemble des formats qui ont vu le jour ou se renouvellent avec le digital. S'ils « obéissent » à la plupart des bonnes pratiques abordées dans ce livre, ces contenus répondent aussi à des codes spécifiques développés ici.

Autant il importe de vous distinguer par le fond, les idées, les messages, autant il serait dommage de chercher à le faire en vous éloignant de ces codes éditoriaux en vigueur. Comme disait le pape de l'ergonomie Web Jakob Nielsen, un internaute passera toujours plus de temps sur d'autres sites que sur le vôtre. En matière d'éditorial comme d'ergonomie, mieux vaut adopter les standards de fait plutôt que risquer de gêner l'internaute.

Adopter les codes formels, se distinguer par le fond

Contenu codifié s'il en est, la fiche produit constitue le maillon essentiel des sites ecommerce. Séductrice et concise dans ses premières lignes, elle devient exhaustive et détaillée pour pallier l'absence d'interaction humaine. Dans le même esprit, la FAQ répond aux questions que les internautes se posent seuls derrière leur écran.

Si lexique et dossier existaient bien avant internet, tous deux ont vu leur raison d'être et leur pertinence renforcées par le pouvoir des liens. Entre la newsletter et les articles du site que celle-ci relaye, c'est encore une histoire de liens. Format de site spécifique, le blog trouve sa place ici de par la hiérarchie de l'information si particulière qu'il implique.

Vers de nouveaux formats ?

Sans doute aurait-on pu ajouter les *listicles* si ces articles sous forme de liste – Les 5 bonnes raisons de raccourcir vos phrases, 6 styles de titres efficaces… – n'étaient devenus [trop] omniprésents pour relayer des contenus [trop] faciles. Peut-être ce format simple mais efficace retrouvera-t-il, l'overdose passée, ses « lettres de noblesse ».

Quant aux similis conversations SMS repérées sur des sites de divertissement mais aussi pour traiter des sujets aussi sérieux que Notre-Dame-des-Landes, le vote blanc ou le glyphosate[1] sur la rubrique *fact-checking* du Monde[2], vont-elles devenir un genre de contenu classique ? Un peu tôt pour l'affirmer… Ce qui est sûr, c'est que d'autres formats verront le jour, éphémères ou durables, pour continuer à inventer l'écrit digital.

À suivre…

---

1. http://www.lemonde.fr/les-decodeurs/article/2017/10/26/dangerosite-toxicite-utilite-le-debat-sur-le-glyphosate-resume-en-discussion-sms_5206143_4355770.html
2. http://www.lemonde.fr/les-decodeurs/

Les outils

Outil 52 La fiche produit

> “ *Stop selling, start helping.*
>
> Zig Ziglar

En quelques mots

Au cœur des sites **ecommerce**, il incombe à la fiche produit de remplacer le vendeur. Un rôle délicat qui implique de **séduire, informer et rassurer** l'internaute seul face à son écran. Pour le convaincre de passer à l'acte, qu'il s'agisse d'ajouter au panier ou de franchir une étape dans un processus de décision complexe. Concise et exhaustive, digeste et étayée, commerciale et empathique, la fiche produit joue un rôle clé pour **convertir** un prospect en client et développer le chiffre d'affaires.

FICHE PRODUIT : RATIONNELLE ET ÉMOTIONNELLE

POURQUOI L'UTILISER ?

Objectif

Dans le but de transformer le visiteur en acheteur, la fiche produit vise souvent une action précise : ajout au panier, mais aussi demande de renseignement, prise de RDV, inscription pour une démonstration... Ses mots doivent tout à la fois :

- séduire pour accrocher l'attention de l'internaute et convoquer la part d'émotion présente dans chaque acte d'achat y compris les plus rationnels ;
- informer pour répondre aux multiples interrogations que l'on se pose avant de se décider ;
- rassurer pour lever les derniers freins en éclaircissant les zones d'ombre ou d'incertitude.

Si l'une des dimensions fait défaut, l'internaute ira voir ailleurs.

Le contenu d'une fiche produit influence aussi largement sa visibilité et sa « trouvabilité » sur les moteurs de recherche ou comparateurs de prix, avec à la clé, un impact significatif sur le chiffre d'affaires.

Contexte

Indispensables au cœur des sites ecommerce, les fiches produits constituent aussi les pages clés de nombreux sites de marques à vocation commerciale sans aller jusqu'à la vente en ligne.

COMMENT L'UTILISER ?

Étapes

1. Repartez du Titre h1 ou nom du produit (parfois contraint, sinon à définir en premier lieu).
2. Identifiez les 1, 2 ou 3 principaux bénéfices et mettez-les en valeur au sein d'un court texte rédigé (le plus souvent appelé – à tort ou à raison – description).
3. Évaluez, hiérarchisez et organisez les caractéristiques sous forme de liste(s).

Méthodologie et conseils

Prise en compte du public ciblé, mise en avant de l'essentiel d'abord, concision et phrases courtes, angle concret et précis, habillage pour structurer et faire ressortir les informations clés... l'écriture de fiches produits fait appel à de nombreuses bonnes pratiques rédactionnelles déjà abordées. Tout comme leur référencement devra prendre en compte les techniques éditoriales SEO du Dossier N° 5. Vous trouverez en page suivante des astuces plus spécifiques pour optimiser les titres, descriptions et listes de caractéristiques qui constituent l'essentiel d'une fiche produit.

Accessibles *via* des liens, d'autres contenus sont susceptibles de compléter vos fiches produits pour guider et accompagner vers l'achat :

- Aide au choix.
- Guide des tailles.
- Notice de montage ou d'installation.
- Conseils d'entretien, d'utilisation de dégustation...
- Procédés ou « secrets de fabrication ».
- Histoire du produit ou anecdote.
- ...

Suite outil 52 →

Avant de vous lancer...

- ✓ Si les contenus sont déterminants, une fiche produit performante repose aussi sur des fonctionnalités pour afficher le prix, la disponibilité ainsi que le délai de livraison et permettre le paiement sécurisé. Sans ces fondamentaux, le meilleur des argumentaires restera vain.
- ✓ Indispensables dans certains secteurs, les avis clients jouent aussi un rôle déterminant même si on connaît leurs limites. Enfin les techniques de cross-selling qui affichent en bas de fiche produit des produits similaires ou complémentaires aident à finaliser l'achat ou à augmenter le montant du panier.

Suite outil 52

La fiche produit

COMMENT ÊTRE PLUS EFFICACE ?

Une balise h1 générique et explicite

Comme pour n'importe quelle page Web, le titre en balise h1 (cf. outil N° 31) sera vu en premier par les utilisateurs et largement surpondéré par Google. De nombreux acteurs reprennent automatiquement le nom présent dans la base de données produits. Si vous intervenez dans la définition de ce titre h1, prenez garde au « *branding* » marketing séduisant mais peu parlant. Mieux vaut un terme générique compréhensible - « Gilet long » - plutôt qu'un « Cardicool » plus « sexy » mais inconnu de beaucoup. Dans le même esprit, faut-il vraiment vendre un « Organiseur cosmétiques » quand des dizaines de milliers de personnes cherchent plutôt un « rangement maquillage » ? Reportez-vous à l'outil N° 30 pour définir les mots clés en fonction des intentions de recherche de vos prospects.

Promettre pour convaincre et séduire

Court texte placé après le titre, la « description » met en avant le(s) argument(s) décisif(s) : mieux vaut ne pas se tromper de promesse ! Le style dynamique enchaîne les phrases courtes à la seconde personne. Des énumérations donnent le rythme : « Vite lavé, vite séché, vite porté ! Un basique à l'entretien si facile que vous l'emporterez partout », « Randonnées sur la plage, soins traditionnels marocains, hébergement en riad... ressourcez-vous au calme iodé d'Essaouira ».

Vous pouvez repartir d'un désir ou d'un souci - « Envie de soleil pour les fêtes ? » « Besoin de changer d'air ? » « Fatigué d'être fatigué ? » - avant d'apporter la solution. Selon le spécialiste marketing Seth Godin, « *People don't buy what they need. They buy what they want* ». Être à la page, paraître plus jeune ou plus mince, se donner bonne conscience... derrière les besoins rationnels, se nichent des motivations moins directes. La méthode SONCAS [1] en distingue 6 principales (Voir schéma ci-contre), à associer avec celle des personas, pour construire des argumentaires convaincants.

Rien que l'essentiel

Comme pour d'autres types de contenus, supprimez les mots superflus : à commencer par le verbe être et certains articles. Ce produit est idéal pour l'entretien de la maison, des véhicules, des terrasses, des murets ou des piscines... devient Un produit idéal pour entretenir maison, véhicules, terrasses, murets, piscines...

Le présent dynamise et facilite l'appropriation : La paroi rigide matelassée protège des chocs extérieurs plûtot que protègera.

Le mot de la fin

Comme de nombreuses accroches (cf. outils N°26) les descriptions des fiches produits mode se terminent volontiers par une courte phrase sans verbe : « Pas d'hésitation. » « Une référence. » « Pile dans le ton du moment. » « Bluffant ! » « Un must have. » De manière plus singulière, elles associent adverbes et d'adjectifs : « Résolument trendy. » « Authentiquement cool. » « Absolument divin. » « Juste indispensable. » Et osent la connivence – « On se laisse tenter », « On adore », « On aime », « On est sous le charme », « On dit oui tout de suite » – pour stimuler l'impulsion.

Des formules évidemment loin des univers plus rationnels où les acquisitions conséquentes impliquent différents profils : décideur, prescripteur, utilisateur... Il faudra s'adresser à chacun et renforcer les preuves (chiffres clés, témoignages clients, labels...). En proscrivant les sempiternelles « solutions adaptées à vos besoins » apportées par le « partenaire de confiance ».

---

1. *La boîte à outils du Responsable marketing,* Yvelise Lebon,Nathalie Van Laethem,Béatrice Durand-Mégret, Dunod, 2007.

SONCAS : LES MOTIVATIONS DES ACHETEURS

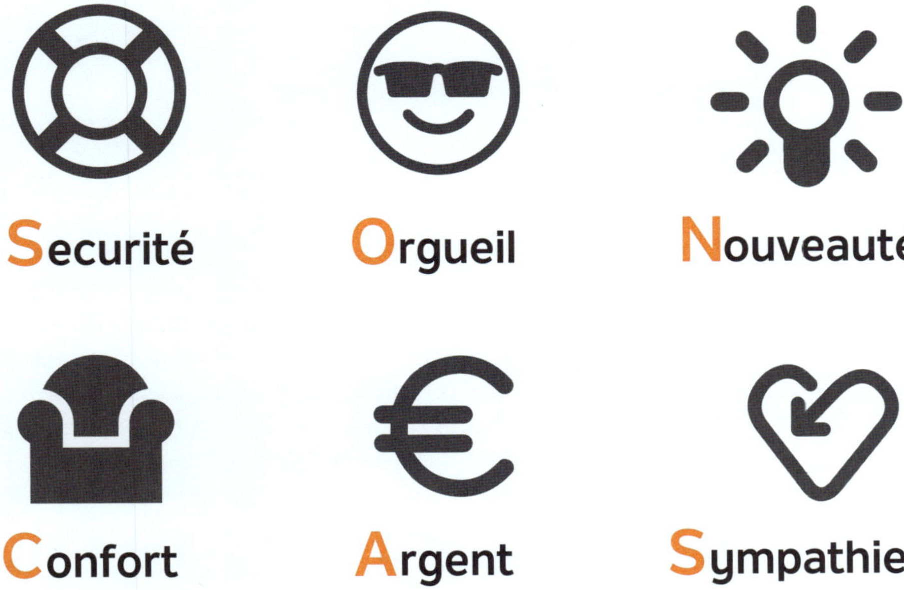

Informer : toutes les cartes

Pour remplacer le contact direct avec le produit, les visuels sont bien sûr incontournables mais les textes ont aussi leur rôle à jouer. En décrivant de façon précise les formes, dimensions, poids, composition ou fonctionnement, ils apportent la preuve des bénéfices promis dans la description.

Présentées sous forme de liste à puces, les caractéristiques se substituent au vendeur pour répondre à toutes les questions de l'internaute dans le bon ordre ; commencez par les critères les plus importants. Pour des offres complexes, regroupez les caractéristiques en catégories ou intégrez une mini FAQ (cf. outil N° 53) à la fiche produit.

Rassurer et inciter à l'action

Pour rassurer dès la page de résultat de Google et inciter au clic, certains acteurs intègrent des informations sur la sécurisation du paiement, la livraison et les possibilités de retour dans la balise Meta Description (cf. outil N° 33). Ces informations apparaissent aussi souvent sur chaque fiche produit associées à des pictos.

Dernier élément de la fiche produit sur lesquels l'internaute posera les yeux si tout va bien, l'incitation à l'action ou *Call to action* s'affiche dans un bouton homogène sur l'ensemble du site : « Ajouter au panier », « Réservez maintenant », « Je m'abonne », « J'en profite » Clairs, brefs, incitatifs, quelques mots décisifs pour concrétiser le passage à l'acte.

Outil 53

La FAQ

> Bien répondre aux bonnes questions.

En quelques mots

Comme l'indique le littéral anglais *Frequently Ask Questions*, il s'agit de repartir des interrogations les plus courantes pour y apporter une **réponse rapide**, aisée, fluide. En français, les « Foires Aux Questions » ont cédé la place à l'acronyme FAQ, aux **Questions/Réponses** ou au plus convivial « **Besoin d'aide ?** ». Avec des attentes accrues en matière de pertinence et d'empathie. Bref, un contenu, terre à terre, pragmatique, précis… mais un contenu à part entière qui mérite toute votre attention.

LES ACCORDÉONS, PRATIQUES POUR PRÉSENTER UNE FAQ

POURQUOI L'UTILISER ?

Objectif

Aux frontières des contenus et des services, certaines FAQ aident à la vente, d'autres font parties intégrantes d'une prestation de support. Pour de nombreux acteurs, elles contribuent à la qualité de la relation. Bien conçues, elles limitent les appels ou messages entrants de premier niveau. L'adoption du point de vue des internautes associée à leur dimension *ever green* ou pérenne font des FAQ un contenu aisé à référencer voire un atout en termes de SEO (cf. Dossier N° 5).

Contexte

Indispensables aux sites ecommerce, relation client ou assistance, les FAQ se révèlent judicieuses pour bon nombre d'acteurs délivrant un service. Pour d'autres, elles peuvent constituer un angle concret complémentaire : une passerelle de plus pour faciliter l'accès à des points traités par ailleurs de façon moins pratique.

COMMENT L'UTILISER ?

Étapes

1. Partez des questions réelles (centres d'appels, e-mails entrants, forums sur le sujet…).
2. Associez les personnes en contact avec les utilisateurs (relation client, assistance technique, Community Managers, accueil téléphonique, commerciaux…) à la rédaction des FAQ.
3. Faites-les vivre et évoluer : suivez les statistiques d'usages, intégrez les nouvelles questions, supprimez les points obsolètes… Comme tout contenu à vocation pérenne, les FAQ nécessitent un suivi.

Méthodologie et conseils

Les questions constituent le point d'entrée : soignez-les et homogénéisez leur forme pour faciliter le balayage. Adoptez le « Vous », l'infinitif ou le « Je » en vous mettant à la place de l'internaute.
Contenu utilitaire par excellence, questions comme réponses doivent se lire et se comprendre le plus facilement possible. Préférez les phrases et les mots courts – choisir, achat, fin… - plutôt que sélectionner, acquisition ou expiration - et contrôlez la lisibilité avec l'indice *Fog Gunning* (cf. outil N° 20).
Si les questions/réponses sont nombreuses, regroupez-les par thèmes. Surtout pas de liste interminable ! Outre le classement thématique, *Hello Bank, Allo Resto* et d'autres proposent un top 10 des questions les plus fréquentes, sorte de FAQ dans la FAQ utile pour répondre plus vite à une majorité d'internautes. Structurez vos questions/réponses par public, niveau de familiarité ou de connaissance : Premiers contacts, Déjà familier, Utilisateur fidèle ou expert…
Les réponses des FAQ étoffées se terminent souvent par la possibilité d'évaluer leur utilité (Oui/Non sous forme de boutons) : saine pratique pour identifier les réponses qui ne tiennent pas leur promesse. Au-delà, il semble logique de proposer aux internautes restés « sur leur faim » un mode de communication plus interactif et personnalisé.
L'efficacité n'interdit pas un peu d'humour ou de décontraction : Opquast ose « Et il y a qui, derrière votre truc ? », Allo Resto « J'ai faim, où en est ma commande ? ».

Avant de vous lancer…

✓ **En quête d'inspiration utile ? La FAQ de Service-Public.fr[1] réussit l'exploit de balayer simplement les innombrables sujets couverts par le site avec un premier niveau de réponse efficace et accessible. Vous y trouvez des bonnes pratiques pour la forme, et certainement une réponse à un sujet qui vous concerne sur le fond.**

1. https://www.service-public.fr/particuliers/vosdroits/questions-reponses

Outil 54 Le lexique

> “
> *Chaque science, chaque étude, a son jargon inintelligible, qui semble n'être inventé que pour en défendre les approches.*
>
> Voltaire

En quelques mots

Voltaire est un peu sévère ! Si le jargon gratuit sévit encore aujourd'hui, les approches pointues, expertes ou juste professionnelles ont besoin de nommer les choses d'une façon qui l'est aussi. Et mérite d'être expliquée aux non spécialistes. Tel est le rôle de **passerelle** dévolu au lexique ou glossaire : **définir les termes** et sigles spécifiques pour les rendre **compréhensibles** aux publics moins avertis. Avec moult bénéfices, qui vont bien plus loin qu'on le penserait de prime abord.

EXPLIQUER LE « JARGON » DE A À Z

POURQUOI L'UTILISER ?

Objectif

Parfois excessif, souvent inévitable, le jargon est partout. Il gène souvent la compréhension. En décryptant la terminologie métier, le lexique autorise son utilisation précise à bon escient dans les contenus du site tout en opérant un décryptage appréciable pour de nombreux publics.
Bien construit, il met en valeur votre expertise, mais aussi votre capacité à l'expliquer, avec pédagogie et empathie. Il contribue à faire de votre site une référence dans le domaine et améliore le référencement naturel sur des mots métiers convoités (cf. Dossier N° 5). Opquast ne s'y trompe pas et fait du lexique un de ses critères de qualité Web[1] (cf. outil N° 43).
Au-delà du glossaire lui-même, sa conception collaborative proposée ci-dessous montrera certainement que tous, même en interne, ne mettent pas les mêmes choses derrière les mots. Sans parler la même langue, comment se comprendre ? Éviter les malentendus ? Espérer que les publics s'y retrouvent ? L'élaboration du lexique clarifie les choses pour renforcer la cohérence, la cohésion et la culture commune, dont le langage constitue le socle.

Contexte

Les contenus pointus, techniques, scientifiques, réglementaires... bénéficieront le plus d'un lexique. Mais bien d'autres en tireront profit : Zalando ou Rue des Hommes proposent par exemple leur lexique de la mode. Rares sont les domaines sans jargon !

COMMENT L'UTILISER ?

Étapes

1. Listez les termes à définir en impliquant des regards extérieurs (nouvelles recrues, partenaires ou parties prenantes externes, publics plus néophytes...).

1. https://checklists.opquast.com/oqs-v3/criteria/un-lexique-ou-un-glossaire-adapte-au-public-vise-explique-le-vocabulaire-sectoriel-ou-technique

2. Co-construisez les définitions avec de nombreux acteurs (ceux en contact avec le public mais aussi des décideurs et des personnes représentatives de la diversité de votre organisation).
3. Diffusez largement le lexique en interne, intégrez-le en pied de page du site et incitez les rédacteurs à créer des liens vers la définition des termes pointus utilisés dans leurs contenus.

Méthodologie et conseils

La bonne pratique Opquast sur le sujet parle à juste titre d'un lexique « adapté au public visé ». Si ce dernier est néophyte, redoublez de pédagogie : utilisez des mots simples et des phrases courtes, des exemples, des analogies...
Les critères de qualité Web Opquast recommandent aussi de définir les abréviations ou acronymes[2]. Oui ! À part pour ceux devenus plus connus que leur développement : pas certain que la Société Nationale des Chemins de Fer Français, la Régie Autonome des Transports Parisiens ou L'acide désoxyribonucléique (pour ADN) n'éclairent le lecteur...

2. https://checklists.opquast.com/oqs-v3/criteria/la-premiere-occurrence-dune-abreviation-ou-dun-acronyme-dans-le-corps-de-chaque-page-donne-acces-a-sa-signification

Avant de vous lancer...

- ✓ **Peu motivé par la rédaction du lexique ? Certes, pas l'occasion rêvée pour donner libre court à votre créativité, mais un exercice salutaire, à plus d'un titre. Pensez aux enjeux cruciaux (abordés en Objectifs) qui vont bien au-delà du contenu produit pour fédérer l'entreprise autour d'un langage commun.**

Outil 55 Le dossier

“

Des contenus unis par les liens du dossier.

En quelques mots

Un dossier est un **ensemble de contenus** - en l'occurrence de pages - consacrés à un **même sujet**. Genre journalistique qui existait bien avant internet, le dossier va comme un gant à la structure **en profondeur** caractéristique des sites web. Le contenu est « dispatché » sur différentes pages qui présentent chacune un éclairage spécifique mais sont connectées *via* des **liens**. Un excellent moyen pour développer le fond d'un sujet avec de la matière sans infliger au lecteur des pages interminables et en lui laissant le choix de du mode d'approche.

DES PAGES AUTONOMES MAIS RELIÉES

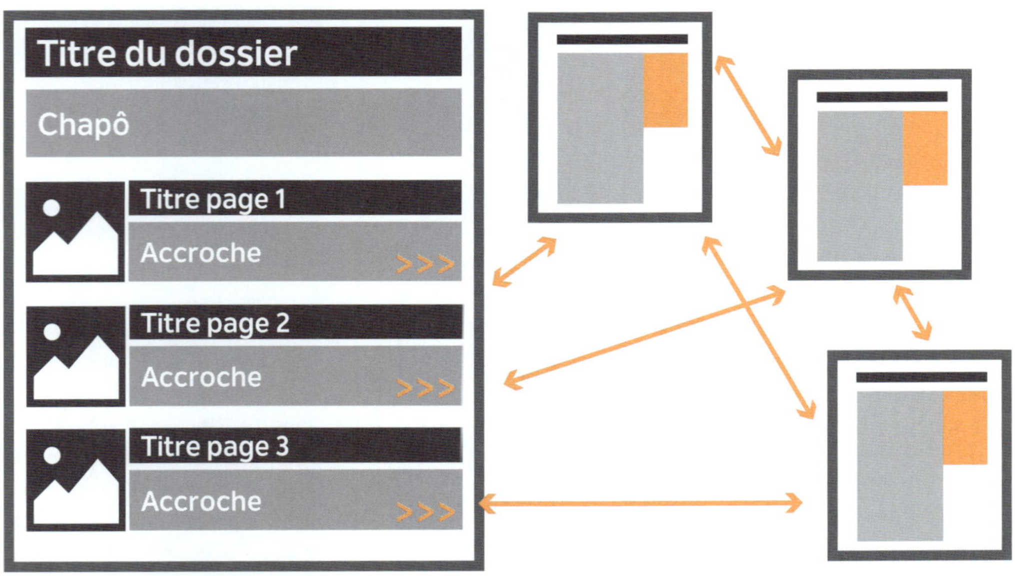

Page d'en-tête : la mère

Pages de contenu : les filles

POURQUOI L'UTILISER ?

Objectif

Abordant un sujet sous différents angles, le dossier se révèle idéal pour traiter une question de fond de façon fouillée à travers plusieurs prismes sans laisser l'internaute. Le partage en plusieurs pages permet de limiter la longueur de chacune d'entre elles. Les liens proposent des éclairages complémentaires et constituent des atouts importants en termes de SEO (cf. outil N° 35). D'autant plus que la structure pyramidale du dossier se rapproche de l'esprit du cocon sémantique (cf. outil N° 37) puissante méthodologie pour le rérérencement naturel.

Contexte

Éditoriaux, institutionnels, intranets, extranets... le dossier convient à moult types de sites, y compris ecommerce, pour nourrir le processus de décision en amont de l'achat avec des contenus étayés.
Pas de limite non plus quant aux sujets traitables dès lors qu'ils sont importants et pérennes. Seuls les blogs, du fait de leur structure verticale non pyramidale et de leur forte orientation actualité ne se prêtent pas à ce format éditorial.

COMMENT L'UTILISER ?

Étapes

1. Listez les idées, rassemblez l'information, enquêtez, faites l'inventaire de la matière autour du sujet global.
2. Articulez vos idées sous forme de carte mentale (cf. outil N° 8) pour définir les différentes pages et contenus.
3. Écrivez et habillez le texte de chaque page fille.
4. Rédigez ensuite la page mère ou en-tête du dossier, sous forme de titres, accroches (cf. outil N° 26) et liens vers les pages filles.
5. Connectez les pages par un maillage dense de liens.

Méthodologie et conseils

La page d'en-tête du dossier offre une vision globale avec un premier niveau d'information : elle présente souvent ses « filles » avec des titres complétés par des accroches et des liens descendants qui permettent à ceux qui le souhaitent d'en savoir plus. Parfois, la page d'accueil du dossier contient plutôt un article générique ainsi qu'un sommaire qui pointe vers les autres contenus.
Souvent présenté en encadré, ce sommaire ou mini-menu figure sur chaque page fille pour offrir des liens transversaux vers ses sœurs. Chaque page doit être suffisamment autonome pour convenir à un internaute arrivé sur le site *via* un moteur de recherche. Impossible en effet de préjuger de l'ordre de consultation, ce qui interdit de construire le dossier de façon séquentielle.
Certains gros sites avec des contenus conséquents imbriquent leurs dossiers les un dans les autres tels des poupées russes. Les pages de tête de rubriques se retrouvent alors grand-mère.
Concernant les contenus, beaucoup de formules sont possibles. Au-delà de la logique thématique du général vers le plus précis, vous pouvez aussi varier les genres : article classique, reportage, portrait, interview et chiffres clés par exemple. Ou diversifier les niveaux de traitement : un angle B.a.-ba pour les novices complété par des contenus plus pointus pour les experts.

Avant de vous lancer...

✓ **Si cet ouvrage lui est consacré, le texte ne constitue qu'une façon parmi d'autres de traiter l'information : il est bien sûr important de diversifier les formats. Diaporamas, illustrations, infographies, vidéos, podcasts ou QCM... choisissez celui qui servira le mieux votre propos.**

Outil 56

Le blog

> Une hiérarchie de l'information par le temps qui n'interdit pas la pérennité.

En quelques mots

Type de site particulier, le blog est conçu pour publier régulièrement des billets, posts ou articles auxquels les lecteurs peuvent réagir *via* des commentaires. Un canal à la fois éditorial et interactif donc. La dimension verticale du blog fait la part belle au dernier contenu mis en ligne, par opposition à l'approche globale délivrée par les architectures pyramidales des sites classiques. Alors que les réseaux sociaux accueillent l'actualité la plus brûlante et relayent les informations, de nombreux blogs se tournent vers des contenus de fond plus pérennes.

UN SITE À L'ARCHITECTURE VERTICALE

POURQUOI L'UTILISER ?

Objectif

Le blog permet de publier facilement et régulièrement pour partager points de vue, conseils, réflexions… Un espace d'expression moins formel que sur les sites institutionnels ou ecommerce. Le but ? Montrer votre expertise, devenir une référence, faire autorité sur un domaine précis ou tout simplement partager vos écrits. La valeur ajoutée éditoriale, les actualisations fréquentes et la nature participative des commentaires contribuent à bien référencer de nombreux blogs sur Google. Utilisés avec parcimonie, des liens entre le blog et le site peuvent aussi aider ce dernier en termes de SEO (cf. outil N° 35).

Contexte

À l'origine plutôt personnel et individuel, le blog se décline aussi depuis longtemps sur le mode collaboratif avec un groupe d'auteurs intervenant au sein d'une même structure (beta.gouv.fr/blog/ pour l'incubateur d'état) ou d'un même univers (eclaireursdelacom.fr). Pour de nombreuses PME ou indépendants, il s'agit du fer de lance de leur communication en ligne, complété par quelques pages sur l'offre, la structure et les auteurs. D'autres acteurs choisissent d'intégrer leur blog au sein d'un site plus classique où il fait office de rubrique Actualités. D'autres encore préfèrent développer un site et un blog avec des noms de domaines et des architectures de l'information distinctes. Ils dressent des passerelles entre les deux avec des liens externes : une façon de stimuler le référencement naturel.

Le blog constitue le lieu idéal pour entamer un dialogue de qualité et nouer des relations étroites au sein d'une communauté d'experts ou de passionnés (cf. outil N° 49).

Méthodologie et conseils

Le simple relais d'information vue ailleurs ou partage de lien s'étant depuis longtemps déplacé sur les réseaux sociaux, les billets de blogs se sont étoffés. Le format se prête bien à des sujets de fond traités en format long, dès lors qu'ils sont suffisamment structurés et habillés (cf. Dossier N° 4).
Sans être tenu à la régularité d'une newsletter, qui dit blog dit publication relativement fréquente. Compte-tenu de l'absence de vision d'ensemble et de la place de choix occupée par le dernier billet, il est préférable que celui-ci ne date pas de Mathusalem. Constituez-vous un petit stock de posts ou sujets froids (non directement liés à l'actualité) pour pouvoir garder le rythme de publication pendant les périodes creuses.
Du fait de la dimension verticale intrinsèque au blog, un billet chasse l'autre, qui perdra rapidement en visibilité. Cependant, les catégories, les tags (cf. outil N° 28), les liens contextuels entre billets et le référencement naturel offrent aux contenus pérennes des chances complémentaires de toucher leur public sur le long terme.

COMMENT L'UTILISER ?

Étapes

1. Publier régulièrement.
2. Invitez vos publics à la conversation par des phrases incitatives en fin de billet.
3. Répondez aux questions ou réactions postées en commentaires.

Avant de vous lancer…

✓ **La forme comme source d'inspiration, le fond pour nourrir vos réflexions : faites d'une pierre deux coups avec d'excellents blogs dédiés en tout ou partie aux contenus digitaux : fredcavazza.net, meta-media.fr, internetactu.net/, dansmonlabo.com/, mediaculture.fr…**

Outil

57 La newsletter

“ La newsletter : régulièrement invitée dans l'espace très privé des boîtes mail.

En quelques mots

Lettre d'information, elle se distingue du *emailing* par son caractère périodique et éditorial : un rendez-vous apprécié pour sortir la tête du flux et être alerté brièvement des nouveautés publiées sur le site. Arrivant dans l'espace privé des boîtes de réception surchargées, elle se doit d'être à la hauteur : d'autant que le RGDP (Règlement Général sur la protection des données personnelles) impose maintenant le recueil du consentement explicite (*opt-in*) renouvelé régulièrement avant l'envoi d'e-mails en masse.

UNE NEWSLETTER PASSERELLE VERS LE SITE

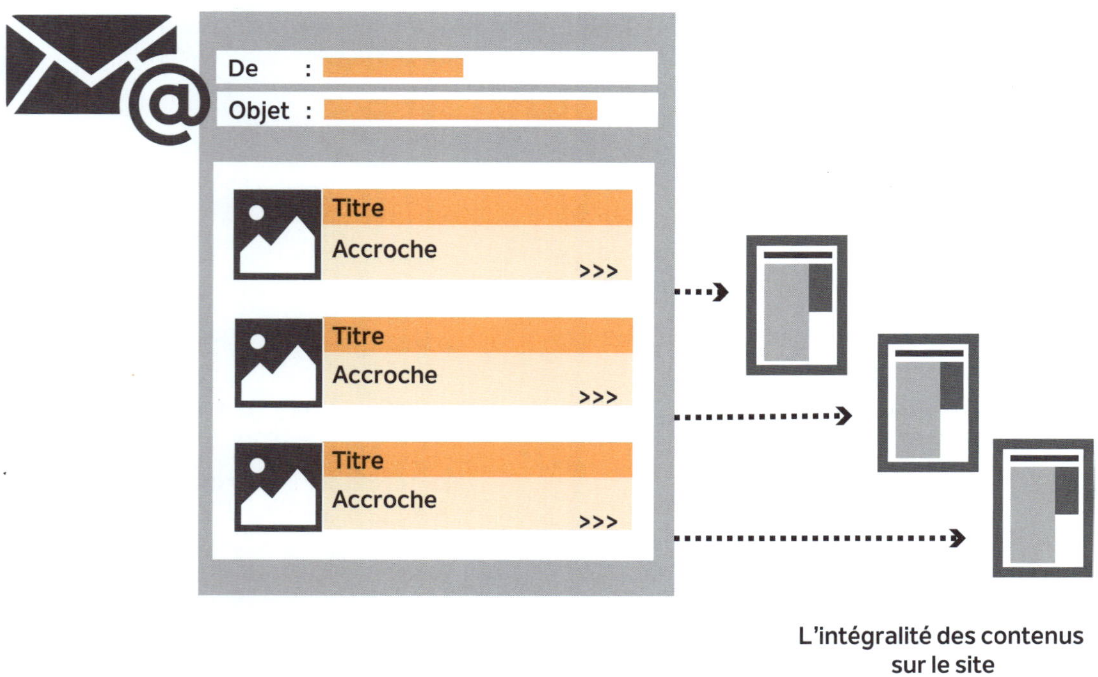

POURQUOI L'UTILISER ?

Objectif

La newsletter constitue une source de trafic vers le site importante et indépendante de Google, Facebook et consorts. Elle permet aussi de nourrir la relation, rester en contact, installer une proximité en investissant le domaine « intime » de la boîte mail.

Contexte

En dehors des adolescents et jeunes adultes, qui lui préfèrent les messageries instantanées ou les réseaux sociaux, le mail constitue un outil incontournable pour de nombreux publics. Y compris et surtout – à tort ou à raison ! – dans le monde professionnel.

COMMENT L'UTILISER ?

Étapes

1. Sélectionnez les sujets pertinents (généralement 7 à 10) et classez-les selon les rubriques ou par importance décroissante.
2. Rédigez les titres et accroches (cf. outil N° 26) qui figureront dans la newsletter.
3. Rédigez avec soin l'objet, pour inciter à l'ouverture

Méthodologie et conseils

Les titres et accroches peuvent reprendre ceux des pages de navigation du site ou pas : sans enjeu SEO (cf. Dossier N° 5), avec un public d'habitués, vous pouvez oser l'humour, la connivence, « l'incitatif » comme sur les réseaux sociaux.

Microcontenu spécifique, l'objet joue un rôle clé pour capter l'attention et le clic au milieu des dizaines de mails reçus chaque jour. Avec 30 à 60 signes affichés selon la messagerie et le terminal, il faut veiller à sa concision et placer l'essentiel d'abord. Complémentaire de l'expéditeur, l'objet doit aussi donner des raisons d'ouvrir le mail. Trois options :

- Se concentrer sur le sujet majeur :
  Tous à Montpellier en septembre pour le hackaton annuel
- Énumérer les principaux sujets :
  Méditer au CP | Pourquoi ils se déguisent | Tchao la tétine -...
- Décrire le contenu de façon atemporelle
  Toute l'actualité littéraire : critiques, interviews, débats...

Évitez les termes racoleurs – promotion, gratuit, urgent... - et l'hyper-ponctuation (!!!) qui risquent de précipiter votre mail dans le répertoire *Spam.*

Un autre élément contribue à l'ouverture des newsletters : Gmail et la plupart des messageries sur mobile affichent dès la boîte de réception la première phrase du corps du mail à la suite de l'objet : un *pre-header* à rédiger avec soin en complétant l'objet pour donner des raisons supplémentaires d'ouvrir la lettre.

Avant de vous lancer...

- ✓ Identique de numéro en numéro, l'expéditeur constitue un facteur d'ouverture important : court (25 signes maximum) il doit identifier l'émetteur et si possible indiquer qu'il s'agit d'une newsletter : Actu, Mag, Infos...
- ✓ La notion de rendez-vous est importante : bimensuel, mensuel, bimestriel... choisissez le rythme selon l'appétence de vos publics et vos capacités de production.
- ✓ L'encombrement des boîtes mail place la barre haute en termes de pertinence : les gros acteurs ont tout intérêt à multiplier les newsletters pour mieux coller aux attentes de leurs différents publics. Le New York Times en diffuse plus d'une trentaine, certaines avec un taux d'ouverture dépassant 70 % (alors que celui-ci s'inscrit le plus souvent entre 20 et 30 %).
- ✓ Comme pour les sites, confiez la réalisation ou l'adaptation du template à des spécialistes à qui vous indiquez quel type et format d'information vous souhaitez publier dans chaque numéro.

Propositions et commentaires de cas

Outil N° 11 : La proximité

> Cas N° 1

Les titres du plus proche au moins proche :

1. Nouveau mode de calcul des bonus : allez-vous gagner ou perdre ?
2. Nouveau mode de calcul des bonus : l'impact pour chaque statut
3. Nouveau mode de calcul des bonus : les principes expliqués
4. Nouveau mode de calcul des bonus : enjeux et objectifs

> Cas N° 2

Transformation digitale : une étape de plus est franchie

Depuis 2016, le groupe a entrepris un programme ambitieux pour mener à bien la transformation digitale et simplifier ses procédures. Pour l'interne, ce programme s'est concrétisé en 2017 par le lancement de la plateforme collaborative d'e-learning Formaplace. Depuis le mois dernier, la plateforme s'est enrichie d'une nouvelle fonctionnalité offrant à tous les collaborateurs la possibilité de se former en ligne durant le temps de travail en suivant l'un des 5 Moocs (Massive Online Open Course) spécialement conçus pour le groupe par le prestataire Learnov. D'une durée d'environ 20 h, chacun de ces cours en ligne porte sur un sujet relatif à la mutation numérique : travailler sur le cloud, collaborer efficacement, maîtriser les outils digitaux, comprendre la méthode agile, découvrir le lean management.

- **Commentaire :**

Le rédacteur a suivi un réflexe naturel : relater les étapes dans l'ordre chronologique. Mais l'information la plus importante pour les salariés, c'est la disponibilité récente des cours en ligne. Et pourquoi ne pas adopter le vous, pour un ton plus incitatif ?

- **Proposition :**

Transformation digitale : formez-vous avec les Moocs

5 Moocs vous proposent de vous former en ligne pendant vos heures de travail. Travailler sur le cloud, Collaborer efficacement, Maîtriser les outils digitaux, Comprendre la méthode agile, Découvrir le *lean management*... Ces cours d'environ 20 h portent sur un sujet précis de la transformation digitale. Vous y accédez sur la plateforme collaborative d'e-learning Formaplace lancée en 2017. Une étape de plus dans la concrétisation du projet ambitieux entrepris dès 2016 par le groupe pour mener à bien la transformation numérique.

> Cas N° 3

Poursuite de l'opération « Vie ma vie »

Afin de développer la proximité et de mieux cerner les problématiques des équipes, les membres du Board ont entamé, depuis un peu plus de 2 mois, l'opération « Vie ma vie » qui les emmène à travers toute l'Europe ½ journée par semaine. Le fameux codir a en effet lieu dans un des établissements et est suivi d'un déjeuner-buffet puis de quelques heures d'immersion auprès de 3 équipes représentant différentes fonctions. Cette opération est l'occasion de beaucoup d'échanges et de découvertes. Elle a déjà rencontré un vif succès à Bruxelles, Anvers, Pessac, Nantes, Strasbourg, Nancy, Villeurbanne, Sophia-Antipolis et Toulouse. L'ensemble du périple sera relaté dans un Yearbook en ligne « Vie ma vie » qui sortira en décembre. C'est maintenant au tour de Clermont-Ferrand d'accueillir ce Codir délocalisé qui aura lieu lundi prochain. Après leur traditionnelle réunion matinale, l'équipe de direction déjeunera avec l'ensemble des équipes puis se répartira entre le pôle centre d'appels, la plate-forme de chat et le centre de traitement des mails entrants.

- **Commentaires :**

Présentée ainsi, la venue du Codir risque de passer inaperçue pour la plupart des salariés clermontois. Le titre ne signifie pas grand-chose pour qui ne connaît pas le nom de l'opération. Surtout, il omet de mentionner la dimension locale de l'évènement. C'est bien entendu celle-ci qu'il convient de mettre en avant.

- **Proposition :**

Le Codir en visite à Clermont : c'est lundi !

ou

Lundi, le Codir vie notre vie de Clermontois

Lundi prochain, le Board au grand complet passera la journée dans nos locaux. Après sa réunion matinale hebdomadaire, un déjeuner buffet réunira l'équipe de direction et tous les salariés du site : préparez vos questions ! Puis les membres du Codir se répartiront en 3 groupes entre le pôle centre d'appels, la plateforme de chat et le centre de traitement des mails entrants. L'occasion de découvrir, 3 heures durant, les spécificités d'un métier et bien sûr d'échanger. Initiée 2 mois auparavant, cette opération dénommée « Vie ma vie » a déjà entraîné le Codir sur une dizaine de sites. Visant à développer la proximité et à mieux cerner les problématiques des équipes, elle sera relatée dans un Yearbook publié en ligne en décembre.

Outil N° 16 : L'essentiel d'abord

> Cas N° 1

Appliquez la méthode 5W2H pour identifier rapidement quel type d'information fait défaut.

Les 19 et 20 janvier prochains, la Fédération professionnelle organise sa rencontre annuelle avec des débats ouverts aux acteurs du secteur et aux parties prenantes. Objectif : échanger sur les enjeux économiques, environnementaux et technologiques. Inscrivez-vous !

- **Commentaire :**

Quand, qui, quoi, pourquoi… mais où se cache le Où ? Paris ? Nantes ? Montpellier ? Un texte sur une rencontre qui ne dit pas où elle se tient, c'est ballot ! Il faudrait bien sûr préciser la ville et le lieu de l'évènement. Le secteur non plus n'est pas précisé : si l'on se trouve sur le site de la fédération professionnelle ou sur un site dédié à cette filière, cela n'est pas forcément nécessaire. Comme souvent les informations à mentionner ou pas dépendent de l'émetteur et du degré de proximité avec le lecteur.

> Cas N° 2

Grâce à la méthode 5W2H, repérez quel type d'information manque et quels éléments auraient dû être placés en tête.

Lors du dernier conseil municipal, la municipalité et la communauté de communes ont pris une décision majeure en concertation avec la commission consultative des habitants afin de fluidifier les déplacements aux heures de pointe et de favoriser les modes de déplacement non polluants : les usagers vont pouvoir utiliser les vélos en libre-service gratuitement pendant 1 heure consécutive (au lieu de seulement une demi-heure aujourd'hui).

- **Commentaire :**

Un Quand qui n'apporte pas grand-chose, Qui, Comment, Pourquoi, un autre Qui... il faut en lire des lignes avant d'arriver au Quoi cœur du sujet : cette ½ heure supplémentaire gratuite susceptible d'intéresser de nombreux lecteurs mériterait être placée avant. Beaucoup voudraient certainement savoir à partir de quand le changement sera effectif : la date ou la période approximative auraient toute leur place ici.

> Cas N° 3

Repérer à quelles questions correspondent ces phrases. L'ordre est-il opportun ? Quelle autre construction pourrait-on envisager ?

3.1

Pour faire face à la forte croissance de la demande, la direction des opérations de la branche Traitement des déchets a décidé, en concertation avec le Comité d'entreprise, d'ouvrir dès l'an prochain un nouveau site à proximité de Rennes.

- **Commentaire :**

Pourquoi, Qui, Comment, Quand... Que de mots avant de savoir de quoi il s'agit et de connaître le lieu. Dommage, car ce sont probablement 2 informations majeures qu'un lecteur concerné aimerait lire en premier.

3.2

Mardi 4 avril à 16 h 00, dans la salle plénière du Palais des congrès, le prix Innov'ose créé à l'initiative du pôle de compétitivité a récompensé 3 start-up innovantes implantées sur le territoire : chacune se voit dotée de 8 000 € pour accélérer son développement.

- **Commentaire :**

Le jour et l'heure ainsi que le lieu précis sont primordiaux pour les événements à venir. Il n'en va pas de même concernant une opération passée : on aurait pu se contenter de la date et ne la citer qu'après avoir répondu aux questions Quoi et Combien : un prix de 8 000 € accordé à trois start-up, ce n'est pas rien !

3.3
Afin de répondre aux exigences de souplesse d'un marché soumis à de fortes variations saisonnières, la DRH et les instances représentatives du personnel ont organisé hier un vote à bulletin secret dans l'usine de Pau. L'aménagement flexible du temps de travail a été approuvé par 80 % des salariés.

- **Commentaire :**

Voici encore un contenu qui démarre par le Pourquoi. C'est classique, ils sont nombreux dans ce cas. On aborde ensuite Qui, Quoi, Comment et Où. La 2e phrase contient deux informations majeures : la mesure adoptée (un Quoi plus intéressant que le vote lui-même) et le pourcentage de salariés l'ayant approuvé : un chiffre rond susceptible d'accrocher le regard du lecteur si on le place au début. Pensez au Combien pour capter l'intérêt très vite !

Outil N° 17 : La concision

> Raccourcir de moitié.

Selon une enquête que l'INSEE a réalisée il y a quelque temps, 90 % des personnes qui ont été interrogées jugent que le quartier où elles habitent est tout à fait agréable ou plutôt agréable à vivre.

- **Proposition :**

9 personnes sur 10 jugent leur quartier agréable selon une enquête de l'INSEE.

> Raccourcir de moitié.

Sa grande richesse sur les plans tant historique que culturel, ses paysages fortement contrastés qui ne manquent pas d'étonner et le rayonnement de son patrimoine vinicole y compris dans de nombreux pays étrangers permettent de renforcer l'attractivité de la ville dont on pourra noter qu'elle attire chaque année un flux touristique de plus de deux millions de visiteurs.

- **Proposition :**

Richesse historique et culturelle, paysages contrastés et étonnants, patrimoine vinicole réputé au-delà des frontières renforcent l'attrait de la ville : elle attire plus de 2 millions de visiteurs par an.

> Raccourcir d'un 1/3 en supprimant les expressions superflues.

Cette exposition a pour ambition de proposer un autre regard sur la photographie humaniste. Elle est l'occasion de présenter des œuvres inédites de Boubat, Brassaï, Doisneau, Ronis et d'autres... Elle vient conforter la politique menée depuis plusieurs années par le musée qui se donne pour mission de faire découvrir le patrimoine photographique français au plus grand nombre.

- **Proposition :**

Cette exposition propose un autre regard sur la photographie humaniste. Elle présente des œuvres inédites de Boubat, Brassaï, Doisneau, Ronis et d'autres... Elle conforte la politique du musée depuis plusieurs années : faire découvrir le patrimoine photographique français au plus grand nombre.

> Pourquoi employer plusieurs mots quand un seul suffit ?

1. Prendre une décision → Décider
2. Rendre plus clair → Clarifier
3. Apporter des modifications → Modifier
4. Exercer une influence → Influencer
5. Formuler une recommandation → Recommander
6. Dire plusieurs fois → Répéter

7. Procéder à la numérisation → Numériser
8. Mener une enquête → Enquêter
9. Mettre de l'argent de côté → Épargner
10. Réaliser une interview → Interviewer
11. Assurer la promotion → Promouvoir
12. Opérer la concrétisation → Concrétiser
13. Effectuer la rénovation → Rénover

> Permettre de raccourcir et de simplifier.

1. Ce dispositif permet d'offrir un maximum de flexibilité → offre
2. Ce manuel permet de retracer l'évolution des techniques → retrace
3. Ce moteur permet d'éliminer le bruit → élimine
4. Le système permet de repérer les intrus → repère
5. Le mécanisme permet d'alerter en cas de danger → alerte
6. La coque permet de protéger le moteur → protège
7. Ce facteur permet d'expliquer la croissance soudaine → explique
8. Ces mesures permettent de renforcer la sécurité → renforcent
9. Cet outil permet d'alléger la charge de travail → allège

> Éviter les verbes Être et Avoir pour aller droit au but.

1. Une opération qui a pour but de rassembler petits et grands.
Une opération pour rassembler

2. Cette rubrique a pour vocation de proposer des informations sur le tourisme dans la région.
Cette rubrique informe sur...

3. Les conditions ne sont pas identiques.
Les conditions diffèrent.

4. Seuls cinq diplômés sont toujours en recherche d'un emploi
Seuls cinq diplômés cherchent...

5. Le monde du travail est soumis à de fortes mutations.
Le monde du travail subit

6. Le Canada est un pays qui attire de nombreux étrangers.
Le Canada attire...

Outil N° 18 : le mot précis

> Remplacer *Avoir.*

1. Léa a cru à ses histoires, il l'a **eue** !
Possédée, bernée, dupée

2. L'usine **avait** alors plus de 300 ouvriers.
Employait, comptait, rassemblait

3. Les juges **ont** de lourdes responsabilités.
Exercent, assument, portent

4. J'ai **eu** un traitement de faveur.
Bénéficié de, obtenu

5. Rémi a **eu** une bourse pour ses études.
Reçu, décroché

6. Fred **aura** un petit rôle dans son prochain film.
Jouera, tiendra, interprétera

7. Ce coiffeur **a** une excellente réputation.
Jouit

8. J'**aurai** ce papier coûte que coûte.
J'obtiendrai, je me procurerai

9. Quel plaisir peut-on **avoir** en regardant un animal en cage.
Ressentir, éprouver

10. J'ai **eu** de violentes douleurs.
Subi, ressenti

11. Il **a** des projets ambitieux.
Nourrit, vise, gère

12. Cette plante **a** un fort parfum.
dégage, exhale

13. Ce cadre **a** un gros salaire.
Perçoit, touche

14. Pour la soirée, j'**aurai** une robe longue.
Porterai

15. Il **a** des rhumatismes.
Souffre de

> Remplacer *Faire*.

1. L'huissier a **fait** un procès-verbal.
Dressé, établi

2. Les enfants ont **fait** un trou dans le sable.
Creusé

3. Vous avez **fait** un travail d'une qualité remarquable.
Accompli, réalisé

4. Nous avons **fait** cette recherche pour vous faciliter la tâche.
Effectué

5. Les opposants ont **fait** un pacte de non-agression.
Conclu, signé

6. Il a **fait** d'innombrables métiers.
Exercé, pratiqué

7. Cette mesure a **fait** des dégâts.
Causé

8. Il lui a **fait** ses excuses.
Présenté

9. Il va **faire** un procès à son employeur.
Intenté

10. Je reconnais avoir **fait** une erreur.
Commis

11. Marie a **fait** ses champignons avec de l'huile d'olive.
Cuisiné, assaisonné

12. Il **fait** différents sports.
Pratiqué, essayé

13. Lorsque vous aurez **fait** vos devoirs, vous pourrez jouer.
Terminé, fini

14. L'artiste a **fait** cette statue en 2002.
Créé, sculpté

15. Les ouvriers vont **faire** l'escalier en une semaine.
Fabriquer, monter

16. Les élèves doivent d'abord **faire** un cercle puis **faire** un trait.
Tracer... puis tirer

17. Il a **fait** cette dissertation en un temps record.
Rédigé

18. Il a **fait** 6 km pour venir nous voir.
Parcouru

19. Je ne peux pas me **faire** à cette idée !
M'habituer

> Remplacer *Optimiser*.

1. Les processus sont trop rigides ; ils doivent être *optimisés* pour gagner en réactivité.
Assouplis

2. Les risques accrus nous obligent à *optimiser* le transfert des données sensibles.
Sécuriser

3. La crise induit des efforts à tous les niveaux pour *optimiser* les coûts.
Réduire

4. Les entreprises doivent *optimiser* leur compétitivité.
Accroître

5. Il faut *optimiser* le temps de traitement des demandes.
Accélérer

6. Cette procédure est trop lourde : les tâches à effectuer doivent être *optimisées*.
Assouplies, allégées

> Substituez un mot précis aux subordonnées relatives pour alléger les phrases.

1. Une consigne qui n'est pas exprimée.
Implicite

2. Une gloire qui passe très vite.
Ephémère

3. Des personnes qui ne font pas partie de l'entreprise.
Externes

4. J'apprécie le fait qu'il arrive toujours à l'heure.
Sa *ponctualité*

5. Sa nomination, qui n'est pas encore officielle…
Encore *officieuse*

6. Un scénario qui est peu probable.
Improbable

7. Vous avez reconnu que vous avez été imprudent.
Votre imprudence

8. Les incidents qui se sont produits auparavant.
Précédents

9. Les clients qui achètent régulièrement.
Fidèles

> Remplacez-les participes présents.

1. Des champignons pouvant être mangés.
Comestibles

2. Des prétentions dépassant toute mesure.
Démesurées

3. Une affection n'admettant aucun partage.
Exclusive

4. Un esprit n'approfondissant rien.
Superficielle

5. Une réponse offrant deux sens.
Ambivalente

6. Les faits ayant engendré cette situation.
Les causes

7. Une méthode ayant fait ses preuves.
Eprouvée

8. Les produits pouvant être exportés.
Exportables

9. La mesure visant à alléger la charge de travail.
Pour

10. Les personnes appréciant beaucoup le jazz.
Les amateurs de jazz

Ressources

Livres

- Canivet I., *Bien rédiger pour le Web,* 4e édition, Eyrolles, 2017.
- Ronez J., *L'écrit Web*, CFPJ EDS, 2007.
- Canivet I. et Hardy J.-M., *La stratégie de contenu en pratique*, Eyrolles, 2012.
- Demange E. et Martin A., *Stratégie de contenu e-commerce*, Eyrolles, 2017.
- Lespinasse F., *La puissance de l'éditorial - boostez votre business !,* Éditions Kawa, 2017.
- Bordeau J., *Le langage, l'entreprise et le digital*, Nuvis, 2016.
- Andrieu O., *Réussir son Référencement Web*, édition 2016-2017, Eyrolles, 2016.
- Maupas P., *Google : arriver 1er par les mots clés*, Dunod, 2012.

Sites, communautés et comptes Twitter

Les contenus sur les contenus sont légion en ligne, notamment ceux consacrés à l'écriture Web. En voici une sélection en français, absolument pas exhaustive, volontairement succincte. Destinée à faire gagner du temps, elle est fondée sur leur pertinence, la proximité par rapport au sujet qui nous occupe, l'absence de bruit et la facilité d'accès.

yellowdolphins.com/blog/
plume-interactive.fr
cyclop-editorial.fr/blog/
wearethewords.com/ : pour ses webinars

mediaculture.fr/
dansmonlabo.com/
blogs.letemps.ch/labs/
Abondance.com
Webrankinfo.com
Miss-seo-girl.com
Blogdumoderateur.com

- Le groupe Rédaction web, stratégie de contenu et référencement naturel sur LinkedIn
- La communauté Stratégie de contenu Web sur Google+
- Le Meet up Content Strategy Paris sur Meetup.com

À suivre sur Twitter

@jeanmarc_hardy
@canivetisabelle
@wearethewords
@Indexel
@AcademieContent
@JeanneBordeau
@ferreole
@EveDemange
@pascal_beria
@lisejanody
@cyceron
@stephNiouzeo
@sbailly
@ElieSI
@alicanth
@CecileMichaut
@abondance_com

Copyright

Dossier 1 : @rassco – stock_adobe.com; Dossier 2 : @rassco – shutterstock.com; Outil 4 : portrait de Benjamin Lupu @VincentFournier; Outil 7 : @Yafeto – shutterstock.com; Outil 8 : @Andrey_Popov – shutterstock.com; Outil 14 : @rassco – stock_adobe.com; Dossier 3 : @rassco – shutterstock.com; Outil 34 : @UniquePhotoArts – stock_adobe.com; Outil 37 : @Andrio – shutterstock; Dossier 6 : @rassco – shutterstock.com; Outil 42 : portrait de Robin Coulet @E.Soudan.jpg; Dossier 7 : @rassco – shutterstock.com; Outil 43 : portrait d'Elie Sloim @FranckPaul.jpeg; Outil 45 : @garagestock – shutterstock.com; Outil 46 : @Rawpixel.com – shutterstock.com; Outil 48 : @fizkes – istockphoto.com; Outil 49 : portrait de Cyrille Frank @HervéResse.jpg; @rassco – shutterstock.com; Outil 50 : @rassco – shutterstock.com; Dossier 8 : @rassco – shutterstock.com; Outil 54 : @venimo – shutterstock.com; Outil 56 : @witittorn onkhaw – shutterstock.com

The Noun Project : Outil 1: @robin; Outil 2 : @Gan Khoon Lay; @Luis Prado; @Abir Alward; @Rafael Farias Leao; Outil 3 : @Stan Fisher; @Focus; @Ross Sokolovski; @Ramakrishna Venkatesan; @Adrien Coquet; Outil 4 : @Maxim Basinski; @Aneeque Ahmed; @Gregor Cresnar; @Gan Khoon Lay ; Dossier 2 : @Edward Boatman; Outil 6 : @AlePio; @Adrien Coquet; @asianson.design; @Adrien Coquet ; Outil 9 : @Adrien Coquet; Outil 10 : @ Arunkumar; @SBTS; Outil 11 : @IconMark; Outil 12 : @Adnen Kadri; @Mike Rowe; @ Lero Keller; @John Salzarulo; @Thomas Helbig; @Alexander Skowalsky; Outil 15 : @ AlfredoCreates.com; Outil 17 : @Danil Polshin; @Joel Avery; @b parias; Outil 18 : @Xinh Studio; Outil 19 : @Adnen Kadri; Outil 21 : @IconMark; @Denis Sazhin; @Vicons Design; Outil 23 : @Daniel Nochta; @AlfredoCreates.com ; Outil 24 : @Noah; @Mushu; @Kirsh; Dossier 4 : @I Create Stuff; @Arafat Uddin; Outil 25 : @Liau Jian Jie; Outil 26 : @Adrien Coquet; Outil 27 : @Nadir Balcikli; @SBTS; Outil 28 : @Kidiladon; @Viktor Vorobyev; Outil 30 : @johartcamp; @Bluetip Design; Outils 32 et 33 : @Rflor; @Adrien Coquet; Outil 35 : @UNiCORN; @AlePio; Outil 36 : @Mani Cheng; Outil 40 : @Viktor Vorobyev; @Three Six Five; @Dmitry Grishin; @juli; @Genius Icons; Outil 43 : @Yazmin Alanis; @ Baboon designs; @Iconathon; @Jeneeta T J; @Gregor Cresnar; @lipi; @Ben Davis; @ Barracuda; @Thengakola; @i cons; Outil 47 : @Baboon designs; @Oriol Carbonell; @ Gregor Cresnar; @Jeevan Kumar; @Maxim Kulikov; @Adrien Coquet; @Andrey Vasiliev; Outil 49 : @IconfactoryTeam; @Gregor Cresnar; Outil 52 : @Vicons Design; @Shane Willis; @Gagana; @Three Six Five; @Alexander Skowalsky; @Strohberto; @Bjorn Andersson; Outil 55 : @Adrien Coquet; Outil 57 : @Adrien Coquet; @MRFA

79574 - (I) - SOP 90° - 144 - BLP - GCO

Dépôt légal : avril 2019 pr la nouvelle présentation

Achevé d´imprimer en Espagne par Unigraf S.L.